普通高等教育"十三五"应用型教改系列规划教材

【财会专业】

会计学基础

基于企业全局视角

ACCOUNTING BASIS

李爱红 施先旺 马荣贵 著

机械工业出版社
China Machine Press

图书在版编目（CIP）数据

会计学基础：基于企业全局视角/李爱红，施先旺，马荣贵著. —北京：机械工业出版社，2018.7

（普通高等教育"十三五"应用型教改系列规划教材·财会专业）

ISBN 978-7-111-60199-9

I. 会… II. ①李… ②施… ③马… III. 会计学-高等学校-教材 IV. F230

中国版本图书馆 CIP 数据核字（2018）第 116071 号

　　会计学基础是会计学科的入门课，主要讲授会计学的基本理论和基本知识。会计学基础对会计初学者兴趣的提升、专业的认可以及对未来职业的选择，起着不可估量的作用。本书遵循认知发展规律，科学地将教学内容进行了重组，从全局和资金运动视角将企业的"业、财、税"合一，通过思维导图和 Excel 展现数据之间的逻辑关系，更易被初学者接受。本书设计了"引导案例""问题与思考""拓展阅读""职业道德和公司管理"等板块，紧密把握时代脉搏，体现最新会计准则和税法要求，让学习者了解信息化、智能化背景下的会计处理，通过提升思维能力和认知水平，来积极应对人工智能时代的财务转型需要。

　　本书可作为应用型本科和高职高专经管类各专业会计基础课程的教材，也可作为相关领域实务工作者的参考书和培训教材。

出版发行：机械工业出版社（北京市西城区百万庄大街 22 号　邮政编码：100037）
责任编辑：宋　燕　　　　　　　　　　　责任校对：李秋荣
印　　刷：中国电影出版社印刷厂　　　　版　　次：2018 年 7 月第 1 版第 1 次印刷
开　　本：185mm×260mm　1/16　　　　印　　张：18.25
书　　号：ISBN 978-7-111-60199-9　　　定　　价：45.00 元

凡购本书，如有缺页、倒页、脱页，由本社发行部调换
客服热线：(010) 88379210　88361066　　　　投稿热线：(010) 88379007
购书热线：(010) 68326294　88379649　68995259　　读者信箱：hzjg@HZbook.com

版权所有·侵权必究
封底无防伪标均为盗版
本书法律顾问：北京大成律师事务所　韩光/邹晓东

Foreword 总　　序

伴随着"课堂革命"集结号的吹响，一场颠覆性的教育革命正在各大高校上演。这场"课堂革命"究竟革了谁的命？尽管教育界"仁者见仁，智者见智"，但有一点人们还是达成了比较一致的共识，那就是传统的课堂教学必须改革，其中教材也到了改革的时候。因为，在我国，教育工作者对教材历来情有独钟。国内教育家姜大源教授认为："教材是课程的记录，更应该是课程的设计，体现教学设计的思想。"人们常讲，教材是教学相长的纽带，是教师授课取材之源，也是学生求知解惑之本。教材在人才培养过程中一直扮演着十分重要的角色，其地位是由教材本身所具有的特性决定的。这也可以从教育部定期组织开展的国家规划教材遴选与立项、国家示范和骨干高职院建设成果验收、在线开放课程推广与应用中得到进一步的验证。

新时代的大学教材建设，我认为要着力体现以下几个新理念：

（1）把立德树人、文化育人、提升学生综合素质贯穿教材建设的始终。

（2）新教材应实现内容更新，如适应"中国传统财务会计向管理会计"战略转型的需要。

（3）随着"大智移云"时代的到来，要重新构建基于学生人人出彩的课程和教材体系。

（4）运用系统性思维开发新教材，适应现代技术技能型人才的系统培养。

（5）走产教融合、校企合作之路，实现大学教材与企业培训教材的协调。

（6）将纸质教材与信息化教学资源紧密结合，打造数字化教材，适应线上线下混合学习等教学方法的改革。

（7）教材编写采用开放、共享模式，鼓励和支持跨区域、跨行业、跨部门的多元化教材编写方式。

（8）建立多元的教材评价机制，让移动互联、富媒体智能型、课证融通、新形态一体化教材"活"起来。

也许有人会说，开发一套教材本身就很难，如果再要体现这么多新理念，岂不是难上加难。是的，这也是多年来我们研发和推广教材的痛点所在。不过，正确的态度应该是直面挑战，担当有为，发扬"撸起袖子加油干"的精神，积极拥抱教育新时代的变化并融入其中。

经济越发展，会计越重要。谁能想到 2017 年 3 月德勤财务机器人的出现，一夜刷爆朋友圈，人工智能既不是神话，也不是笑话。会计工作正从"信息化"向"智能化"转型。移动互联技术和人工智能技术下的移动支付、移动办公、云会计和财务共享中心，可以使证账表自动生成；大数据的环境更易于财务与业务之间对接，使会计信息的分析跳出了传统会计报表的范畴；未来还将出现支付不需要中介、记录无法篡改、各种数据相互衔接的区块链技术，这些新技术的广泛应用，正在或即将引发会计核算对象、成本核算方法、会计管理方式、会计报告要求、会计考核评价等发生颠覆性的变化。新技术在给会计实务带来冲击的同时，也深深地影响到会计理论和实践教学，倒逼大学会计教学内容的变革和会计教材创新。

无独有偶，财政部下发的《会计行业中长期人才发展规划（2010—2020年）》和《关于全面推进管理会计体系建设的指导意见》，为新时代会计教学的变革和教材建设提出了战略目标和发展任务。会计工作从记账、算账、报账转向管理，这是历史潮流。现代应用型会计人才培养，要体现"服务管理需要，体现管理特征，渗透管理内容"，不是开设一门"管理会计"课程就能达到的，而是整个会计课程体系的重构，要在所有核心课程中不断强化管理的思想和沟通技巧，注重思维能力的培养，强化人文素质、科学精神和诚信品质。而这些，恰恰需要教材来呈现。

我欣喜地看到，机械工业出版社高屋建瓴、审时度势，邀请了国内会计教育界有着一定影响且具有改革创新精神的部分学者，正式启动这套财会专业"十三五"应用型教改系列规划教材。这套教材既有会计学基础、财务会计、财务管理、成本核算与管理、管理会计、税法、会计信息系统等传统会计核心课程，也有基于ERP的生产运作管理、财务大数据的分析与应用、VBSE跨专业综合实训等新技术和跨学科的课程，在内容上对原有的课程内容进行了重新设计，使会计往前端业务和后端管理延伸，突出了管理思想和风险意识，注重思维能力培养和训练，突出了新技术的应用和最新会计准则及税法的要求，对会计教学无疑是一种全新的尝试，符合"应用型""创新型""复合型"人才培养的目标。

作为从事30多年会计教学的一名"老兵"，我在第一时间拜读了这套教材中的代表作《会计学基础》（李爱红教授等著），真的为他们的改革勇气所折服。历史的经验告诉我们，教材建设只有起点，没有终点，永远在路上。换句话说，教材建设绝不是一蹴而就、一朝一夕之事，而是一项复杂的系统工程，历史就需要有那么一批豪情满怀、辛苦耕耘、无私奉献的人。我真诚地期待机械工业出版社出版的这套财会专业系列教材，能为我国高校新一轮会计专业人才培养提供一个范式，也同样期待会计同行专家、学者和广大师生做出科学的评判。

是为序。

程淮中
2018年5月

Preface 前 言

在会计专业的第一节导论课上,我喜欢问学生:

"你认为会计是做什么的?"

"算账的。"

几乎异口同声,此时孩子们眼中有星星在闪动,那是他们对未知的渴求和对新知的渴望。学完第一门专业课("基础会计"或"会计学原理"),再问同一个问题,同学们能用"核算和监督"来作答。但细问会发现,同学们还是把会计理解为"算账的",同时他们开始感受到会计的"高冷"(晦涩难懂),"科目"和"借贷"成为入门的两大拦路虎。后来,财务会计课堂,孩子们眼中的星星在一点点黯淡,有的学生眼神开始空洞起来,有的学生因实在"听不懂、学不会"放弃了。再后来,毕业前的综合实训课上,有相当一部分学生的专业认知还停留在基础阶段,且概念理解有偏差,这还不是最可怕的,最可怕的是:大部分孩子眼中的星星不见了,性格外向的变内向,内向的变得更内向了。

迎来送往一届届的学生,见证着他们三年或四年的变化,我内心的焦虑、不安和愧疚一点点滋生出来:"怎样才能把孩子们领进门?怎样把会计讲得通俗一点、易懂一点,甚至有趣一点?"尤其近两年的大数据、云计算和人工智能的发展,迫使会计的服务对象、服务领域、工作手段和工作方法发生改变,而高校的会计职业教育,却迟迟没有跟上时代的步伐。可否将这些变革融入课程?可否由过去"重术"向着"明道"转变?可否从业务入手、以企业全局的视角来看待会计工作?可否……太多的"可否",几乎要颠覆传统的会计教学。起初我只是想在自己的教学中这么做,没想到与施先旺教授和马荣贵教授一拍即合,于是决定由我这个非科班出身的来操刀,把我们对会计的理解写进教材。是为初衷。

写这本书,不是想在众多的会计教材中增加一本,而是为响应时代呼唤而作,是为迎接变革而作,所以本书力求做到:

一是全局视角。从智能时代的会计职业和会计学科框架入手,逐步聚焦到财务会计,再到一定规范下的企业日常经济业务处理,从整体到局部,从业务到财务,业、财、税合一,让初学者甫一接触专业,就能将财务与业务建立关联,将财务与税收建立关联,树立企业资本管理和风险管理意识,提升全局观念,避免形成传统财务人员

"只关注自己的财务数据而不顾全局"的思维定式。

二是道术兼修。"道"是道理和规律，只有掌握规律，凡事才能简便；"术"是方法和手段，掌握方法，才能行其道。"坐而论道，束手无策；有术无道，体不附魂"，会计专业的学习亦是如此，搞明白会计学的基本原理，方可"以不变应万变"；新技术的应用，可以事半功倍。本书设计了42个"拓展阅读"、11个"职业道德和公司管理"和17个"问题与讨论"，希望通过这些板块，加深学生对会计学原理的理解，提升学生的逻辑思维能力和职业判断能力。同时本书涉及的复杂计算，比如成本核算、复式记账、编制报表等，均以Excel辅助，更清晰地展现了数据之间的逻辑关系，以"术"明"道"。

三是虚实相生。把抽象的会计学原理，融于具体的业务中，将"虚的做实"，使学生更容易理解和接受，比如通过企业会计报表，展现高度凝练的"会计假设"；通过资金运动会计沙盘，使抽象的"借"和"贷"跃然纸上。资金运动会计理论，于20世纪40年代传入中国，经易庭源等老一辈会计理论家的深入研究、著书立说而推广。中南财经政法大学的施先旺博导团队，对此理论不断完善、创新，研究出"资金运动会计沙盘"，将企业的资金运动和借贷关系画了出来，这对理解会计学的很多基本原理和会计处理，非常有益。本书对企业经济业务的会计处理，遵循"业务流程→业务单据→资金运动→会计处理"的逻辑，使会计处理水到渠成。

四是紧跟时代。会计是一门实践性很强的学科，会计职业教育必须紧跟时代的发展，做到与时俱进。本书设计的9个引导案例，将獐子岛、新能源汽车、华为、千人千面的电商平台写了进去，将德勤分析客户行为的"第四张报表"写了进去，将《企业会计信息化工作规范》和发票的扫描识别写了进去，旨在让学生们明白，当今会计的工作环境是信息化、智能化，并让学生们了解当今技术背景下会计处理的原理，不至于工作以后茫然失措。

付梓之际，感慨万千。本书能顺利成稿，与太多人的帮助和鼓励是分不开的：

本书获得了教育部2017年度产学合作协同育人项目（201701052010、201701063040）和河南省教育厅2017高等教育教学改革省级重点项目（2017SJGLX133）的立项，首先要感谢教育主管部门和企业的立项，正是这些项目，让我们认真思考会计教学存在的问题并努力践行教学改革。

其次，感谢河南财经政法大学的张晨霞老师和河南财政金融学院的李婷婷博士，不厌其烦地逐字逐句审验书稿；感谢来自郑州财经学院、信阳农林学院等20余名老师提出宝贵的修改意见。感谢我的学生张利民，将他创办的纸箱厂会计数据提供给我们做参考，本书的会计主体之所以命名为"利民工贸"，就是出于对这位学生的感谢。当然，更要感谢家人的全力支持，让我得以静心完成此作。

感谢机械工业出版社精心筹划这套应用型教改系列规划教材,并为本书组织召开启动会和审稿会。因著作者认知水平有限,书中不足之处,敬请读者批评指正,意见可直接发至作者邮箱 463331316@qq.com。

李爱红

2018 年 5 月于郑州

教学建议　Suggestion

教学目的

本课程主要阐述财务会计的基本原理、基本知识,让学生建构起会计信息与企业组织、经济活动类型和经济业务之间的关联;课程着重介绍会计实务的基本工作流程,让学生掌握企业常规业务的会计处理。

课时分布建议

教学内容	学习要点	课时安排	
		本科	高职
第一章 会计学和会计职业	1. 了解会计的职能和目标 2. 了解会计学的两个分支和财务会计知识体系框架 3. 熟悉我国企业基本组织形态及公司治理结构 4. 了解会计职业机会及会计岗位胜任力 5. 明确会计职业的职业道德要求	2	4
第二章 会计信息和对外报告	1. 了解会计信息的类型和使用者 2. 掌握会计信息的质量要求 3. 熟悉三大基本财务报表的框架和作用 4. 通过财务报表,理解会计假设 5. 理解企业经营对三张财务报表的影响 6. 能够解释三张报表之间的关系	6	10
第三章 会计对象和会计要素	1. 了解不同行业的资金运动 2. 掌握六大会计要素的定义和特征 3. 了解我国现行的会计科目体系 4. 了解会计准则规定的总账科目 5. 熟悉会计要素在会计沙盘中的表现	8	10
第四章 会计核算方法和会计循环	1. 理解会计账户的设置 2. 掌握不同类型的账户与会计沙盘资金运动的关系 3. 理解复式记账的原理和记账规则 4. 熟悉会计循环的步骤	6	8

（续）

教学内容	学习要点	课时安排 本科	课时安排 高职
第五章 企业日常经济业务与会计处理	1. 理解企业不同经济业务的资金运动 2. 掌握企业不同经济业务的会计处理 3. 了解企业不同经济业务的业务流程 4. 读懂企业不同经济业务的原始单据 5. 掌握材料成本、产品成本以及销售成本的计算方法	16	24
第六章 企业期末会计事项的处理	1. 熟悉会计月末的工作内容和工作流程 2. 掌握利润形成的核算方法和资金运动的方式 3. 掌握利润分配的过程和资金运动的方式 4. 能够进行期末业务的会计处理 5. 能够进行利润分配的会计处理	6	10
第七章 财产清查	1. 了解财产清查的概念、种类、方法和清查的步骤 2. 理解实物资产的清查及其资金运动 3. 理解库存现金的清查及其资金运动 4. 理解银行存款的清查及其资金运动 5. 理解往来款项的清查及其资金运动 6. 掌握以上几种资产的清查方法和会计处理	8	12
第八章 财务报表	1. 了解我国会计报告体系构成 2. 熟悉资产负债表的格式和编制原理 3. 熟悉利润表的格式和编制原理 4. 熟悉现金流量表的格式和编制原理 5. 能够借助 Excel 编制财务报表	8	12
第九章 会计规范	1. 了解我国会计规范体系 2. 了解我国会计法的主要内容 3. 了解我国会计准则的改革历程及主要内容 4. 了解我国企业会计基础工作规范的主要内容	4	4
课时合计		64	94

备注：每章节后面安排的"能力提升"，可作为配套实训。院校可结合自身的教学计划灵活安排：如果课时有限，可将实训安排在课下，课堂进行纯理论教学；如果课时充分，建议开展"理实一体"教学，边学边练。

目 录 Contents

总序
前言
教学建议

第一章　会计学和会计职业 / 1
　第一节　会计及其产生和发展 / 2
　　一、会计和会计学 / 2
　　二、会计的职能和目标 / 6
　　三、会计的产生和发展 / 7
　第二节　会计工作环境和会计职业 / 11
　　一、我国企业基本形态 / 11
　　二、公司治理结构与组织结构 / 14
　　三、会计工作组织和会计机构 / 15
　　四、会计职业机会与职业道德 / 15
　能力提升 / 19

第二章　会计信息和对外报告 / 20
　第一节　会计信息及其要求 / 21
　　一、会计信息的使用者 / 21
　　二、会计信息质量要求 / 21
　　三、会计的计量属性 / 24
　第二节　会计信息的对外报告 / 27
　　一、企业的财务状况 / 27
　　二、企业的经营成果 / 32
　　三、企业的现金流量 / 33
　　四、企业经营对财务报表的
　　　　影响 / 34
　能力提升 / 39

第三章　会计对象和会计要素 / 40
　第一节　会计对象 / 41
　　一、制造企业的资金运动 / 41
　　二、商品流通企业的资金运动 / 41
　　三、行政事业单位的资金运动 / 42
　　四、资金运动会计沙盘假设 / 42
　第二节　会计要素 / 45
　　一、资金运动的分类 / 45
　　二、资产负债表要素 / 49
　　三、利润表要素 / 53
　第三节　会计要素在会计沙盘上的
　　　　　描述 / 56
　　一、静态会计要素在会计沙盘中的
　　　　表现形式 / 56
　　二、动态会计要素在会计沙盘中的
　　　　表现形式 / 58
　能力提升 / 62

第四章　会计核算方法和会计循环 / 63
　第一节　会计核算方法体系 / 64
　　一、交易与事项 / 64
　　二、会计核算方法 / 64
　第二节　设置账户 / 65
　　一、账户的基本结构 / 65
　　二、账户与资金的运动 / 66
　第三节　复式记账 / 69
　　一、记账方法 / 69

二、借贷记账法 / 70
三、记账规则 / 71
四、会计分录 / 74
第四节 会计循环 / 75
一、会计循环过程 / 75
二、会计凭证 / 78
三、会计账簿 / 84
四、试算平衡 / 94
五、会计报告 / 96
能力提升 / 96

第五章 企业日常经济业务与会计处理 / 98

第一节 企业筹资环节业务与会计处理 / 99
一、股权性筹资环节业务及会计处理 / 100
二、债务性筹资环节业务及会计处理 / 104
第二节 企业供应环节业务与会计处理 / 110
一、原材料的确认与计量 / 111
二、不同采购模式的资金运动 / 112
三、供应环节的会计处理 / 114
第三节 企业投资环节业务与会计处理 / 126
一、企业对内投资环节业务和会计处理 / 127
二、企业对外投资环节业务和会计处理 / 133
第四节 企业生产环节业务与会计处理 / 136
一、产品成本的组成和计算 / 136
二、生产过程的资金运动和会计处理 / 140

第五节 企业销售环节业务与会计处理 / 153
一、收入和费用的拓展 / 154
二、不同销售模式的资金运动 / 156
三、销售环节的会计处理 / 159
能力提升 / 171

第六章 企业期末会计事项的处理 / 175

第一节 企业月末会计事项的会计处理 / 176
一、会计月末工作的内容 / 176
二、摊提业务的资金运动 / 178
三、税费业务的会计处理 / 179
四、结转分录编制的步骤 / 182
五、利润的形成与核算 / 183
第二节 企业年末会计事项的处理 / 194
一、企业年末会计工作内容 / 194
二、利润分配的顺序 / 196
三、利润分配的资金运动分析 / 198
能力提升 / 204

第七章 财产清查 / 205

第一节 财产清查概述 / 206
一、账实不符的原因 / 206
二、财产清查的种类及方法 / 206
三、财产清查的步骤 / 208
四、财产清查的资金运动 / 209
第二节 实物资产的清查 / 210
一、财产物资的盘存制度 / 210
二、实物清查的方法 / 212
三、存货清查的资金运动和会计处理 / 212
四、固定资产盘亏的资金运动和会计处理 / 214

第三节 库存现金的清查 / 215
　　一、库存现金清查的分类 / 216
　　二、库存现金清查的范围和方法 / 217
　　三、库存现金清查的资金运动和会计处理 / 218
第四节 银行存款的清查 / 219
　　一、银行存款日记账与银行对账单 / 219
　　二、未达账项 / 220
　　三、银行对账 / 221
　　四、银行存款账实不符的会计处理 / 223
第五节 往来款项的清查 / 223
　　一、往来款项清查的方法和程序 / 224
　　二、对无法支付和收回的往来款项的处理 / 226
能力提升 / 229

第八章　财务报表 / 231

第一节 财务报表的编报基础 / 232
　　一、财务报表与财务报告 / 232
　　二、财务报表的编制与披露 / 232
　　三、财务报表的解读 / 233
第二节 资产负债表 / 234
　　一、资产负债表及其编制原理 / 234
　　二、资产负债表的格式 / 234
　　三、资产负债表的填列 / 235
　　四、资产负债表的分析 / 241
第三节 利润表 / 242
　　一、利润表及其编制原理 / 242
　　二、利润表的格式 / 243
　　三、利润表的填列 / 243
　　四、利润表的分析 / 244
第四节 现金流量表 / 245
　　一、现金流量表及其编制原理 / 245
　　二、现金流量表的格式 / 246
　　三、现金流量表的填列 / 247
第五节 借助 Excel 编制财务报表 / 251
　　一、Excel 财务报表格式设计 / 251
　　二、Excel 财务报表数据逻辑 / 253
能力提升 / 257

第九章　会计规范 / 258

第一节 会计规范体系 / 259
　　一、会计规范的概念 / 259
　　二、我国会计规范体系 / 259
第二节 会计法 / 261
　　一、我国《会计法》的制定与完善 / 261
　　二、我国《会计法》的主要内容 / 262
第三节 企业财务会计报告条例 / 270
　　一、《企业财务会计报告条例》的目的和特征 / 270
　　二、《企业财务会计报告条例》的主要内容 / 270
第四节 会计准则与会计制度 / 271
　　一、美国的一般公认会计原则 / 271
　　二、国际会计准则与国际财务报告准则 / 272
　　三、我国会计准则和会计制度 / 272
第五节 会计工作规范 / 276
　　一、会计基础工作规范 / 276
　　二、企业会计信息化工作规范 / 277
能力提升 / 278

参考文献 / 279

Chapter 1 第一章

会计学和会计职业

本章概览

当今的世界处于信息时代,所有活动都依赖于信息的提供、传递、分析和应用。会计是对经济信息通过特定的方法提取和加工,为信息使用者的决策提供有效支持的管理活动。会计信息对企业的经营、管理和未来的规划有着重要影响,为我们在财务、管理、税务及相关领域提供工作机会。

学习目标

1. 界定会计的职能和目标。
2. 了解会计学的两个分支和财务会计知识体系框架。
3. 熟悉我国企业基本组织形态及公司治理结构。
4. 了解会计职业机会及会计岗位胜任力。
5. 明确会计职业的职业道德要求。

引导案例

会计技术鉴定:谁的经济责任

高玉政、高玉清和徐明三人(是兄弟和亲戚关系)合伙,于2010年每人投资8 000元成立东方时装厂,高玉政任厂长,高玉清任出纳兼保管,徐明任会计。六年后,高玉政和徐明怀疑高玉清有经济问题,他们便与高玉清一同协商,最后一致同意清算散伙。此时的钱和物资该如何分配?高玉政和徐明认为三个人在厂里拿到的"钱"差不多:徐明、高玉政两人在高玉清处拿钱270 069.35元,徐明、高玉政两人为高玉清垫款61 179.12元,高玉清经手向银行借款80 000.00元(此期间正是高玉清家里建房时期,贷款利息已支付),剩余物资不做清理归高玉清,因此,"就这样散伙,今后谁也不用找谁,银行借的钱由玉清偿还"。这种处理结果,等于说明三人(实际是两方:高玉政、徐明为一方,高玉清为一方)投资所得到的"好处"差不多。但是,高玉清不能接受。他认为:剩余物资不值什么钱，向银行借的钱是厂里用的，因此这笔钱应由三个人共同偿还，让他一个人偿还不合理。两方都坚持己见，最后高玉清将高玉政、徐明告上法庭。法庭进行了两次审理和判决，均判定东方时装厂向银行的借款由高玉清偿还。在两次审理中，由账本、零星票据和三人共同确认的数据有：总收入 1 545 678.62 元，总费用 1 315 039.35 元。后来，高玉清抗诉——再诉。他坚持认为：剩余物资不值什么钱，向银行借的钱实实在在是为厂里添设备买材料用的，他家建房没用过这笔钱。因此，这笔钱应由三个人共同偿还，要他一个人偿还不合理。在无法证明剩余物资有多少、值多少、借银行的钱是否被高玉清用于自建房屋的情况下，律师只好找会计师。会计师能把这本糊涂账理清楚吗？

资料来源：张英.司法会计鉴定的方法和意义[J].财会通讯，2005（09）.

第一节 会计及其产生和发展

会计可以是一个职业、一类人员、一个组织或机构，还可以是一门学科。它是随着生产实践和经济管理的客观需要而产生的，也必将随着社会发展和科技进步，不断被赋予新的内涵。

一、会计和会计学

（一）会计的概念

我们通常意义上讲的会计，是从会计工作的角度来解释的，目前有以下两种主要观点。

1. 会计是一个经济信息系统

"会计信息系统论"是舶来之物，在 20 世纪 80 年代引入中国。余绪缨教授首先提出会计是一个信息系统，后经葛家澍教授等人的论文加以阐发。这个理论认为，会计是确认、记录、传递信息的信息系统和计量系统，原始的经济业务信息录入该系统后，经过识别、计算、分类和汇总等加工与转换后，可以得到具有相关性、可靠性和可比性的有关企业经营活动信息，如图 1-1 所示。会计信息系统将一个公司分散的经营活动转化成一组客观的数据，提供有关公司的业绩、问题，以及企业资金、劳动、所有权、收入、成本、利润、债权、债务等信息，任何人都可以通过会计提供的信息了解企业的基本情况，并作为其决策的依据。所以，从信息系统的角度来看，会计是一种"通用的商业语言"。

2. 会计是一项经济管理活动

"会计管理活动论"形成于 20 世纪 80 年代，由杨纪琬和阎达五两位教授提出。他们认为"会计是社会管理活动""会计管理的内容可以抽象为价值管理"。在非商品经济条件下，会计是直接对财产物资进行管理；在商品经济条件下，由于存在商品生产和商品交换，经济活动中的财产物资都是以价值形式表现的，会计就是利用价值形式对财产物资进行管理的。

图 1-1　会计信息系统

本书更倾向于"管理活动论"，即"会计是以货币为主要计量单位，运用专门的方法和程序，对企业、机关单位或其他经济组织的经济活动进行连续、系统、全面地反映和监督的一项经济管理活动"。

（二）会计学的两个分支

会计学是研究如何对再生产过程中的价值活动进行计量、记录和预测，在取得以财务信息为主的经济信息的基础上，监督、控制价值活动的一门经济管理学科。它是人们对会计实践活动加以系统化和条理化，从而形成的一套完整的会计理论和方法体系，其研究对象包括会计的所有方面，如会计的性质、对象、职能、任务、方法、程序、组织、制度、技术等。

会计学是一门实践性很强的学科，它既研究会计的原理、原则，探求那些能揭示会计发展规律的理论体系与概念结构，又研究会计原理和原则的具体应用，提出科学的指标体系和反映与控制的方法技术。所以，会计学从理论和方法两个方面为会计实践服务，成为人们改进会计工作、完善会计系统的指南。

随着社会经济的发展和会计活动的复杂化，为了方便研究和使用，根据研究角度和使用的方法不同，现代会计学逐步分化成两个分支：财务会计和管理会计。

1. 财务会计

财务会计是按会计准则和会计制度的要求，对过去已发生的经济活动通过一定的程序和方法，向单位外部关系人提供单位的财务状况、经营成果和资金变动情况等有关信息的会计，它侧重于对过去信息的反映监督，为外部信息使用者提供所需信息。

2. 管理会计

管理会计是根据管理者的需要和成本效益分析原理的要求，采用一系列的专门方法，对企业内部现在和未来的经济活动进行规划、控制与评价，向企业经营者和内部管理者提供经营规划、经营管理、预测决策所需的相关信息的会计，它侧重于未来信息，为内部管理部门提供数据。

3. 财务会计与管理会计的区别

财务会计与管理会计的区别如表 1-1 所示。

表 1-1 财务会计与管理会计的区别

	财务会计	管理会计
工作目标	向外部提供对决策有用的信息	为内部管理所用
工作重点	反映企业过去发生的经济业务，属于"报账型"会计	控制现在和筹划未来，属于"经营型"会计
约束依据	在核算工作中，要遵循会计准则和国家的财经法规	以系统理论、管理者的需要和成本效益为原则
方法模式	遵循"凭证—账簿—报表"的会计循环，会计核算方法一经使用，不得随意变更	可灵活多样地结合使用不同方法，以便比较各种方案的优劣，选择最佳方案
时间跨度	有明确的会计期间：年、季和月	因管理者不同的信息需要而具有较大的弹性

财务会计和管理会计，都是从原始的会计活动中发展而来的，二者的分化是一定历史时期的产物，但从本质上看，二者具有同样的起源，同为企业管理活动的一部分，共同体现了会计的核算和监督基本职能，以及会计的诸如预测、决策、规划、控制和评价等拓展职能，最终目标是一致的。随着经济和信息技术的发展，会计的职能正逐步发生变化，那就是进一步发挥会计对客观经济活动调节、指导、约束、促进的能动作用，进一步通过预算分析完善会计核算职能，逐步向管理型会计转变。

财务会计所提供的有关企业财务资源、责任和经营活动的信息，对外部决策者非常有用，所以无论是经济还是管理类专业的学生，抑或是会计专业的学生，"财务会计"都是一门重要的课程，本书就是围绕财务会计工作和对外提供的财务报表展开论述的。

拓展阅读

现代会计学科体系结构

现代会计是一门集信息与控制于一体的现代管理学科，包括以提供企业经济信息为目的的"信息会计"和以实现经济控制为目的的"控制会计"，控制会计根据控制的范围可以分为微观控制的"企业财务学"和宏观控制的"审计学"。会计学、财务学和审计学共同组成现代会计学科框架，如图 1-2 所示。

信息会计学主要作用于企业或其他经济组织等微观组织，是传统意义上的"会计学"，根据提供的信息内容不同又分为财务会计学和管理会计学；以实现对微观组织经济活动进行财务活动控制的，称为"企业财务学"或"财务管理学"，主要内容包括控制企业财务活动、协调企业财务关系、合理配置企业财务资源等；现代会计的宏观控制主要体现在"政府审计控制"和"注册会计师"两个方面。

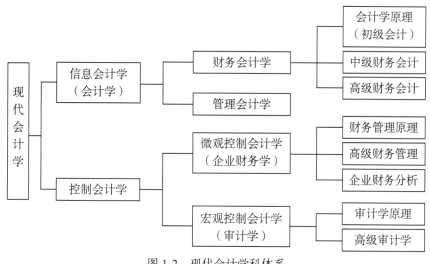

图 1-2　现代会计学科体系

资料来源：唐国平.会计学原理[M].3 版.北京：中国财政经济出版社，2016.

（三）"财务会计"课程体系

通常意义上，我们将财务会计学根据其程度分为会计学基础（会计学原理、基础会计、初级会计学）、中级财务会计和高级财务会计，主要研究财务会计的目标、会计准则、会计要素、会计方法、会计行为、会计报告和会计环境。

其中，会计学基础是一门基础性的学科，主要阐述财务会计的基本原理、基本知识，让学生建构起会计信息与企业组织、经济活动类型和经济业务之间的关联；同时介绍会计实务的基本工作流程，让学生掌握企业常规业务的会计处理。

本书的知识结构沿着会计基本工作程序与方法，围绕会计信息的捕捉、分类、汇总等加工处理以及对外报告展开：对外报告的会计信息有哪些（财务报表）→通过什么途径和方法获取（会计方法和会计循环）→获取信息的具体过程（企业日常的、期末的会计处理）→如何呈现规范的会计信息（财务报表的编制和解读），最后一章介绍会计信息加工处理的法律依据，其知识主线如图 1-3 所示。

"中级财务会计"主要围绕财务报告展开，详细介绍会计准则对每一个会计要素的确认、计量和报告，虽然与"会计学基础"在知识点上有重复的内容，但内容讲解的侧重点不同。"高级财务会计"则是对一些特殊组织、特殊业务和新的前沿领域的介绍。

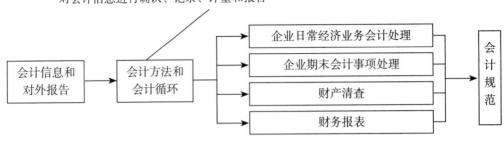

图1-3 "会计学基础"的知识主线

二、会计的职能和目标

（一）会计的职能

会计的职能是指在经济管理活动中所具有的功能，人们对会计职能的认识不是固定不变的，随着生产力的发展和管理水平的提高，我们应以发展的眼光来看待会计的职能。目前我国会计界公认会计的基本职能为会计核算和会计监督，但信息时代，会计的预测经济前景、参与经济决策、评价经营业绩等职能越来越突显出来。

会计的核算（反映）职能，是指会计通过确认、计量、记录和报告，从数量上反映企业、行政事业等单位已经发生或完成的经济活动，为经营管理提供经济信息的功能，这是从会计产生之日就具有的一种基本职能。

会计的监督（控制）职能，是指会计按照一定的目的和要求，利用会计核算所提供的经济信息，对各企业、行政事业等单位的经济活动进行控制，使之达到预期目标。会计的控制职能，主要是从价值运动角度，利用各种价值指标进行货币监督。比如进行计划的制订、组织计划的实施、把实绩同计划比较以评价取得的成果，进而总结教训、调整计划。会计监督是与会计核算同时进行的。

会计核算和监督贯穿于会计工作的全过程，会计一方面要按照会计法规制度的要求，对经济活动进行确认、记录、计量和报告，另一方面要对经济活动的合法性、合理性进行审查。因此，会计核算是会计工作的基础，会计监督是会计工作质量的保证。

除以上基本职能以外，会计的职能将越来越多地体现在参与决策和管理方面，比如通过企业经济规模、投入产出、现金流量、市场调研等经济指标，可以做出较为实际的预测，供企业决策者参考，通过建立经济指标体系、落实经济责任制控制经营全过程。

（二）会计的目标

会计的目标也称会计的目的，是要求会计工作完成的任务或达到的标准，它是会计实践活动的出发点和归属，也是会计研究的逻辑起点。关于会计的目标，目前有两大观点："受托责任观"和"决策有用观"。

受托责任观认为，会计的目标就是以适当的方式有效地反映受托人的受托责任及其履行情况，它强调信息的可靠性。随着"委托—受托"关系研究的深入，受托责任学派对受托责任进行了扩展，将对资源或资产的受托责任扩展到整个社会，即受托者不但对资源或资产的所有者要履行受托责任，还要对整个社会履行受托责任，比如就业、环保、公益等方面的责任。

决策有用观认为，会计的目标就是向会计信息使用者提供对其决策有用的信息，它更强调会计信息的相关性，即要求信息具有预测价值、反馈价值和及时性，更关注与企业未来现金流量有关的信息。

我国《企业会计准则——基本准则》规定：企业应当编制财务会计报告。财务会计报告的目标是向账务会计报告使用者提供与企业财务状况、经营业绩和现金流量等有关的会计信息，反映企业管理层受托责任的履行情况，有助于财务会计报告使用者做出经济决策。

三、会计的产生和发展

中国会计有着悠久的历史，最早可以追溯到原始社会的"结绳记事"和"刻契记事"等处于萌芽状态的会计行为。当时，只是在生产实践之外附带地把收入、支付日期和数量等信息记载下来，生产尚未社会化，独立的会计并未产生，会计是生产职能的附带部分。

随着社会生产力的不断发展，会计逐渐从生产职能中分离出来，成为由专门人员从事的特殊的、独立的职能。会计逐渐成为一项记录、计算和考核收支的单独工作，并逐渐发展出了专门从事这一工作的专职人员。会计的发展可划分为古代会计、近代会计和现代会计三个阶段。

古代会计是从会计产生到1494年世界上第一部专门论述借贷复式簿记的书籍《算数、几何、比及比例概要》出现之前的阶段，这是会计发展史上最漫长的一段时期。古埃及、古巴比伦、古罗马和古希腊等都留下了对会计活动的记载。

近代会计以复式记账法的产生和《簿记论》的问世为标志。1494年，意大利数学家卢卡·帕乔利撰写的《算术、几

何、比及比例概要》一书出版了，在其第三卷第九部第十一篇《簿记论》中结合数学原理比较系统地介绍了复式记账法的原理和方法，这是借贷复式记账法理论形成的重要标志。人们习惯把复式记账看作现代会计的开始，帕乔利因此也被称为"现代会计之父"。16～19世纪，意大利的复式簿记得到了迅速的传播，取得了很大发展。德国、法国、英国等资本主义经济迅速发展，尤其是英国工业革命的兴起，促使许多专门论述簿记、会计理论等方面的书籍大量出版，会计知识很快在这些国家普及。

现代会计是以美国20世纪20年代末30年代初的《证券法》和《证券交易法》，以及1939年美国第一份"公认会计准则"为起点。财务会计准则体系的形成不仅奠定了现代会计法制体系和现代会计理论体系的基础，并且促进了传统会计向现代会计的转变。进入20世纪50年代，在会计规范进一步深刻发展的同时，为适应现代管理科学的发展，形成了以全面提高企业经济效益为目的、以决策会计为主要内容的管理会计。1952年，国际会计师联合会正式通过"管理会计"这一专业术语，标志着会计正式划分为财务会计和管理会计两大领域。随着计算机、网络、通信等先进信息技术与传统会计工作的融合，会计信息化不断发展，为企业经济管理、控制决策和经济运行提供实时、全方位的信息。

拓展阅读

我国会计的产生和发展

会计在我国有着十分悠久的历史。我国在远古时期曾出现过绘图记事、刻契记事和结绳记事等最简单的原始会计行为，并被认为是会计的起源。

西周王朝（大约公元前1100年～公元前770年）是我国奴隶社会经济发展的鼎盛时期，当时已经出现了"会计"一词，其基本含义是：既有日常的零星核算，又有岁终的总合核算，通过日积、月累到岁终的核算，达到正确考核王朝财政经济收支的目的。后来，清朝学者焦循在《孟子正义》一书中将"会计"一词解释为："零星算之为计，总合算之为会"，即"会计"一词包括了日常的零星核算和定期的总括核算两层意思，基本上表达了会计在核算方面的主要特征。

随着奴隶制国家的建立，当会计成为国家行为的时候，"官厅会计"便应运而生。为了管理贡赋、徭役等的征收与分配，西周王朝在官厅中专门设置了位高权重的管理全国钱粮、赋税和官厅财物收支的"司会"一职，设立了独立的会计部门，并与财物保管等业务部门之间有了比较明确的分工；会计与出纳也有了初步的分工。此外，西周还规定了"以参互考日成，以月要考月成，以岁会考岁成"的会计检查制度。其中的"参互""月要"和"岁会",相当于当今的日报、月报和年报,初步形成了会计报表的雏形。可见,我国会计在西周时代已有相当大的发展。正如美国会计史学家查特菲尔德(Chatfield)在其名著《会计思想史》(*A History of Accounting Thought*)一书中指出的:"在内部控制、预算和审计程序等方面,周代在古代世界是无与伦比的"。

随着封建社会生产力的不断发展,会计技术方法也有了进步。秦、汉时期广泛采用了以"入""出"为记账符号、以"入-出=余"(或"收-付=余")为基本结算公式的简明会计记录法,用比较固定划一的会计记录格式,取代了文字叙述式的、烦琐的会计记录方法。自西汉始,人们将会计记录与统计记录划分开来,把记录会计事项的简册称为"簿""簿书"或"计簿",而把记录统计事项的简册称为"籍"。自此,我国的会计账簿便有了较明确的命名。

唐、宋时期是我国封建社会的鼎盛时期,会计上的一个突出成就是创立并完善了科学的结算方法"四柱结算法",在会计账册与报表中并列四大要素(即四柱)——"旧管""新收""开除""实在"(其含义分别相当于现代会计中的"期初结余""本期收入""本期支出""期末结存"),并根据其间的内在联系,按一定的公式计算、考核一定时期财产物资和财务收支的增减变动情况及其结果。四柱结算法的基本公式为:旧管+新收-开除=实在。

四柱结算法既可用于检查日常会计记录的正确性,又可分类汇总日常会计记录,使之起到系统与综合反映的作用,四柱结算法的创立和运用,是我国唐、宋时期中式会计方法的重大突破,不仅解决了会计结算方法的科学性问题和会计核算中的一系列技术性问题,把会计账簿和报表格式设计及结账、报账工作提高到了新的水平,使我国传统的单式记账方法得到了进一步的完善,而且为我国由单式记账发展到复式记账奠定了基础。

明末清初,随着手工业、商业的发展和资本主义经济关系的萌芽,我国商界在四柱结算法的基础上创立了可以计算盈亏的"龙门账":把全部账目分为"进"(相当于收入)、"缴"(相当于支出)、"存"(相当于资产)、"该"(相当于资本和负债)四大类,采用"进-缴=存-该"的平衡公式双轨计算盈亏,并于年终结账时分别编制"进缴表"和"存该表"(它们分别相当于现代会计中的"利润表"和"资产负债表"),两表各自计算得出的盈亏数应当相等,称为"合龙门"。龙门账的问世,是我国特色复式记账法的起源,同时也标志着我国的部门会计——商业会计的产生。

到了近代,特别是清朝中晚期,由于封建统治者长期推行重农抑商和闭关锁国政策,社会经济发展缓慢,与世界经济的差距日益拉大,加上受封建伦理思想的束缚,我国的会计发展水平渐渐落后于西方。

1905年，以著名会计学家谢霖（中国第一位注册会计师）、徐永祚（改良中式会计运动的发起人）和潘序伦（"中国会计之父"、立信会计事业的创始人）等为代表的我国会计界的先驱，致力于我国会计的改良或改革事业，纷纷著书立说，创办会计师事务所和学校，在我国民族资本主义的企业中引进、推广西方会计方法。这一引进西方复式借贷记账法的运动，史称"我国会计的第一次革命"。

四柱结算法与龙门账图示如图1-4所示。

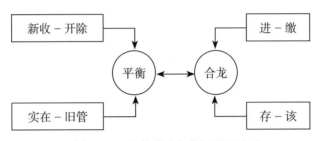

图1-4 四柱结算法与龙门账图示

1949年新中国成立后，我国实行了高度集中的计划经济体制，引进了与此相适应的苏联会计模式，在财政部设立了会计制度司（1982年更名为"会计事务管理司"），主管全国的会计工作。苏联会计模式的引入，是对旧中国的会计理论、制度、方法的重大变革，是"我国会计的第二次革命"。1950年，财政部着手统一全国企业的会计制度。

改革开放后，国民经济得到了飞速发展，会计在经济生活中的地位、作用日益重要，财政部于1985年颁布了新中国第一部《中华人民共和国会计法》（1993年、1999年和2017年分别进行了修正与修订，以下简称《会计法》），标志着我国会计工作法治化的开端；1992年财政部发布了《企业财务通则》和《企业会计准则》，随后又陆续发布了13大行业的企业财务制度和企业会计制度（简称"两则两制"），并自1993年7月1日起在全国所有企业实施。"两则两制"的发布实施，标志着我国的会计模式实现了与国际会计惯例的接轨与初步协调，史称"我国会计的第三次革命"。

随着我国市场经济发展和对外开放的深入，迫切要求建立能够满足市场化、国际化要求的会计准则体系，提升会计准则在实际工作中的地位和作用。基于这种国际环境的影响，我国财政部于2006年颁布了（2007年1月执行）由一项基本准则和38项具体准则（陆续扩充到现在的42个具体准则）组成的会计准则，这是继1993年中国会计制度体系改革之后的又一次深刻变革。这些部门规章的实施，进一步规范了企业财务会计行业，并与国际趋同，对促进市场经济发展和推进现代化企业建设，都具有重大的现实意义。

第二节　会计工作环境和会计职业

从会计发展的历史来看，会计被广泛运用于政府和企业的经济活动，本书将会计的工作环境定位于企业组织。会计人员应遵纪守法，恪守会计的职业道德，在企业专门的机构、会计岗位或委托代理机构中，为企业提供管理、财务和税务等方面的服务。

一、我国企业基本形态

企业是指从事生产、流通、服务等经济活动，以生产或服务满足社会需要，实行自主经营、独立核算、依法设立的一种营利性的经济组织。

（一）按企业形态分类

通常，我们按企业财产的组织形式和所承担的法律责任将企业分为独资企业、合伙企业和公司企业，这是按照法定标准进行分类的。

1. 独资企业

独资企业在西方国家也被称为"单人业主制"，是指由某个人出资创办的企业。独资企业有很大的自由度，只要不违法，想怎么经营就怎么经营，要雇多少人，贷多少款，全由业主自己决定。赚了钱，交了税，一切听从业主的分配；赔了本，欠了债，全由业主的资产来抵偿。我国的个体户和私营企业有很多属于此类企业。

独资企业的特点是：企业的设立和解散程序简单；经营管理灵活自由；企业业主对企业的债务负无限责任，当企业的资产不足以清偿其债务时，企业主经其个人财产偿付企业债务；企业规模小；企业的存续完全取决于企业主个人的得失安危，企业寿命有限。

2. 合伙企业

合伙企业是由几个人、几十人，甚至几百人联合起来共同出资创办的企业。它不同于所有权和管理权分离的公司企业。它通常是依合同或协议组织起来的，结构较不稳定。合伙人对整个合伙企业所欠的债务负有无限的责任。合伙企业不如独资企业自由，决策通常要合伙人集体做出，但它具有一定的企业规模优势。

合伙企业的特点是：合伙企业是不具备法人资格的营利性经济组织；《中华人民共和国合伙企业法》规定每个合伙人对企业债务须承担无限、连带责任；全体合伙人订立书面合伙协议；合伙人共同出资、合伙经营、共享收益、共担风险。

3. 公司企业

公司企业又称股份制企业，是由两个以上投资人（自然人或法人）依法出资组建，有独立的法人财产，自主经营、自负盈亏的法人企业。公司企业的所有权和管理权分离，出资者按出资额对公司承担有限责任。创办的企业，主要包括有限责任公司和股份有限公司。

有限责任公司是指不通过发行股票，而由为数不多的股东集资组建的公司（一般由 2 人以上、50 人以下股东共同出资设立），其资本无须划分为等额股份，股东在出让股权时受到一定的限制。在有限责任公司中，董事和高层经理人员往往具有股东身份，使所有权和管理权的分离程度不如股份有限公司那样高。有限责任公司的财务状况不必向社会披露，公司的设立和解散程序比较简单，管理机构也比较简单，比较适合中小型企业。

股份有限公司全部注册资本由等额股份构成并通过发行股票（或股权证）筹集资本，我国《公司法》规定，设立股份有限公司，应当有 2 人以上 200 人以下为发起人，注册资本的最低限额为人民币 500 万元，其主要特征是：公司的资本总额平分为金额相等的股份；股东以其所认购股份对公司承担有限责任，公司以其全部资产对公司债务承担责任；每 1 股有 1 票表决权，股东以其持有的股份，享受权利，承担义务。

拓展阅读

一般纳税人与小规模纳税人

在我国，无论是新办企业，还是老企业扩大规模，都会遇到选择增值税人身份的问题。选择不同的身份，对税负有较大影响。

对于增值税一般纳税人，我国于 2018 年 5 月 1 日后适用的增值税基本税率为 16% 和 10%（制造业等行业为 16%，交通运输、建筑、基础电信服务、现代服务业及农产品等为 10%），实行税款抵扣制度，即对增值额征税。销货方可以开"增值税专用发票"，也可以开"增值税普通发票"；取得的"增值税专用发票"，可以认证抵扣。

小规模纳税人是指年销售额在规定标准（销售额未超过 500 万元）以下，并且会计核算不健全，不能按规定报送会计资料，实行简易办法征收增值税的纳税人，增值税征收率为 3%，收到的增值税专用发票不能抵扣税款。

注册公司完成后，除了直接申请成为一般纳税人的，一般情况下都为小规模纳税人。如果小规模纳税人年收入超过 500 万元，按税法规定应该申请转为一般纳税人，不主动申请的，税务机关会强制将企业纳税身份转换为一般纳税人。如果企业年销售收入一直低于 500 万元，但会计核算健全，能够提供准确的税务资料，也可以主动向税务申请变更为一般纳税人。小规模纳税人一旦转换为一般纳税人，则不能再转回小规模纳税人身份。

（二）个体工商户

我国还有一种特殊的组织形态，叫"个体工商户"。尽管个体工商户要履行工商登记手续，但是政府管理部门却将它作为独立于企业之外的经济组织来管理与规范，所以个体工商户并不属于目前我国法定意义上的企业。

个体工商户与个人独资企业都是以一个自然人的名义投资成立的，以个人财产和家庭财产承担民事责任。不同的是个体工商户的从业人数有限制，包括经营者本人、请帮手和带学徒等的雇工人员不得超过8人，而个人独资企业没有从业人数限制；个人独资企业必须有固定的营业场所，而个体工商户是可以没有固定门面的流动经营；个人独资企业可以设立分支机构，但个体工商户不行。

（三）公司和非公司制企业在财税处理上的区别

不同性质的企业，未来的发展空间不同，所承担的税费和享受的税收政策也不同，所以在企业设立之前，就要做好筹划。公司和非公司制企业在财税处理上的区别如表1-2所示。

表1-2　公司和非公司制企业在财税处理上的区别

	公司制	非公司制（独资和合伙）
责任承担	有限责任，即股东对企业的最大责任仅以其出资额为限	无限责任，即股东对企业的责任除出资额外，还要以民事责任（私家财产）与刑事责任来担保
所得税的处理	作为法人，需要缴纳企业（法人）所得税（25%）；在股利分配时，股东需要缴纳个人所得税（如20%）	不是法人，不需要缴纳企业（法人）所得税，只需要缴纳个人所得税
企业的发展规模	作为法人，可以独立存在；实现了风险隔离；企业容易做大、做强	不是法人，需要以自然人的形式存在；未实现风险隔离；企业不容易做大、做强

问题与讨论

注册什么样的企业

你和一个朋友设计出了一款新型的轮滑鞋，这种轮滑鞋的速度比普通轮滑鞋的速度提高了25%~30%，你们打算成立一家企业生产和销售这种轮滑鞋。你和朋友想尽量少缴税，但同时又非常担心用户在使用时因受伤而对你们提起诉讼。那么，你们应该选择什么样的企业组织形式呢？

二、公司治理结构与组织结构

（一）公司治理结构

公司治理结构，是指为实现资源配置的有效性，所有者（股东）对公司的经营管理和绩效进行监督、激励、控制和协调的一整套制度安排，它反映了决定公司发展方向和业绩的各参与方之间的关系。

典型的公司治理结构是由所有者、董事会和执行经理层等形成的一定的相互关系框架。公司的最高权力机构和最高决策机构是股东大会，由全体股东组成。公司内设机构由董事会、监事会和总经理组成，分别履行公司战略决策职能、纪律监督职能和经营管理职能，在遵照职权相互制衡的前提下，客观、公正、专业地开展公司治理活动，对股东（大）会负责，以维护和争取公司实现最佳的经营业绩。公司治理结构如图 1-5 所示。

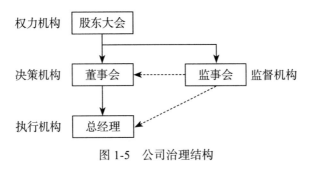

图 1-5 公司治理结构

（二）公司组织结构

通常所说的组织结构，是指为了实现组织的目标，在组织理论指导下，经过组织设计形成的组织内部各个部门、各个层次之间固定的排列方式，即组织内部的构成方式。不同的企业，由于性质不同，其组织结构也不完全一样，如直线型组织结构、职能型组织结构、事业部制组织结构等。某制造企业的组织结构如图 1-6 所示。

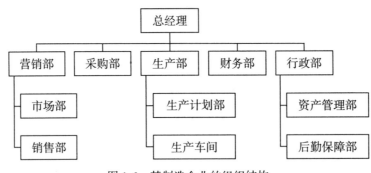

图 1-6 某制造企业的组织结构

三、会计工作组织和会计机构

会计工作组织，是指如何安排、协调和管理好企业的会计工作。会计工作组织的内容主要包括：会计机构的设置、会计人员的配备、会计人员的职责权限、会计工作的规范、会计法规制度的制定、会计档案的保管和单位会计信息化工作等。

会计机构是指单位内部设置的办理会计事务和组织领导会计工作的职能部门，《中华人民共和国会计法》第三十六条规定："各单位应当根据会计业务的需要，设置会计机构，或者在有关机构中设置会计人员并指定会计主管人员；不具备设置条件的，应当委托经批准设立从事会计代理记账业务的中介机构代理记账。"

也就是说，各单位可以根据自身情况决定是否设置会计机构，具备设置条件的，应当单独设置会计机构，配备会计机构负责人，并应该至少设置两个会计岗位（会计主管和出纳）；不具备设置会计机构条件的，应当在有关机构中配备相关会计人员，并指定会计主管人员；既不单独设置会计机构，也不在有关机构中配备会计人员的，应当根据我国《代理记账管理暂行办法》，委托会计师事务所或者持有代理记账许可证的其他代理记账机构进行记账，但应在单位内部相关机构中设置一名出纳员。

会计人员的工作岗位一般可分为会计主管、出纳、资金管理、预算管理、固定资产核算、存货核算、成本核算、工资核算、往来结算、收入利润核算、税务会计、总账报表、稽核、档案管理、管理会计和会计信息化管理岗位等，这些岗位可以一人一岗、一人多岗或一岗多人，各单位可以根据本单位的会计业务量和会计人员配备的实际情况具体确定。需要注意的是，为贯彻内部会计控制中的"账、钱、物分管"的原则，出纳人员不得兼管稽核、会计档案保管，以及收入、费用、债权债务账目的登记工作。对于企业的会计人员，应有计划地进行岗位轮换，以便会计人员能够比较全面地了解和熟悉各项会计工作，提高业务水平。

我国《会计基础工作规范》规定："国家机关、国有企业、事业单位任用会计人员应当实行回避制度；会计机构负责人、会计主管人员的直系亲属不得在本单位会计机构中担任出纳工作。"

四、会计职业机会与职业道德

（一）会计职业机会

会计职业是指会计从业人员所从事的职业，其工作内容伴随着经济和技术的发展而发展。

会计信息影响着公司的经营、纳税、理财和未来的规划，所以作为一个职业，会计可以在以下领域为我们提供工作机会：财务、管理、税务及相关领域。图 1-7 选列了每个领域的会计职业机会。

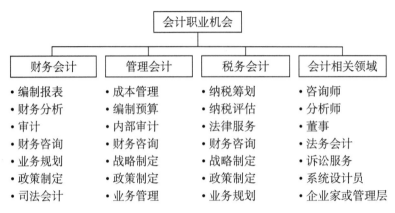

图 1-7　会计职业机会

会计职业机会主要集中在企业、事业单位和社会团体。会计的主要工作是会计核算、财税管理和业务管理；取得注册会计师执业资格的，还可以在公共会计领域从事审计和税收指导工作；政府和非营利机构中也存在一些工作机会，包括拟订企业法规和进行违法调查等。

随着社会的发展和技术的进步，未来基层会计岗位将引进人工智能，可以自动进行日常的、高频的、单一的会计基础工作，未来的会计将更侧重于企业的业务管理、财务风险防范、成本管理与控制、税收筹划等管理会计方面的工作，所以会计人员要能够与时俱进，不断学习，提升自己的管理、预测、决策和分析能力。

（二）会计职业证书

会计是每一个组织中最重要的岗位之一，初学者应该对自己的职业生涯有一个预期和计划，在会计职业晋级道路上，有些岗位是必须取得一定的资格或证书才可以担任的。

1. 会计职称系列

会计职称一般在单位评薪和评级时使用，分三个级别：高级会计师（高级）、会计师（中级）、助理会计师和会计员（初级）。其对应的职业资格考试，为高级会计职称考试、中级会计职称考试和初级会计职称考试。目前，除了会计员不需要职业资格即可从事之外，其他岗位的工作人员需要通过财政部全国统一的职业资格证书考试，获取相应证书后方可得到聘用或任用。

参加职称考试，除了要遵纪守法、爱岗敬业以外，还有一定的学历和工作时间限制。

（1）初级职称考试：具备国家教育部门认可的高中毕业以上学历。

（2）中级职称考试：取得大学专科学历，从事会计工作满5年；或取得大学本科学历，从事会计工作满4年；或取得双学士学位或研究生班毕业，从事会计工作满2年；或取得硕士学位，从事会计工作满1年；或取得博士学位。

（3）高级职称考试：取得博士学位并担任会计师职务2～3年；取得硕士学位、第二学士学位或研究生班结业证书，或大学本科毕业并担任会计师职务5年以上。

2. 执业资格系列

执业资格是政府对某些责任较大、社会通用性强、关系公共利益的专业技术工作实行的准入控制，获取资质的人可以依法独立开业或独立从事某种专业技术服务。

注册会计师（CPA）资质，申报人员经考试合格后颁发"注册会计师执业资格证书"，可以从事审计、统计、经济等专业工作。报考条件：具有高等专科以上学历，或者具有会计或者相关专业中级以上技术职称的，都可以参加注册会计师全国统一考试。

特许公认会计师公会（The Association of Chartered Accountants，ACCA）是目前世界上领先的专业会计师团体，ACCA资格被认为是"国际财会界的通行证"，许多国家立法许可ACCA会员从事审计、投资顾问和破产执行工作。

特许管理会计师公会（The Chartered Institute of Management Accountants，CIMA）是全球最大的国际性管理会计师组织，CIMA会员资格考试不局限于会计内容，而是涵盖了管理、战略、市场、人力资源、信息系统等方方面面的商业知识和技能。

以上会计执业资格系列考试，考试难度大，就业前景好，考生考试合格后可进入大型跨国企业、会计师事务所、审计师事务所等从事高端会计职业。

3. 专业资格系列

会计专业的学生，还可考取经济、金融方面的专业资格证书，如资产评估师、经济师、税务师、审计师、统计师、金融分析师、财务策划师等，可从事专门的资产评估、审计、统计、预算、财务分析等工作。随着经济的不断发展，就业和发展前景将会越来越好。

会计人员在职业生涯中可以考取的会计职业证书如图1-8所示。

目前，从事基础会计核算的会计人才早已饱和，但高端会计人才依旧缺乏，面临这种现状，当代大学生更应该好好筹谋自己的前途，做好合理的规划。

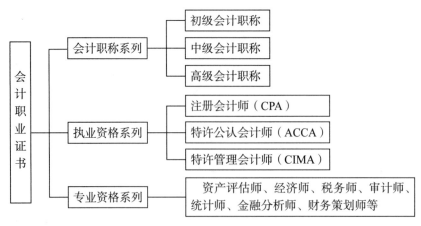

图 1-8　会计职业证书

（三）会计职业道德

职业道德是指同人们的职业活动紧密联系的符合职业特点所要求的道德准则、道德情操和道德品质的总和。会计工作能否提供客观、公正的会计信息，能否对本单位经济活动的合法性、合规性、真实性进行监督，在很大程度上取决于会计人员在会计工作中是否遵守会计职业道德规范，按会计法律和会计准则的要求操作。

会计职业道德约束，既是会计行业对从业人员在职业活动中行为的要求，又是会计行业对社会所担负的道德责任与义务，它可以约束和调整会计人员的职业行为，使会计人员在职业工作中达到自律。会计人员的职业道德内容，包括以下 8 个方面：爱岗敬业、诚实守信、廉洁自律、客观公正、坚持准则、提高技能、参与管理、强化服务。

🎓 职业道德和公司管理

因做两套账被判刑的小会计

平顶山市三香陶瓷有限责任公司会计员许某，在总经理黄某（已判刑）和财务总监张某（已判刑）的指使下，设立真假两套公司财务账，2004～2006 年共隐藏主营业务收入过千万元，偷逃增值税税款合计共 569 150.96 元（事后已补缴）。2015 年 7 月公开审判，虽然会计许某一再声称"是公司的领导让我做的两套账"，但法院判定，许某伙同他人采取隐瞒、伪造记账凭证逃避缴纳税款，数额巨大，其行为触犯了《中华人民共和国刑法》《中华人民共和国会计法》和《中华人民共和国税法》的相关条款，已经构成逃税罪，被判处有期徒刑 3 年，缓刑 3 年，并处罚金人民币 100 000 元。

无独有偶，危某于 2011 年在贵州九龙水泥厂任会计期间，通过做两套账的方法，涉嫌逃税金额共计93万余元，于2015年被判刑。

会计人员千万不要以为"税务是否申报不是我能决定的，都是单位领导决定的""我只是一个小会计，我的作用小"，因为会计是报税的直接责任人，理应承担法律责任。

能力提升

会计人员的职业道德

因实施岗位轮换，刘某从筹资和投资核算岗位轮换到了成本核算岗位，负责成本费用的核算。成本费用核算岗位，工作量大、业务繁忙，与以前筹资和投资核算业务相比，刘某的工作量大大增加，但其工资收入却没有增长，这引起了刘某的强烈不满。刘某在工作中出现了以下情况：

（1）刘某向财务部经理提出，要求调回原工作岗位，其所提出的理由是熟悉原来的核算业务，可以大大提高工作效率。

（2）刘某应其爱人的要求，将本公司开发新产品的成本资料和技术资料复印后，交给了他的爱人；为了让儿子及早地体验会计实务，未经任何领导批示，刘某将公司的记账凭证、会计账簿带回家给上大学的儿子看。

（3）刘某整日牢骚满腹，对待工作粗心大意，频频出现核算错误。

（4）刘某对待前来办理业务的相关部门人员，面无表情，态度冷淡，甚至故意刁难。

与同学们讨论，完成以下分析：

1.分析财务经理是否会同意刘某的要求，将其调回筹资和投资核算岗位，为什么？实施岗位轮换对会计人员的业务素质有何影响？

2.分析事项（2）、（3）和（4）中刘某的行为违背了会计职业道德的哪些方面？

第二章 Chapter 2

会计信息和对外报告

本章概览

会计信息要满足真实可靠、与决策相关、可理解和可比较等质量要求，通过财务报告的形式提供给内外部使用者。财务报表是财务报告的重要组成部分，是企业的财务状况、经营成果和现金流量的货币表现，企业的每一项经济活动都会对财务报表产生影响。

学习目标

1. 了解会计信息的类型和使用者。
2. 掌握会计信息的质量要求。
3. 熟悉三大基本财务报表的框架和作用。
4. 通过财务报表，理解会计假设。
5. 理解企业经营对三张财务报表的影响。
6. 能够解释三张报表之间的关系。

引导案例

獐子岛的扇贝去哪里了

獐子岛集团股份有限公司（以下简称"獐子岛"）坐落在大连獐子岛镇，是由集体所有的"海上大寨"改组而成的。2006年9月，獐子岛于深圳证券交易所上市，在上市的当天，獐子岛高达60.89元/股的开盘价，使其成为国内股票价格第二高的上市公司，獐子岛也因股票价值从8 000万元攀升到70亿元的壮举而拥有了浓厚的传奇色彩。2014年10月30日，獐子岛发布公告称：因为北黄海遭遇异常的冷水团，公司105.64万亩㊀海洋牧场遭遇灭顶之灾，受此影响，公司前三季度业绩由盈利变为亏损约8.12亿元，獐子岛董事长秘书也道歉表示，这次事件20年未遇，主要原因是冷水团，獐子岛已经采取积极措施挽回损失，预计在未来几年内会使之逐步稳定。可惜的是，这一美好设想并未能实

㊀ 1亩 ≈ 667平方米。

现。2018 年年初，獐子岛又一次发布公告称，公司在底播虾夷扇贝的年末存量盘点中发现部分海域的底播虾夷扇贝存货异常，公司预计 2017 年净利润亏损 5.3 亿～7.2 亿元。对此，诸多业内人士也表示震惊与质疑。2 月 6 日，证监会向獐子岛发关注函询问，要求详细说明截至 2018 年 1 月才发现底播虾夷扇贝大量死亡的原因及合理性等；2 月 8 日，大连市证监局印发了对獐子岛集团股份有限公司、董事长等因未及时对业绩预告进行修正和必要的风险提示而出具的警示函。上市公司需要向公众提供什么样的会计信息？通过什么样的方式提供会计信息？

第一节　会计信息及其要求

会计的主要目标，是提供决策有用的信息，所以会计不是目的而是达到目的的手段，会计信息的最终产品是决策。无论是所有者、管理层、债权人还是政府监管机构，其决策都会因使用正确的会计信息而得到加强。

一、会计信息的使用者

会计信息的使用者，分为外部信息使用者和内部信息使用者，如图 2-1 所示。

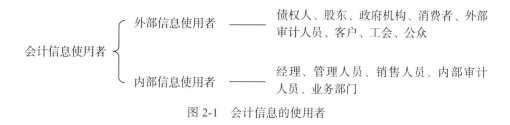

图 2-1　会计信息的使用者

会计信息的外部使用者，不直接参与企业的经营，他们获取企业信息的渠道有限，但他们依赖具有可靠性、相关性和可比性的信息来进行决策，这些信息主要是企业对外提供的财务报表。

会计信息的内部使用者，是指那些直接参与企业经营管理的人，他们使用会计信息来改善企业的经营效率和效果，这些会计信息主要是企业内部的报表，其编制不需要遵守外部报表的编制规则。

二、会计信息质量要求

会计信息质量要求是对企业财务报告所提供会计信息质量的基本要求，是使财务报告所提供的会计信息对投资者等信息使用者决策有用应具备的基本特征，我国《企业会计准则——基本准则》第二章规定了会计信息质量要求，主要包括可靠性、相关性、可理解性、可比性、实质重于形式、重要性、谨慎性和及时性。

（一）可靠性

可靠性要求企业应当以实际发生的交易或者事项为依据进行确认、计量和报告，如实反映符合确认和计量要求的各项会计要素及其他相关信息。保证会计信息真实可靠、内容完整。会计信息要有用，必须以可靠为基础，如果财务报告所提供的会计信息是不可靠的，就会给投资者等使用者的决策产生误导甚至损失。

🎓 **职业道德和公司管理**

提前确认收入

某公司于2017年年末发现公司销售业绩下滑，无法实现年初确定的销售收入目标，但根据惯例，春节前后公司销售会出现较大幅度的增长。该公司因此提前预计库存商品销售，在2017年年末制作了若干存货出库凭证，并确认销售收入实现。该公司的这种会计处理不是以其实际发生的交易事项为依据的，是虚构的交易事项，已违背了会计信息质量要求的可靠性原则。

（二）相关性

相关性要求企业提供的会计信息应当满足宏观信息需要、满足会计报表使用者的需要，有助于投资者等财务报告使用者对企业过去、现在或未来的情况做出评价和预测。具体而言，相关性的会计信息有助于使用者评价企业过去的决策，证实或者修正过去的预测，具有反馈价值。相关的会计信息还具有预测价值，有助于使用者根据财务报告提供的会计信息预测企业未来的财务状况、经营成果和现金流量。

📚 **问题与讨论**

相关性要求会计信息要及时地反馈以修正过去的决策，要有一定的预测价值；而可靠性强调客观地反映实际发生的经济业务。这两项会计信息质量要求，一个面向未来，另一个着眼过去。比如在计量属性选择方面，提高相关性就会削弱可靠性。请同学们讨论一下：出现这样的冲突，如何协调和寻求平衡？

（三）可理解性

可理解性要求企业提供的会计信息应当清晰明了，便于投资者等财务报告使用者理解和使用。企业编制财务报告、提供会计信息的目的在于使用，而要使使用者有效使用会计信息，应当让其了解会计信息的内涵，弄懂会计信息的内容，这就要求财务报告所提供的会计信息应当清晰明了，易于理解。只有这样，才能提高会计信息的有用性，实现财务报告的目标，满足向投资者等财务报告使用者提供决策有用信息的要求。

（四）可比性

可比性要求企业提供的会计信息应当相互可比。可比性主要包括以下两层含义。

1. 同一企业不同时期可比

为了便于投资者等财务报告使用者了解企业财务状况、经营成果和现金流量的变化趋势，比较企业在不同时期的财务报告信息，全面、客观地评价过去，预测未来，从而做出决策，会计信息质量的可比性要求同一企业不同时期发生的相同或相似的交易或者事项，应当采用一致的会计政策，不得随意变更。但是，满足会计信息可比性要求，并非表明企业不得变更会计政策，如果按照规定或者在会计政策变更后可以提供更可靠、更相关的会计信息，就可以变更会计政策。有关会计政策变更的情况，应当在附注中予以说明。

2. 不同企业相同会计期间可比

为了便于投资者等财务报告使用者评估不同企业的财务状况、经营成果和现金流量及其变动情况，会计信息质量的可比性要求不同企业同一会计期间发生的相同或相似的交易或者事项，应当采用规定的会计政策，确保会计信息口径一致、相互可比，以使不同的企业按照一致的确认、计量和报告要求提供有关会计信息。

（五）实质重于形式

实质重于形式要求企业应当按照交易或者事项的经济实质进行会计确认、计量和报告，不能仅以交易或者事项的法律形式为依据。

在多数情况下企业发生的交易或事项，其经济实质和法律形式是一致的。但在有些情况下，会出现不一致。例如，以融资租赁方式租入的资产，虽然从法律形式来讲企业并不拥有其所有权，但是由于租赁合同中规定的租赁期相当长，接近该资产的使用寿命，租赁期结束时承租企业有优先购买该资产的选择权，在租赁期内承租企业有权支配资产并从中受益等，因此，从其经济实质来看，企业能够控制融资租入资产所创造的未来经济利益，在会计确认、计量和报告上就应当将以融资租赁方式租入的资产视为企业的资产，列入企业的资产负债表。

（六）重要性

重要性要求企业提供的会计信息应当反映与企业财务状况、经营成果和现金流量有关的所有重要交易或者事项。

在实务中，如果会计信息的省略或者错报会影响投资者等财务报告使用者据此做出决策的，该信息就具有重要性。重要性的应用需要依赖职业判断，企业应当根据其所处环境和实际情况，从项目的性质和金额大小两方面加以判断。

（七）谨慎性

谨慎性要求企业在对交易或者事项进行会计确认、计量和报告时应当保持应有的谨慎，不应高估资产或者收益、低估负债或者费用。

在市场经济环境下，企业的生产经营活动面临着许多风险和不确定性，如应收款项的可收回性、固定资产的使用寿命、无形资产的使用寿命、售出存货可能发生的退货或者返修等。会计信息质量的谨慎性要求，企业在面临不确定性因素需要做出职业判断时，应当保持应有的谨慎，充分估计到各种风险和损失，既不高估资产或者收益，也不低估负债或者费用。例如，要求企业对可能发生的资产减值损失计提资产减值准备、对售出商品可能发生的保修义务等确认预计负债等，就体现了会计信息质量的谨慎性要求。

（八）及时性

及时性要求企业对已经发生的交易或者事项，应当及时进行确认、计量和报告，不得提前或者延后。

会计信息的价值在于帮助所有者或者其他方面做出经济决策，具有时效性。即使是可靠、相关的会计信息，如果不及时提供，就失去了时效性，对于使用者来说，其效用就大大降低甚至不再具有实际意义。在会计确认、计量和报告过程中贯彻及时性：一是要求及时收集会计信息，即在经济交易或者事项发生后，及时收集整理各种原始单据或者凭证；二是要求及时处理会计信息，即按照会计准则的规定，及时对经济交易或者事项进行确认或者计量，并编制出财务报告；三是要求及时传递会计信息，即按照国家规定的有关时限，及时地将编制的财务报告传递给财务报告使用者，便于其及时使用和决策。

可靠性、相关性、可理解性和可比性是会计信息的首要质量要求，是企业财务报告提供会计信息应具备的基本质量特征；实质重于形式、重要性、谨慎性和及时性是会计信息的次级质量要求，是对可靠性、相关性、可理解性和可比性这些首要质量要求的补充和完善。

三、会计的计量属性

会计计量属性反映的是会计要素金额的确定基础，按投入价值和产出价值可分为历史成本、重置成本、可变现净值、现值和公允价值，如图 2-2 所示。

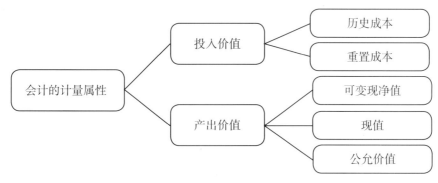

图 2-2　会计的计量属性

（一）历史成本

历史成本，又称为实际成本，就是取得或制造某项财产物资时所实际支付的现金或现金等价物。历史成本计量，要求对会计要素的计量，基于经济业务的实际交易成本，而不考虑随后市场价格变动的影响。

历史成本计量建立在币值稳定假设的基础上，要求资产和负债按其取得或交换时的实际交易价格入账，入账后的账面价值在该资产存续期内一般不做调整。历史成本计量强调会计信息的客观性、可靠性和可验证性，往往只对实际交易活动产生的结果进行确认，而不对尚未发生的交易进行估计。

问题与讨论

历史成本计价，反映当时的市场价格，当物价波动较大或币值不稳定时，历史成本能真实体现会计主体的财务状况和经营业绩吗？如果不能，在会计的计量属性中，哪一种更能反映？财务报表如何列示，才能使会计信息针对决策更加有用？

（二）重置成本

重置成本，又称为现行成本，是指按照当前市场条件，重新取得同样一项资产所需支付的现金或现金等价物。重置成本是现在时点的成本，它强调站在企业主体角度，在实务中，重置成本大多应用于盘盈固定资产的计量等。比如，盘盈一台八成新的设备，该设备当前的市场价为 5 万元，则盘盈的这台设备的重置成本就是：$50\,000 \times 80\% = 40\,000$（元）。

（三）可变现净值

可变现净值，是指在正常的生产经营过程中，以预计售价减去进一步加工成本和预计销售费用以及相关税费后的净值。比如库存商品 A，采购时的成本是 100 万元，预计下月末的市场售价为 90 万元，估计销售该存货尚需要发生 5 万元的销售费用，则库存商品 A 的可变现净值就是 90−5=85（万元），如图 2-3 所示。

图 2-3　可变现净值的计算

（四）现值

现值是指对未来现金流量以恰当的折现率进行折现后的价值，是考虑资金时间价值的一种计量属性，比如假设未来 3 年内预计每年有应收账款 100 万元回收，如果按 8% 的折现率，则折现后的现值就是 257.71 万元（可通过 Excel 中的 PV 函数计算），如图 2-4 所示。

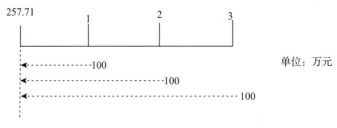

图 2-4　现值的计算

（五）公允价值

公允价值，是指在公平交易中，熟悉市场情况的交易双方自愿进行资产交换或者债务清偿的金额，常用于金融工具的计量。

企业在对会计要素进行计量时，一般应采用历史成本，采用重置成本、可变现净值、现值、公允价值计量的，应当保证所确定的会计要素金额能够取得并可靠地计量。

问题与讨论

银广夏事件

1994 年 6 月上市的银广夏公司，曾因其骄人的业绩和诱人的前景而被称为"中国第一蓝筹股"。2001 年 8 月，银广夏虚构财务报表事件被曝光，被专家称"不可能的产量、不可能的价格、不可能的产品"。2002 年 5 月中国证监会对银广夏的行政处罚决定书认定，公司自 1998 年至 2001 年期间累计虚增利润 77 156.70 万元，其中：1998 年虚增 1 776.10 万元，由于主要控股子公司天津广夏 1998 年及之前年度的财务资料丢失，利润真实性无法确定；1999年虚增17 781.86万元，实际亏损5 003.20万元；2000年虚增56 704.74万元，实际亏损14 940.10万元；2001年1~6月虚增894万元，实际亏损2 557.10万元。从原料购进到生产、销售、出口等环节，公司伪造了全部单据，包括销售合同和发票、银行票据、海关出口报关单和所得税免税文件。以银广夏2000年度财务报告披露虚假利润56 704.74万元为例进行分析：天津广夏2000年度采取伪造销售、采购合同和发票，伪造银行票据、海关出口报关单等手段，致使银广夏虚增利润52 287.38万元；芜湖广夏2000年度采用少计销售成本、少计管理费用、少计经营费用等手段，致使银广夏虚增利润277.36万元；银广夏下属海韵文化公司在不具有电视片《中国博物馆》产权的情况下，虚构该片广告收入3 000万元，致使银广夏虚增利润2 670万元；银广夏将1999年配股资金10 455万元以增资扩股方式投入贺兰山葡萄酒公司，以收取配股资金利息冲减财务费用等手段虚增利润1 470万元。

请同学们讨论一下，银广夏的上述行为，主要违反了会计信息质量的哪几项要求？在这个会计信息造假案例中，受害群体与受益群体主要分为哪几类？应从哪几个方面保障受害群体的权益以及惩处受益群体？

第二节　会计信息的对外报告

企业需要通过提交财务报告向债权人、投资人和其他外部信息使用者提供会计信息，这种行为对于上市公司来说，称为"披露"；对于非上市公司来说，称为"报送"。资产负债表、利润表、现金流量表、所有者权益变动表、附表及会计报表附注和财务情况说明书等，都属于对外报告的内容，本书主要介绍基本财务报表——资产负债表、利润表和现金流量表的编制及解读。

一、企业的财务状况

企业的财务状况，是通过资产负债表反映的，根据时点不同，包括月报、季报和年报。它表明企业某一特定日期所拥有的净资产的状况及资产的来源渠道，是反映企业资金运动处于某一相对静止状态情况的会计报表，也称为静态报表或时点报表。利民工贸资产负债表简表如表2-1所示。

表2-1　利民工贸2017年12月31日的资产负债表简表　　　　（单位：元）

资产	金额	负债和所有者权益	金额
流动资产：		流动负债：	
货币资金	225 000.00	短期借款	400 000.00

（续）

资产	金额	负债和所有者权益	金额
交易性金融资产	200 000.00	应付账款	270 000.00
应收账款	525 000.00	应付职工薪酬	130 000.00
存货	200 000.00	非流动负债：	
非流动资产：		长期借款	700 000.00
长期股权投资	400 000.00	所有者权益：	
固定资产	1 050 000.00	实收资本	1 000 000.00
无形资产	400 000.00	留存收益	500 000.00
资产总计	3 000 000.00	负债和所有者权益合计	3 000 000.00

（一）资产负债表的结构

资产负债表包括表头和主体两部分（同学们也可以直接跳到表 8-4，查看我国企业 2018 年的资产负债表样式，表 2-1 为简化的表格），表头包含企业名称、报表名称和日期等信息；表体包括左右两个部分，左边是"资产"，右边是"负债和所有者权益"，表明了 2017 年 12 月 31 日那天利民工贸能够用货币表现出来的资源的状况，以及资产、负债和所有者权益的对应关系。

📖 **会计基本原理**

会计主体假设

利民工贸是一家加工生产纸箱的企业，其所有者可能还拥有汽车、个人银行存款甚至另一家企业，但这些项目并没有参与纸箱厂的经营，因此不能出现在利民工贸的财务报表中，如果所有者把个人活动与企业交易混淆到一起，那么这样编制的财务报表将无法清楚地描述企业的财务活动。这里蕴含了一个基本的会计假设，即会计工作服务的特定单位只是"利民工贸"这个公司法人，而不是所有者个人的其他活动。会计上将这个假设称为"会计主体假设"，它界定了企业会计确认、计量和报告的空间范围。表 2-1 的表头信息，就明确了此表只针对"利民工贸"这个主体。

会计主体既可以是一家企业，也可以是若干家企业组织起来的集团公司；既可以是法人，也可以是不具备法人资格的实体，经济上相对独立的组织都可以作为会计主体。所以，企业、企业的车间、企业集团均可作为会计主体。

报表最后一行的数字显示，左边的资产总计等于右边负债加所有者权益合计，即资产=负债+所有者权益，事实上，这个等式永远成立。因为资产负债表左侧的资产，表明了企业以货币表现的资源的状况，右侧表明了谁提供了这些资产：要么是借来的（负债），要么是所有者投入的。

📖 **会计基本原理**

静态会计等式

任何企业要从事生产经营活动，必定有一定数量的资产。而每一项资产，一方面表现为一种实际存在或表现形式，比如机器设备、现金、银行存款等；另一方面，这些资产都是按照一定的渠道进入企业的，或由投资者投入，或通过银行借入等，即每项资产必定有其提供者，谁提供了资产谁就对资产拥有索偿权，这种索偿权在会计上称为权益。这样就形成了最初的会计等式：

资产 = 权益

权益通常分为两种：一是以投资者的身份向企业投入资产而形成的权益，称为所有者权益；二是以债权人的身份向企业提供资产而形成的权益，称为债权人权益或负债。这样，上述等式又可表达成：

资产 = 负债 + 所有者权益

因为这个等式是资产负债表（静态报表）中所蕴含的，所以，该等式也称为"静态等式"。它反映的数量关系和经济关系是会计学中极为重要的内容，是设置账户、建立复式记账和编制资产负债表的重要依据。

（二）资产负债表的内容

1. 资产

观察表 2-1，货币资金排在首位，然后是交易性金融资产（比如股票）、应收账款和存货，这些是可以迅速转化为现金或被消耗掉的资产，所以称为流动资产；接下来是长期资产（比如长期股权投资）、固定资产和无形资产，我们称之为"非流动资产"，这些是相对于流动资产而言的，是指不能在一年或超过一年的一个营业周期内转化为货币资金的资产。

我们发现表 8-4 中"资产"列还有很多项目，这些项目都是企业拥有的、可以用货币形式表现的，并能使未来经营受益的经济资源。使未来经营受益，在正常情况下体现为未来现金流量，比如收回货款、为生产制造提供的地块和设备等。资产可以是有形的，也可以是无形而以有价的法律要求权的形式存在的，比如专利权。

我们将表 8-4 中的资产按资产变现能力（流动性）进一步分类，可以分为"流动资产"和"非流动资产"，其中流动资产概括起来，主要包括货币资金、债权（应收的和预付的，表明未来现金流入的一种权利）和存货（原材料、在产品和产成品等）。

非流动资产也主要包括三大类：一是长期投资类，包括可供出售的金融资产、长期债权投资等；二是固定资产类；三是无形资产类。

🔍 拓展阅读

经营资产和投资资产

除了上述常规的流动资产和非流动资产的分类外，还可以根据资产对利润的贡献形式将其分为经营资产和投资资产。经营资产是指与企业日常经营活动有关的资产，一般包括债权、存货、固定资产和无形资产；投资资产是指企业对外投资所形成的资产，包括交易性金融资产、可供出售金融资产和持有至到期投资以及长期股权投资。⊖ 货币资金既可用于经营活动，也可用于投资活动，可以称为通用资产。通过企业经营资产和投资资产在资产总额中的比重分析，可以将企业分为经营主导型、投资主导型以及二者并重型，这给财务报表分析提供了另一种思路。

资料来源：张新民. 从报表看企业 [M]. 北京：中国人民大学出版社，2012.

在资产负债表中，如何确定企业各项资产的货币价值呢？这是会计中最为基本也最具争议的问题之一，目前我国会计准则规定对资产负债表中的许多资产，采用历史成本而不是以现值计价，即"历史成本计价原则"。历史成本计价原则是指企业的各项财产应当按照实际成本计量，其后各项财产如发生减值应当按照规定计提相应的减值准备，除政策法规和国家统一的会计制度另有规定者外，企业一律不得自行调整账面价值。

例如，企业2010年1月1日购买一栋办公楼，共耗资金60万元。那么记账时，该大楼按其实际发生的支出60万元入账。假设，2017年1月1日该大楼的市价已达1 000万元，此时，不对其原来入账的价值进行调整，在账面上仍为原来取得该楼的实际成本，即历史成本。

📖 会计基本原理

持续经营假设

会计上为什么不变动资产的记录金额，以反映当前的市价呢？这是因为像厂房和办公楼这样的生产和办公场所，购买这些资产的目的是使用，而不是再次出售，如果出售这些资产，企业的经营通常就会受到影响，所以编制财务报表，基于另一个会计

⊖ 2017年新修订的《企业会计准则第22号——金融工具确认和计量》中将金融资产划分为交易性资产、债权投资、其他债权投资、其他权益工具投资等。

假设——持续经营假设。顾名思义，持续经营假设就是假定其经营活动在可预见的将来会继续下去，不会也不必终止经营或破产清算，这样，固定资产等资产不进行销售，其当前的市场价值就不那么重要了，可预见的将来通常是指资产负债表日后12个月。

2. 权益

权益是对资产的要求权，债权人和所有者均对企业资产有要求权，但从法律的角度来讲，债权人的要求权优先于所有者的要求权。所以，从资产的要求权上分析，资产负债表的右侧回答了企业的资产未来归属的问题：债权人对资产的要求权，称为负债；股东对资产的要求权，称为所有者权益。企业资产的结构及归属，如图2-5所示。

图2-5 资产的结构及归属

资产负债表中负债按照预期被偿还的顺序列示，分为流动负债和非流动负债。所有的企业都有负债，借钱扩张对应的负债是"短期借款"和"长期借款"；以"赊账"的方式采购商品，带来的就是"应付账款"；应付给员工的薪酬称为"应付职工薪酬"，具体内容可参见表8-4。

所有者权益是一个剩余权益，分为3类：一类是股东投入的，称为实收资本（股本）；一类是利润积累的，称为留存收益，是指企业从历年实现的利润中提取或形成的，留存于企业的内部积累，包括盈余公积和未分配利润；还有一类，表2-1中没有列示，是非利润性的资产增值，称为"其他综合收益"。

📖 会计基本原理

货币计量假设

货币计量假设就是指会计主体在财务会计确认、计量和报告时以货币计量来反映会计主体的生产经营活动，这个假设包含两层含义：一是企业在会计核算中要以货币为统一、主要的计量单位，并确定以记账本位币来记录和反映企业生产经营过程和经营成果（我国会计法规定，会计核算以人民币为记账本位币，业务收支以人民币以外的货币为主的单位,可以选定其中一种作为记账本位币,但是编报的财务会计报表应当折算为人民币);二是假定币值稳定,因为只有在币值稳定或相对稳定的情况下,不同时点上的资产的价值才有可比性,不同期间的收入和费用才能进行比较,并计算确定其经营成果,会计核算提供的会计信息才能真实反映会计主体的经济活动情况。

拓展阅读

通货膨胀会计

以历史成本计量资产的一个局限是,计量单位并不总是稳定的,可能会有不同的计量尺度;同一币种所反映的货币的价值也并不总是稳定的,在通货膨胀严重时,资产的历史成本就失去了作为企业决策基础的作用。因为通货膨胀会削弱币值的稳定性,尤其是长期的、严重的通货膨胀,使历史成本极大地背离了资产的实际价值。为了解决、克服或如实反映通货膨胀所带来的问题和影响,西方会计界提出了各种会计改革设想和模式,从而产生了新的会计方法和程序,即"通货膨胀会计"。例如,墨西哥公司法就要求公司使用政府发布的指数将资产负债表调整为现行购买力水平,以提示通货膨胀对企业财务状况的影响。

二、企业的经营成果

企业的经营成果以利润表的形式来对外报告,利润表反映的是企业一定时期内的盈亏状况。将利润表简化处理,如表2-2所示。

表2-2 利民工贸2017年12月利润表简表 (单位:元)

项目	金额
一、营业收入	650 000.00
减:营业成本	450 000.00
经营费用	50 000.00
二、营业利润	150 000.00
加:营业外收入	250 000.00
减:营业外支出	
三、利润总额	400 000.00
减:所得税费用	100 000.00
四、净利润	300 000.00

利润表的格式如表6-2所示,分为表首和正表两部分,其中表首说明报表名称、编制单位、编制日期、报表编号、货币名称、计量单位等;正表是利润表的主体,反映形成经营成果的各个项目和计算过程。

观察表 2-2，表中各项目的关系可简单描述为：收入 - 费用 = 利润，我们把所有对利润的增加有贡献的项目称为"收入"，包括与经营活动相关的营业收入，以及与经营无直接关系的营业外收入；把所有对利润的减少有贡献的项目称为"费用"，包括为取得收入而需要支付的营业成本和经营过程中发生的销售费用、管理费用，以及与经营活动无关的其他支出。净利润是收入和费用的差额，如果费用大于收入，则称为净亏损。

会计基本原理

动态会计等式

收入 - 费用 = 利润，被称为"动态会计等式"，是反映企业在一定会计期间经营成果的会计等式，所以也称为"财务成果等式"，它反映了收入、费用和利润三个会计要素的关系，揭示了企业在某一特定期间的经营成果。这个等式是编制利润表的依据，所以还称为"利润表等式"。从等式中可以看出，利润的实质是企业实现的收入与其相关的费用进行匹配的结果，利润会随着收入的增减而发生相同的变化，随着费用的增减而发生相反的变化。

三、企业的现金流量

现金流量是企业在一定会计期间，通过一定经济活动产生的现金流入、现金流出及其总量情况的总称，通过现金流量表对外报告。现金流量表是反映企业货币资金在两个时点之间增减变化的报表。

观察表 2-3，该表通过对企业的经营活动、投资活动和筹资活动现金流量的期初和期末进行比较，来反映货币资金分类增减变动情况。

表 2-3　利民工贸 2017 年 12 月现金流量表　　　　（单位：元）

项目	金额
一、经营活动产生的现金流量	
销售商品、提供劳务收到的现金等	800 000.00
经营活动现金流入小计	
购买商品、接受劳务支付的现金等	500 000.00
经营活动现金流出小计	
经营活动产生的现金流量净额	300 000.00
二、投资活动产生的现金流量	
……	-2 050 000.00
三、筹资活动产生的现金流量	
……	2 500 000.00

现金流量表的主要作用是决定公司短期生存能力,特别是缴付账单的能力。如果企业经营活动产生的现金流无法支付股利与保持股本的生产能力,必须用借款的方式满足这些需要,那么这就给出了一个警告,这家公司从长期来看无法维持正常情况下的支出。

会计基本原理

会计分期假设

为了帮助会计信息使用者及时了解企业的经营状况和财务状况,有必要对连续不断的经营活动过程划分结算期间,以便在一个较短的时间内对其进行考核和报告,从而产生了会计分期的概念。会计分期是指把企业持续不断的生产经营活动,划分为相同期间的行为,据此来结算账目和编制会计报表,从而及时地向有关方面反映企业财务状况和经营成果。

会计期间分为中期和年度。中期是指短于一个完整的会计年度的报告期,如半年度、季度和月度。我国的会计期间是以自然月来划分的,月度就是一个月,季度就是一年的4个季度。年度会计报表就是从年初1月1日到年末12月31日为止的数据。我国会计分期如图2-6所示。而美国的会计主体,则可以选择任意连续的12个月作为一个会计年度。比如迪士尼公司的会计年度结束于9月30日。

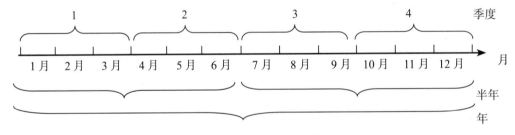

图2-6 我国的会计分期

四、企业经营对财务报表的影响

财务报表是用货币表现的企业经营活动的结果,不同的企业或同一企业的不同时期,财务报表数据总是不同的。下面,我们通过一家企业的业务分析财务信息的产生过程。

(一)企业经营对财务状况的影响

经营主体"利民工贸"是一家生产加工包装纸箱的企业。从企业设立,发生以下业务。

1. 1月10日,企业设立。股东投入货币资金100万元。

2. 1月10日,获取银行贷款110万元,还款期限6个月。

3. 1月12日,购买价值105万元的机器设备,用银行存款支付。

4. 1月12日,购买商品,价值20万元,以银行存款支付。

5. 1月20日,销售商品,收入现金12万元,发出货物的成本是7万元。

6. 1月23日,购买股票20万元。

7. 1月25日,现金支付促销广告费用2万元。

我们知道,资产负债表蕴含着一个会计静态平衡等式,即资产=负债+所有者权益;利润表蕴含着会计动态等式,即利润=收入-费用,将这两个等式合并拓展可以成为"动态平衡等式"。

📖 会计基本原理

动态平衡等式

企业成立之初的财务状况达到一个平衡,用公式表示为

$$资产 = 负债 + 所有者权益$$

经营一段时间后,产生了一定的利润,资产也有所变化,则此时的财务状况为

资产(期末的)= 负债 + 所有者权益 + 利润 ……①

利润 = 收入 - 费用 ……………………………②

①+②,则为:资产 = 负债 + 所有者权益 + 收入 - 费用

也可记为:资产 + 费用 = 负债 + 所有者权益 + 收入

每个会计期末,利润在所有者之间分配后,计入所有者权益,企业的财务状况达到新的平衡,即

利润

"资产+费用=负债+所有者权益+收入"这个等式被称为"综合会计等式""动态平衡等式""拓展会计等式"等。综合会计等式两边的内容是企业资金两个不同侧面的拓展,即会计等式左边反映了资金当时的存在形态及耗费掉的资产,右边则反映了资金的来源,它揭示了企业利润分配前的财务状况和经营成果之间的关系。

我们将这个拓展会计等式具体化在表2-4中,表格左侧灰色区域是资金的存在形态,右侧是资金的来源。本期现金流量表如表2-5所示。

表 2-4 会计拓展等式　　　　　　　　　　　（单位：万元）

序号	现金	股票	商品	机器设备	借款	股本	收入	费用
1	100					100		
2	110				110			
3	−105			105				
4	−20		20					
5.1	12						12	
5.2			−7					−7
6	−20	20						
7	−2							−2
余额	75	20	13	105	110	100	12	−9
资产合计			213		负债和所有者权益合计		213	

→ 现金流量表　　　　利润表 ←

表 2-5 现金流量表　　　　　　　　　　　（单位：万元）

项目	金额
一、经营活动产生的现金流量	−20+12−2
……	
二、投资活动产生的现金流量	−105−20
……	
三、筹资活动产生的现金流量	
……	+100+110
货币资金净增加	+100+110−105−20+12−20−2=75

注：表 2-4 和表 2-5 中的"现金"同现金流量表中的"现金"含义一致，指的是自然意义上的现金和银行存款之和。

企业创办时，两表内容为空，随着业务的发生，会计信息被记录，记录的分析过程如下：

1. 收到股东投入现金 100 万元，仅仅在"现金"列填入 100 万元是不够的，还需要解释它的来源，是所有者投入的"股本"，所以在资产负债表中，应在资产负债表的"资产"列和"所有者权益"列分别登记。等式左边和右边同时增加，等式不变。

因为利润是通过对外交易实现的，所以这笔业务不涉及利润表，但只要是与外部有现金交易的，就一定会影响现金流量表，此时，在"筹资活动产生的现金流量"处记录"+100"，同时最后一项的"货币资金净增加"处也记录"+100"。

2. 获取银行贷款 110 万元，现金增加 110 万元，负债中的"借款"增加 110 万元；同时影响现金流量项目"筹资活动产生的现金流量"，在原有基础上再增加 110 万元。等式左边和右边同时增加，等式不变。

3. 购买价值 105 万元的机器设备，现金减少 105 万元，同时机器设备增加 105 万元,同时影响现金流量项目"投资活动产生的现金流量",支出(减少)105万元。等式左边一增一减,等式不变。

4. 购买20万元商品,现金减少20万元,商品增加20万元,同时影响现金流量项目"经营活动产生的现金流量",支出(减少)20万元。等式左边一增一减,等式不变。

5. 销售收入现金12万元,发出货物的成本是7万元。这笔业务可以看成两个动作:一个是收钱时,现金增加12万元,收入增加12万元,等式左边和右边同时增加,等式不变;二是发出货物时,商品减少7万元,登记"−7",成本增加,登记"−7",等式左边和右边同时增加,等式不变。这笔业务在拓展等式中记录为两行,同时影响现金流量项目"经营活动产生的现金流量",登记"+12"。

6. 购买股票20万元,属于对外投资,现金减少20万元,对外投资增加20万元。等式左边一增一减,等式不变。同时影响现金流量项目"投资活动产生的现金流量",支出(减少)20万元。

7. 现金支付广告费2万元,影响利润,在拓展等式中登记现金减少2万元,费用增加2万元(登记"−2"),等式左边和右边同时减少,等式不变。同时影响现金流量项目"经营活动产生的现金流量",登记"−2"。

通过分析,我们发现,不管发生什么样的业务,拓展的等式恒成立,同时也发现,本期实现了利润12−9=3(万元),现金的净流量75万元和资产负债表中的"现金"(变化值)相等。

(二)三张报表之间的关系

从以上分析我们发现,资产负债表、利润表和现金流量表,是相同的业务不同视角下的反映,三张报表相互不可取代,共同提示公司主要财务信息。

图2-7是三张报表与其覆盖的会计期间的联系,水平线代表一个会计期间(年或月),资产负债表反映企业期初和期末时间的财务状况,利润表反映一定时期的经营成果,现金流量表反映一定时期内现金的流入流出状况,解释该期间货币资金的变化。

图2-7 财务报表的时间线

通过以上数据填列分析，我们分析三张报表之间的联系，其中资产负债表为期末时点数，利润表和现金流量表为本月数（时期数），如图2-8所示。不难发现，现金流量表的"现金净流量"=资产负债表中现金的期末数（变化数）；投资活动的现金净流量与资产负债表中的资产相关；筹资活动的现金净流量与资产负债表中的借款和股本相关；经营活动的现金流量与利润表中的收入、费用和资产负债表中购置商品或材料、机器设备相关；利润表中的净利润进入资产负债表留存收益，作为股东的"未分配利润"。

以上是仅从数字上发现的规律，事实上，这个规律一直存在，因为三张报表本身就是同一业务的不同描述，所以三者之间通过一定的数据，相互钩稽。也可以认为，利润表和现金流量表是对资产负债表某一项目的详细说明。

值得说明的是，三张财务报表提供了重要的会计信息，但它们并未包括公司可以披露的所有信息。

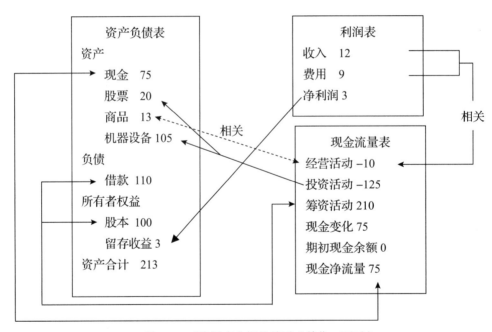

图2-8 三张报表之间的关系（单位：万元）

拓展阅读

报表之间的关系比金额更重要

通过三张报表，我们可以了解企业重要的会计信息，但事实上，报表之间的关系比这些报表中的金额更重要，如图2-8所示。企业的现金、股票和商品，合计为108

万元，被称为流动资产，是很快就可以变成现金的。再看流动负债，短期借款110万元，是在不久的将来要偿还的，所以预期很快就要使用流动资产。如果没有足够的流动资产来保障流动负债，企业在偿付时就会有困难。在财务管理上，流动资产与流动负债的比率称为流动比率，图中的流动比率为0.98，意味着1元的负债有0.98元的资产可用于偿付，这样的企业财务风险就比较小。在进行报表分析时，还经常要与另一张报表信息相结合，比如可以了解经营现金流量对企业流动负债的影响，或者比较公司净利润及用于产生这些净利润的资产。

能力提升

2016年年初，小王决定在小区门口开一家小超市。2016年3月，小王请会计师事务所帮忙注册了一家公司（企业名称核准、办理营业执照、刻章、银行开户、税务登记），选择了增值税小规模纳税人身份。

1. 小王看中的店铺，需要200 000元才能买下来，他说服了姐姐和哥哥各投入50 000元，小王用其中的50 000元作为店铺的首期付款，银行同意为他的店铺提供抵押贷款100 000元。

2. 3月10日小王买下了店铺，接着购买了货架、收银机，用去自己的储蓄50 000元。

3. 3月15日，小王与供货商签订了协议，供货商渠道每日送货，每15天结算一次货款。16日，第一批货物送到，小王的超市开始营业。

4. 3月25日，为庆贺开业，小王请了鼓乐队宣传，花费2 600元。

5. 3月30日，小王盘点了这半个月的进货情况，共进货5 000元，销售出去4 300元的货，共收到现金、微信、支付宝等各种收入5 100元。

讨论以下问题：

（1）为了管理企业，小王需要哪些信息？请把这些信息分成会计信息和非会计信息。

（2）按表2-4和表2-5的格式，分析上述业务对小王创办的这家企业财务状况、利润以及现金流量的影响。

第三章 Chapter 3

会计对象和会计要素

本章概览

会计的对象是企业的资金运动，把会计对象进行分类，形成会计要素，比如资产、负债和所有者权益等，再将会计要素具体化，就是会计科目。我们可以借助会计沙盘，将会计要素以沙坑、沙堆的形式形象地展现出来，从而模拟企业的资金运动，使抽象的概念变得具体、可视。

学习目标

1. 了解不同行业的资金运动。
2. 掌握六大会计要素的定义和特征。
3. 了解我国现行的会计科目体系。
4. 了解会计准则规定的总账科目。
5. 熟悉会计要素在会计沙盘中的表现。

引导案例

信息时代企业成功的关键因素

华为从1987年创立至今只有30多年的时间，从两万元起家发展成为中国民营企业规模第一、世界100强公司，从主营电信设备的贸易公司发展为横跨运营商网络、企业解决方案和消费者终端三大业务板块的国际跨国公司，从没有技术、没有资金、没有研发人员发展成为国际专利申请数量全球第一的企业，从几个人的小公司发展为拥有17万员工，16个研究所的国际大公司，华为显然已经成为国家创新企业的典范，成为民族工业自强不息的代表。华为成功的因素很多，比如重视制度和文化的建设，重视产品和服务，但更重要的是华为的技术创新和对人才的尊重。信息时代，企业核心竞争力越来越多地体现在智力资本、研发、商誉等无形资产上，华为重视技术创新，认可人力资本的价值，吸引并聚集了大量创新型高端人才，这些是其取得成功的重要因素。那么这些因素在会计报表中如何体现？

第一节　会计对象

会计对象是指会计工作所要核算和监督的内容，凡是以货币表现的经济活动，都是会计核算和监督的内容，通常又称为价值运动或资金运动。资金运动具体表现为资金的投入、分配、耗费、收回（包括补偿与增值）以及退出等形式，企业、行政事业单位的会计对象是每一个独立核算单位的资金运动，并且稍有区别。

一、制造企业的资金运动

制造企业的生产经营活动，包括"供应—生产—销售"三个过程，其资金就是在这样一个过程中周而复始不断循环运动的。

资金进入企业：企业通过吸收投资或发行股票（所有者投资）、银行借入或债券（借贷）来筹集资金，引起企业资金的增加。

资金在企业中的周转：企业用货币资金购买材料，形成储备资金。工人利用自己的生产技术，借助于机器设备对材料进行加工，发生的耗费形成生产资金。产品完工后形成成品资金。将产品销售，收回货款，得到新的货币资金。整个周转过程表现为：货币资金→储备资金→生产资金→成品资金→新的货币资金。

资金退出企业：企业偿还银行借款、上缴税金和分派利润或股利，此时资金离开企业。制造企业的资金运动如图3-1所示。

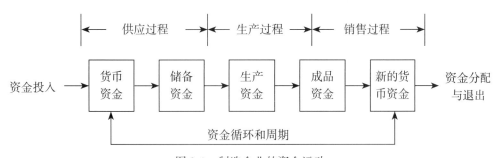

图3-1　制造企业的资金运动

二、商品流通企业的资金运动

商品流通企业的资金运动包含两个过程：购进和销售，没有生产过程。

资金进入企业：资金通过所有者投资或借贷进入企业，引起企业资金的增加。

资金在企业中的周转：企业用货币资金购买商品，形成商品资金，将商品销售，收回货款，得到新的货币资金。整个周转过程表现为：货币资金→商品资金→新的货币资金。

资金退出企业：企业偿还银行借款、上缴税金和分派利润或股利，此时资金离开企业。商品流通企业的资金运动如图 3-2 所示。

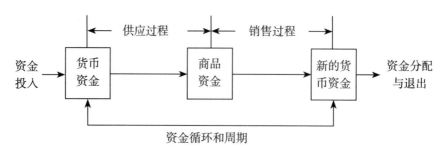

图 3-2　商品流通企业的资金运动

三、行政事业单位的资金运动

与企业的经营资金的运动不同，行政事业单位的资金运动是预算资金的运动。它的运动是直线式的一次运动，没有资金的循环和周转。

资金通过国家预算拨款进入行政事业单位，各种使用资金的过程就是预算资金的支出以各种费用的形式退出单位。行政事业单位的资金运动如图 3-3 所示。

图 3-3　行政事业单位的资金运动

资金表现形式与其来源的对立统一、相互平衡，统称为资金运动的静态表现；而资金的投入与退出、循环与周转、耗费与收回，则称为资金运动的动态表现。它们相互依存、相互转化并相互制约，构成一个有机联系的整体。

四、资金运动会计沙盘假设

为了使抽象的资金运动具体化，以便更好地揭示资金运动及其规律，本书借鉴"会计沙盘模型"假设加以说明。

会计沙盘模型，假设企业经济活动的空间范围是如图 3-4 所示的平面及其周边，在企业成立之前，该模型的平面及其周边什么都没有：平面之上没有沙堆，平面之外也没有沙坑。企业的经济业务千差万别，但其所引起的资金运动归纳起来只有 4 种情况：资金从外部流入企业，资金在企业内部循环与周转，资金退出企业以及各种资金来源之间的相互转化。

图 3-4　会计沙盘模型

（一）资金进入企业

企业成立运作需要有初始的资本金，就像小孩玩游戏需要沙子一样，小孩需要从平面之外挖取一把沙子，并将其放置在平面之上。从会计沙盘模型上看，企业资金的获取过程，相当于一部分沙子从平面之外的某个地方被挖来，然后移到平面上，从而在平面上形成一个突出的沙堆 A，而被挖的地方就会在原来的地方形成一个沙坑 a，如图 3-5 所示。

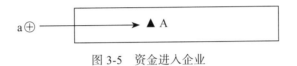

图 3-5　资金进入企业

注：为了方便讲解，在模型中用"⊕"代表在平面之外的沙坑，用"▲"来表示平面之上的沙堆，用沙子来代表资金，箭头表示资金运动的流向。

公司可能有各种不同的资金来源渠道，如所有者投入的、债权人借入的等，从会计沙盘模型的角度来看，沙子可以从平面之外的很多地方取得，从而导致平面之外可能有很多深浅不同的沙坑。从各个地方取来的沙子，既可能放在一起，也可能分开堆放，这样，平面上可能就有许多大小各不相同的沙堆，这些沙堆就代表资金在企业内的各种存在形态，如图 3-6 所示。

图 3-6　资金进入企业后的状态

（二）资金在企业内部循环与周转

企业有了一定的资金之后，就可以从事各种经营活动。以工业企业为例，随着储备、生产和销售 3 个阶段经营活动的发生，其经营资金也相应地随之改变其存在形态，会计沙盘模型上就表现为沙堆之间的转换、变化。沙堆的体积、形态与场所在不断地发生转换与变化，但代表资金总量的沙堆总体积不会发生变化，如图 3-7 所示。图中 B、C、D、E、F、G 等各段运动就代表"货币资金→储备资金→生产资金→成品资金→货币资金"周而复始的运动。

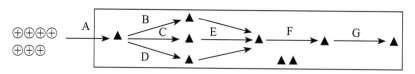

图 3-7 资金在企业内部循环与周转

（三）资金退出企业

从一定来源取得的资金，在企业内部经过一段时间的循环与周转，就有可能退出企业。例如向银行借入一笔款项，企业就必须在规定的时间还本付息；又如有的投资者收回投资，以及将获得的利润分配给投资者等。这些都会引起资金从企业的生产经营过程中退出，从而引起企业营运资金的减少。从会计沙盘模型上看，资金退出企业，就像平面之上的沙堆流出并冲掉平面之外的沙坑一样。其结果是，平面之上的沙堆的体积甚至沙堆数量会减少；与此同时，平面之外的沙坑的容积被填平或变浅。其具体运动流程如图 3-8 所示。

图 3-8 资金退出企业

如果被清算解散，企业的资金就会全部退出企业。从会计沙盘模型上看，企业解散，就相当于用平面之上的所有沙堆去填平平面之外的所有沙坑一样。其运动的结果，从平面上看是沙堆没有了，从平面外看，原有的深浅不一的沙坑现在都被填平了，恢复到了开办公司前的状态，就好像在这平面上和平面外什么都没有发生过一样。资金全部退出企业的情况如图 3-9 所示。

图 3-9 资金全部退出企业

（四）资金来源渠道之间的相互转化

企业资金的来源渠道多种多样，它们之间可以相互转化，如债转股。在这种情况下，企业首先从新的资金来源渠道获取资金，从而引起资金流入企业；然后马上将所获得的资金用以偿还旧的资金来源渠道，从而引起资金流出企业。简而言之，就相当于新的资金提供者支付资金给旧的资金提供者，从而帮助企业把"旧债"偿还。其结果是，旧的资金来源渠道被新的资金来源渠道所取代，但并未引起企业资金总量发生变化。

假设企业原有一个资金来源渠道——沙坑 a，后来通过新的资金来源渠道 b 筹措资金，来偿还原有的资金来源渠道（沙坑 a）。在会计沙盘模型上，相当于企业先从 b 处取一部分沙子，搬到平面上放到 B 处，如图 3-10 所示的第①段资金运动，这时就会在 b 处出现一个新的小沙坑（即代表新的资金来源渠道），然后用刚取得的沙子去填平 a 处的小沙坑，即图 3-10 中第②段资金运动。

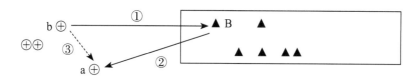

图 3-10　资金在企业外部周转

从图 3-10 可以看出，要完成这一笔经济业务，资金经过了两次运动。如果把两次运动简化一下，即资金直接从 b 沙坑流到 a 沙坑，即图 3-10 中的第③段资金运动。

会计的对象就是资金运动。会计就是要核算和监督资金流入企业，资金在企业内部循环与周转，资金流出企业以及各种来源渠道的相互转化。从会计沙盘模型上看，"资金流入"就是沙子从平面之外移动到平面之上；"资金的内部周转"就是平面上的沙堆形态发生变化，从一个沙堆转移到另一个沙堆；"资金流出"就是沙子从平面上流出到平面之外的沙坑之中；"渠道的转化"就是平面之外的各个沙坑之间的相互转化。

第二节　会计要素

把会计的对象描述为资金运动，是很抽象的。会计核算和监督的内容应该是详细具体的，这就要求必须把企业的资金运动进行若干次分类，使之具体化。对资金运动进行的分类，就是会计要素；将会计要素具体化，就是会计科目。

一、资金运动的分类

会计工作核算和监督的内容称为会计对象，即企业日常活动中的资金运动，但资金运动是抽象的，需要一个载体使之落到实处，会计要素就是对会计对象的基本分类，我国现行《企业会计准则》规定，会计要素包括资产、负债、所有者权益、收入、费用和利润。

但会计要素也是个笼统的概念，比如资产，资产有哪些呢？企业的实物资产和无形的专利都是资产，所以，会计要素还需要进一步的具体化，比如库存现金、原材料等,这些具体化了的会计要素就是会计科目。所以,会计科目是对会计要素对象的具体内容进行分类核算的类目,是编制会计凭证、设置账簿、编制财务报表的依据。

为了使企业提供的会计信息更好地满足各会计信息使用者的不同要求,还需要对会计科目按照其核算信息的详略程度进行级次划分。一般情况下,可以将会计科目分为总分类科目(也称一级科目)和若干级的明细科目。

在我国,总分类科目一般由财政部统一制定,明细科目每个单位可以根据情况自己设置。比如,某电热水壶制造加工企业的"原材料"可以按水壶的组成部分或材料品种设置,如图3-11所示。

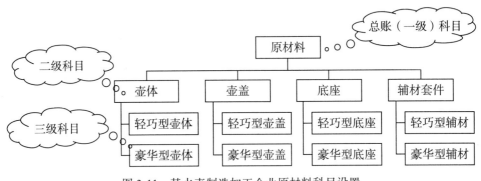

图3-11 某水壶制造加工企业原材料科目设置

企业要尽量使用我国《企业会计准则——应用指南》所提供的160多个总账会计科目(如表3-1所示,其中加"★"的为本书涉及的会计科目),但同时我国会计准则规定,各单位可以根据自身特点自行增设、删减或合并某些会计科目,以保证会计科目的要求。

表3-1 企业总账会计科目表

序号	编号	会计科目名称	序号	编号	会计科目名称
		一、资产类	12	1122	★应收账款
1	1001	★库存现金	13	1123	★预付账款
2	1002	★银行存款	14	1131	应收股利
3	1003	存放中央银行款项	15	1132	应收利息
4	1011	存放同业	16	1211	应收保户储金
5	1015	★其他货币资金	17	1221	应收代位追偿款
6	1021	结算备付金	18	1222	应收分保账款
7	1031	存出保证金	19	1223	应收分保未到期责任准备金
8	1051	拆出资金	20	1224	应收分保保险责任准备金
9	1101	交易性金融资产	21	1231	★其他应收款
10	1111	买入返售金融资产	22	1241	★坏账准备
11	1121	★应收票据	23	1251	贴现资产

(续)

序号	编号	会计科目名称	序号	编号	会计科目名称
24	1301	贷款	63	1623	公益性生物资产
25	1302	贷款损失准备	64	1631	油气资产
26	1311	代理兑付证券	65	1632	累计折耗
27	1321	代理业务资产	66	1701	★无形资产
28	1401	★材料采购	67	1702	累计摊销
29	1402	★在途物资	68	1703	无形资产减值准备
30	1403	★原材料	69	1711	商誉
31	1404	★材料成本差异	70	1801	长期待摊费用
32	1406	★库存商品	71	1811	递延所得资产
33	1407	★发出商品	72	1901	★待处理财产损溢
34	1410	商品进销差价			二、负债类
35	1411	委托加工物资	73	2001	★短期借款
36	1412	包装物及低值易耗品	74	2002	存入保证金
37	1421	消耗性物物资产	75	2003	拆入资金
38	1431	周转材料	76	2004	向中央银行借款
39	1441	贵金属	77	2011	同业存放
40	1442	抵债资产	78	2012	吸收存款
41	1451	损余物资	79	2021	贴现负债
42	1461	★存货跌价准备	80	2101	交易性金融负债
43	1511	独立账户资产	81	2111	专出回购金融资产款
44	1521	债权投资	82	2201	★应付票据
45	1522	债权投资减值准备	83	2202	★应付账款
46	1523	其他债权投资	84	2205	★预收账款
47	1524	长期股权投资	85	2211	★应付职工薪酬
48	1525	长期股权投资减值准备	86	2221	★应交税费
49	1526	投资性房地产	87	2231	★应付股利
50	1531	长期应收款	88	2232	★应付利息
51	1541	未实现融资收益	89	2241	★其他应付款
52	1551	存出资本保证金	90	2251	应付保户红利
53	1601	★固定资产	91	2261	应付分保账款
54	1602	★累计折旧	92	2311	代理买卖证券款
55	1603	★固定资产减值准备	93	2312	代理承销证券款
56	1604	在建工程	94	2313	代理兑付证券款
57	1605	工程物资	95	2314	代理业务负债
58	1606	★固定资产清理	96	2401	★预提费用
59	1611	融资租赁资产	97	2411	预计负债
60	1612	未担保余值	98	2501	递延收益
61	1621	生产性生物资产	99	2601	★长期借款
62	1622	生产性生物资产累计折旧	100	2602	长期债券

（续）

序号	编号	会计科目名称	序号	编号	会计科目名称
101	2701	未到期责任准备金	130	6011	利息收入
102	2702	保险责任准备金	131	6021	手续费收入
103	2711	保户储金	132	6031	保费收入
104	2721	独立账户负债	133	6032	分保费收入
105	2801	长期应付款	134	6041	租赁收入
106	2802	未确认融资费用	135	6051	★其他业务收入
107	2811	专项应付款	136	6061	汇兑损益
108	2901	递延所得税负债	137	6101	公允价值变动损益
		三、共同类	138	6111	★投资收益
109	3001	清算资金往来	139	6201	摊回保险责任准备金
110	3002	外汇买卖	140	6202	摊回赔付支出
111	3101	衍生工具	141	6203	摊回分保费用
112	3201	套期工具	142	6301	★营业外收入
113	3202	被套期项目	143	6401	★主营业务成本
		四、所有者权益类	144	6402	★其他业务成本
114	4001	★实收资本	145	6405	★税金及附加
115	4002	★资本公积	146	6411	利息支出
116	4003	其他综合收益	147	6421	手续费支出
117	4101	★盈余公积	148	6501	提取未到期责任准备金
118	4102	一般风险准备	149	6502	提取保险责任准备金
119	4103	★本年利润	150	6511	赔付支出
120	4104	★利润分配	151	6521	保户红利支出
121	4201	库存股	152	6531	退保金
		五、成本类	153	6541	分出保费
122	5001	★生产成本	154	6542	分保费用
123	5101	★制造费用	155	6601	★销售费用
124	5201	★劳务成本	156	6602	★管理费用
125	5301	研发支出	157	6603	★财务费用
126	5401	工程施工	158	6604	勘探费用
127	5402	工程结算	159	6701	资产减值损失
128	5403	机械作业	160	6711	★营业外支出
		六、损益类	161	6801	★所得税费用
129	6001	★主营业务收入	162	6901	以前年度损益调整

拓展阅读

待摊的费用记入什么科目：实务中会计科目的设置

企业会计准则应用指南中指出："企业在不违反会计准则中确认、计量和报告规定的前提下，可以根据本单位的实际情况自行增设、分拆、合并会计科目。"所以，在会计实务中，企业不存在的交易或者事项，可以不设置相关会计科目；对于明细科目，企业可以自行设置。

比如企业已经支出但应由本期和以后各期分别负担的各项费用，过去的会计处理，记入"待摊费用"科目，如一次性支出以后各期共同受益的财产保险费、预付租金等。但新会计准则取消了这个科目，发生的相关费用如何记录呢？实务中有几种做法，一是增设"待摊费用"或"预付费用"科目，但其期末余额在资产负债表中的"预付账款"中反映；二是不增设科目，直接使用"预付账款"科目，期末余额也在资产负债表中的"预付账款"中反映。

虽然企业可以自行增设、分拆、合并会计科目，建议还是尽可能使用财政部统一的总账会计科目。因为目前会计软件已经普及，软件按照财政部统一规定的总账科目名称和科目编码提前预设了报表公式，如果擅自更改总账科目，则报表取数可能会出现故障。

资产、负债、所有者权益、收入、费用和利润这6类会计要素，是构成会计报表的基本组件。会计要素和会计科目的分类和具体化，为会计的分类核算提供了基础，为分类提供会计信息创造了条件。至此，我们得到了会计对象的3个层次，如图3-12所示。

图3-12　会计对象的3个层次

二、资产负债表要素

资产、负债和所有者权益3项会计要素，是组成资产负债表的基本要素，反映企业某一特定时点的财务状况，描述了企业资金运动的相对静态状态，所以也称静态要素。

（一）资产

资产是指企业过去交易或事项形成的，由企业拥有或控制的，预期会给企业带来经济利益的资源，如银行存款、固定资产、库存商品等。

1. 资产的特征

（1）资产应为企业拥有或控制的资源。资产作为一项资源必须为企业所拥有或控制。拥有或者控制，是指企业享有某项资源的所有权，或者虽然不享有某项资源的所有权，但该资源能被企业所控制。

拓展阅读

人力资源是企业的资产吗

我们经常说"21世纪最贵的是人才""人才是公司最宝贵的资产",比如俱乐部的运动员、上市公司的高管,都是稀缺、宝贵的资源。所以,从企业管理角度来看,人力资源是最有效的提高生产力的工具,当然属于资产,但是从财务角度来看,在会计上却无法确认其为资产,因为无法用货币来表现,即使一个单位为引进一个人才付出了很大的代价,也不能完全等同于购买了这个人力资源;另一个无法计量的是人力资源在企业里的服务期限,比如企业引进高管的成本可以计量,但高管与企业之间是合同关系,可以提前解约或续任,所以服务期限无法确定。我国资产负债表里的资产,并不包括人力资源,仅仅是企业全部资源中的可以用货币表现的资产。但俱乐部对球员的"转会费",可以理解为是对球员"技术使用权"的交易,适用于无形资产,按照中国足球俱乐部企业会计处理的相关规定,职业足球运动员是足球技术的载体,在无形资产科目下设"球员技术",并以运动员名称进行明细核算。

(2)资产预期会给企业带来经济利益。预期会给企业带来经济利益,是指直接或者间接导致现金和现金等价物流入企业的潜力。这种潜力可以来自企业的日常活动,也可以来自非日常活动。带来经济利益的形式,可以是现金,可以是现金等价物,也可以是能转化为现金或现金等价物流入以及减少现金或现金等价物流出的形式。

问题与讨论

某企业的某工序上有两台机床,其中G机床型号较老,自H机床投入使用后,G机床一直未再使用且预期不能产生经济利益;H机床是G机床的替代产品,目前承担该工序的全部生产任务。G、H机床是否属于企业的固定资产?要不要在资产负债表中列示?

(3)资产是由企业过去交易或事项形成的。过去的交易或事项包括购买、生产、建造行为或其他交易或事项。只有过去的交易或事项才能形成资产,企业预期在未来发生的交易或事项不能形成资产。

问题与讨论

企业计划在年底购买一批机器设备,8月与销售方签订了购买合同并支付定金,但实际购买行为发生在12月,企业能否在8月将该批设备确认为资产?

注意，会计中入账的资产还必须同时符合以下两个条件：

第一，与该资源有关的经济利益很可能流入企业。

第二，该资源的成本或者价值能够可靠地计量。

资产随处可见，比如房屋、机器设备、运输工具、仓库里的货物等。

2. 资产的分类

企业的资产按其变现或耗用时间的长短，划分为流动资产和非流动资产。通常在 1 年内或在超过 1 年的一个营业周期内变现或耗用的资产称为流动资产。属于流动资产的有库存现金、银行存款、应收账款、存货等。流动资产以外的资产为非流动资产，非流动资产包括长期股权投资、固定资产、无形资产等。

🎓 职业道德和公司管理

企业注销时存货怎么处理

某模具有限公司因行业变化，加上老板也有其他产业，所以决定不再经营了。2017 年 5 月公司会计韩某去办理注销手续，将注销资料交给税务局时发现，资产负债表中的"存货"，还有原材料、库存商品 830 多万元。过了几天，税务稽查来了几个工作人员，说要看看存货在哪里。当时韩会计就慌了，哪里还有什么存货，那个数字就是挂的空账！税务稽查人员亲自跑到库房一看，确实没存货了。830 万元进项转出，交 17% 的增值税（2018 年 5 月 1 日后制造业行业增值税税率修改为 16%），还有附加税，外加滞纳金一起，交了 220 万元，外加罚款 160 万元，合计 380 万元。估计上面这个问题注销的企业都会涉及，如果账面库存大于实际库存，说明有商品销售漏报收入了，最轻的处罚就是按照视同销售进行处理，金额差异很大的话，还可能涉及补缴滞纳金等。

（二）负债

负债是企业过去交易或事项形成的，预期会导致企业经济利益流出企业的现时义务。比如应该支付给职工的薪酬、应该支付的税费等。

1. 负债的特征

（1）负债是企业承担的现时义务。现时义务是指企业在现行条件下已承担的义务。未来发生的交易或事项形成的义务，不属于现时义务。这里所指的义务，可以是法定义务，也可以是推定义务。法定义务是指具有约束力的合同或者法律法规规定的义务，如企业按照税法规定应缴纳的税款的义务；推定义务是指根据企业多年来的习惯、公开地承诺或者公开宣布的政策而导致企业将承担的责任，如企业对销售产品在一定期间内实行保修的承诺而将在未来发生的支出。

（2）负债预期会导致经济利益流出企业。导致经济利益流出企业的形式多种多样，如以现金偿还或以实物资产偿还，以提供劳务偿还，以部分转移资产、部分提供劳务形式偿还。

（3）负债是企业过去交易或事项形成的。

问题与讨论

某家电公司制定了一项政策，即"对售出的家电商品3个月内包换，1年内保修，终身维护"，这项服务承诺，应该确认为负债吗？

将一项现时义务确认为负债，需要符合负债的定义，同时还应当同时满足以下两个条件：

第一，与该义务有关的经济利益很可能流出企业。
第二，未来流出的经济利益的金额能够可靠地计量。

2. 负债的分类

负债按其流动性进行分类，可以划分为流动负债和长期负债。

（1）流动负债是指通常在1年或超过1年的一个营业周期内偿还的债务，如短期借款、应付账款、预收账款、应付职工薪酬、应交税费、应付股利、其他应付款等。

（2）长期负债则是偿还期在1年或超过1年的一个营业周期以上的债务，如长期借款、应付债券、长期应付款等。

（三）所有者权益

所有者权益是指企业资产扣除负债后由所有者享有的剩余权益，公司制企业中所有者权益又称为股东权益。

1. 所有者权益的特征

（1）所有者权益是一种剩余权利。它是企业资产中扣除债权人权益后应由企业所有者所享有的部分，即企业全部资产减去全部负债后的余额。

（2）除非发生减资、清算，企业不需要偿还所有者权益。

（3）所有者权益能够参与利润的分配。

2. 所有者权益的分类

所有者权益的形成来源包括所有者投入的资本、直接计入所有者权益的利得和损失、留存收益等，通常划分为实收资本、资本公积、盈余公积、其他综合收益和未分配利润等项目。

（1）实收资本是指投资者按照企业章程或合同、协议的约定，实际投入企业的资本，包括国家投资、法人投资、个人投资或外商投资。

（2）资本公积是指企业收到投资者出资超过其注册资本或股本中所占份额的部分。

（3）盈余公积是指企业按照有关规定从税后利润中提取的各种公积金，包括法定盈余公积和任意盈余公积。

（4）其他综合收益是指企业根据企业会计准则规定未在损益中确认的各项利得和损失扣除所得税影响后的净额，比如长期持有股票的公允价值变动。

（5）未分配利润是指企业留存于以后年度分配或本年度分配的利润。

拓展阅读

企业的利得和损失

企业的利得和损失分为两种：一种是直接计入所有者权益的利得或损失，另一种是直接计入当期利润的利得或损失。利得或损失具体会涉及非常多的业务，如盘亏损失、公益性捐赠支出、盘盈利得、政府补助、捐赠利得等，这类业务属于企业营业之外且与所有者投入资本或者向所有者分配利润无关的，用"营业外收入""营业外支出"科目来核算。还有一类利得或损失，不能直接计入当期损益的，比如长期持有股票的公允价值变动，如果立即确认损益的话，就会导致利润的"虚增"或"虚减"，毕竟没有实际的现金流入或流出，只是资本市场上的价格波动而已。但是这样的价格波动，给外界的感觉是"赚到钱了"。比如公司持有的股票，买入价是10元，现在的市价是30元，看起来公司赚了20元，实际上这些钱并没有到账，只有等公司实际出售这只股票时，把这20元钱赚到手，那才是真正的收入。这类利得和损失，计入"其他综合收益"。

三、利润表要素

收入、费用和利润3项会计要素，是利润表的基本要素，是企业经营效果的综合反映，也是企业某一时期资金运动的动态表现，所以也称会计的动态要素。

（一）收入

收入是指企业在日常活动中形成的，会导致所有者权益增加的，与所有者投入资本无关的经济利益的总流入。

1. 收入的特征

（1）收入是企业在日常活动中形成的。日常活动是指企业为完成其经营目标所从事的经常性活动以及与之相关的活动。企业因非日常活动所形成的经济利益的流入则不能确认为收入，而应确认为利得。例如企业拥有一幢房产，企业将其出租给另一单位使用，企业因出租该房产所取得的租金，应当确认为企业的收入；把该房产出售，其出售所取得的净收益则不能作为收入确认，而应当作为利得予以确认，也就是计入营业外收入。

（2）收入会导致所有者权益的增加。

（3）收入是与所有者投入无关的经济利益的总流入。

2. 收入的分类

按照性质划分，收入可以分为销售商品收入、提供劳务收入和让渡资产使用权收入。按企业经营业务的主次划分，收入可以分为主营业务收入和其他业务收入。

（1）主营业务收入是企业为完成其经营目标而从事的日常活动中的主要项目，可根据企业营业执照上规定的主要业务范围确定。

（2）其他业务收入是指企业主营业务以外的其他经营业务所取得的收入。比如材料物资的销售收入，包装物、固定资产的租金收入，没收逾期未退包装物的押金，采取收取手续费方式代销商品时收得的手续费收入，无形资产转让使用权的收入等。

🎓 职业道德和公司管理

营业收入与业绩考核

2017年6月23日，审计署披露了对20家央企的审计情况，其中18家采取虚构业务、人为增加交易环节、虚假劳务协议、虚假发票、调节报表等方式，近年累计虚增收入2 001.6亿元、利润202.95亿元，分别占同期收入、利润的0.8%和1.7%。专家分析称，虚增收入与业务考核目标的完成密切相关，这直接关系到企业的员工收入情况，以及经营层的收入和职位。目前，国资委已经由最初以央企年度营收、利润、资产规模考核的基础要求，逐步过渡为更合理的考核标准。在国资委管理方式调整后，不同功能类别的企业可以考虑实际情况制定考核目标，国资委也正在向"管资产"的方向迈进。

（二）费用

费用是指企业在日常活动中发生的，会导致所有者权益减少的，与向所有者分配利润无关的经济利益的总流出。

1. 费用的特征

（1）费用是企业在日常活动中所形成的。将费用界定为"日常活动所形成的"，是为了将费用与损失相区分。企业因非日常活动所形成的经济利益的流出不能作为费用确认，而应当将其计入当期损失。例如，企业为销售产品而从其他单位租用销售场所并支付销售场所租赁费用。对于租用该场所支付的租赁费用，由于与企业本期商品销售这一日常活动密切相关，故该租赁费用应当确认为费用。再如，企业对某一固定资产进行处置，发生净损失，由于这一净损失与日常活动无关，故应当将其计入损失，而不能将其作为费用确认。

（2）费用会导致所有者权益的减少。

（3）费用导致的经济利益的总流出与向所有者分配利润无关。

除在符合上述定义外，费用只有在经济利益很可能流出从而导致企业资产减少或负债增加，经济利益的流出金额能够可靠计量时，才能予以确认。

问题与讨论

自然灾害等事故造成的损失、企业处置固定资产发生的净损失，是否确认为企业的费用？

2. 费用的分类

费用按其性质，可以分为营业成本和期间费用。

（1）营业成本是指销售商品或提供劳务的成本，其内容包括主营业务成本和其他业务成本。

（2）期间费用是指企业在日常活动中发生的，应直接计入当期损益的各项费用，如企业行政管理部门为组织和管理生产经营活动而发生的管理费用、企业为销售商品和提供劳务而发生的销售费用、企业为筹集资金而发生的财务费用。

（三）利润

利润是指企业在一定会计期间的经营成果。利润包括收入减去费用后的净额、直接计入当期利润的利得和损失等。

直接计入当期利润的利得和损失，是指应当计入当期损益、最终会引起所有者权益发生增减变动的、与所有者投入资本或者向所有者分配利润无关的利得或者损失。

利得（营业外收入）：固定资产盘盈、处理固定资产净收益、出售无形资产收益、罚款净收入。

损失（营业外支出）：固定资产盘亏、处理固定资产损失、罚款支出、捐赠支出、非常损失等。

通常情况下，如果企业实现利润，表明企业所有者权益增加，业绩得到了提升；反之，如果企业发生亏损，表明企业所有者权益减少，业绩下降。

以上三要素的关系：利润＝收入－费用，反映企业在某一时期的经营成果，是利润表编制的基础。

拓展阅读

资本化支出和费用化支出

广义的支出，是指企业在生产经营过程中为获得另一项资产、为清偿债务所发生的资产的流出。这些支出，有的与当期收益有关，有的与投资、偿还债务和利润分配有关，不同的支出，会计上有不同的确认方法。

与生产经营相关的支出，有费用化和资本化两种处理方法。所谓的资本化，是将相关支出计入资产成本，以后陆续摊销转为费用进入利润表；费用化是指将相关支出直接作为当期期间费用进入利润表。如何确定资本化支出还是费用化支出，要遵循会计的客观性原则和稳健原则，将那些有客观证据证明该项支出可以在超过1年期间的将来，为企业带来经济利益的流入的视为资产，否则应计入当期损益。比如，固定资产的更新改造等后续支出，能使固定资产寿命延长或性能（生产产品的数量、质量）提高，满足固定资产确认条件的，属于资本化支出，应当计入固定资产成本。而固定资产修理费用等，只是维持其正常运转和使用，不满足固定资产确认条件，则应当在发生时计入当期损益（管理费用或销售费用）。

第三节 会计要素在会计沙盘上的描述

企业资金运动有静态表现和动态表现两种形式，静态表现为资金相对静止状态下的形态，用资产、负债和所有者权益三要素表示；动态表现为资金的循环与周转，用收入、费用、利润三要素表示。在会计沙盘模型中，分别表示为"沙堆▲"和"沙坑⊕"。

一、静态会计要素在会计沙盘中的表现形式

资金运动的静态表现是指资金相对静止状态下的表现形式，即在某一特定时点，企业有多少资金，这些资金从哪里来的，又以哪种方式被占用了，即企业的资产、负债和所有者权益三要素，亦称为静态会计三要素。

从"会计沙盘模型"中可以看到，会计静态三要素被有形实体化，它们都变成了看得见、摸得着的实体。资产是企业资金在某一时点的存在形态，在会计沙盘模型上通过"沙堆▲"的形态被模拟出来，债权人权益（简称负债）和所有者权益则是企业资金在某一时点的来源渠道，通过"沙坑⊕"的形态被模拟出来，如图3-13所示。

对于"企业拥有资金100万元"这个概念，如果要深入理解，就必须弄清楚其来龙去脉：一方面，资金从哪里来的，这涉及所有者权益和负债；另一方面，资金用到哪里去了，这涉及资产。所以，资产、负债和所有者权益这三个概念实际上是对同一对象从不同的角度进行理解而得出的两组概念，是一个事物的两个方面。因此，它们之间存在一定的数量关系：资产 = 负债 + 所有者权益，这种数量关系在会计沙盘模型上表现为：∑沙堆体积 = ∑沙坑容积。

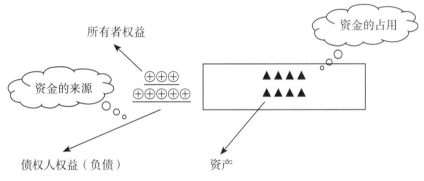

图 3-13 静态会计要素在会计沙盘中的表现形式

拓展阅读

"资产 − 所有者权益 = 负债"吗

资产 = 债权人权益（负债）+ 所有者权益，被称为静态会计等式，它除了体现一种数量关系外，还体现一种产权关系，即"资产 − 负债 = 所有者权益"，这一等式表明债权人的利益优先得到保护，所有者权益是企业全部资产抵减全部负债后的剩余部分。因此，所有者权益也被称为"剩余权益"，这一术语，形象、贴切地说明了企业所有者对企业所享有的权益和风险：当企业经营成功、不断实现利润时，剩余权益就越来越大；反之，如果企业经营失败，不断出现亏损，剩余权益就会越来越小；当企业资不抵债时，剩余权益就为零或负数。从经济关系的角度来看，"资产 − 所有者权益 = 负债"等式则是错误的，它违背了"负债的求偿能力高于所有者权益"的经济常识。

二、动态会计要素在会计沙盘中的表现形式

资金运动的动态表现是指资金运动状态下的表现形式,即资金的循环和周转,表现为收入、费用和利润三要素,亦称为动态会计三要素。

我们分析一下企业的销售环节,假设企业销售产品,取得收入 100 000 元,钱款已存入银行,该产品成本为 60 000 元,其基本的资金运动如图 3-14 所示。我们可以看出,销售时资金的占用形态发生了变化,资金从"库存商品"流出,流入"银行存款"。但是,资金并不是直接运动过去的,二者的流量不同,库存商品流出 60 000 元,但银行存款流入 10 000 元。这是怎么回事呢?

(一)收入

图 3-14 只是一个简化的资金运动图。从企业的角度来看,销售活动由两部分构成:收钱与给货。相应地,其引起的资金运动也由两段构成:一段是向买方收取货款(即收钱),100 000 元的资金从买方流入企业,其所引起的资金运动为图 3-15 中的 A 段运动。另一段资金运动就是企业向买方提供 60 000 元的产品(即给货),资金以库存商品的形态流出企业,其所引起的资金运动为图 3-15 中的 B 段运动,资金流入与流出之差就反映该笔经济业务所产生的净利得。

图 3-14 销售环节基本资金运动

从图 3-15 可以看到,A 段资金运动反映取得销售收入,B 段资金运动反映所付出的代价。这样对某一笔单个销售业务而言,就可以通过"甲"这个沙坑的流出量来反映该笔业务所取得的收入;通过流入甲沙坑的流入量,可以反映为取得该笔收入所必须付出的耗费;通过"甲"沙坑容积的余额,就可以反映该笔销售业务所得到的毛利。

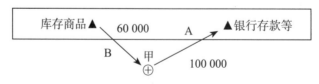

图 3-15 销售行为对销售环节资金运动的影响

(二)费用

某个会计期间或某个会计对象所取得的收入应与为取得该收入所发生的费用、成本相匹配,以正确计算在该会计期间、该会计主体所获得的净损益,这个会计原则称

为"会计配比原则"。

与收入相匹配的成本和费用，包括已销售货物的成本，还包括因为销售行为而发生的房租、水费、电费、人工费、宣传品及发放费等其他费用，这些成本和费用，都需要从对应的销售收入中得到补偿。假设企业为这笔销售还发生了 35 000 元的其他费用。这些费用包括销售人员的薪酬、广告费、房租费、水电费等。这些费用按照时间关系配比的原则，应该从本期的销售收入中得到补偿。销售收入与相关费用的配比关系如表 3-2 所示。

表 3-2 销售收入与相关费用的配比关系

种类	内容	费用界定	配比类型	以本题为例
数量线性关系	所售产品成本等	直接费用	因果关系	60 000 元
非数量线性关系	销售人员薪酬、房租费、水电费、宣传费等	期间费用	时间关系	35 000 元

这样，图 3-15 就需要增加一段反映其他费用的资金运动，其具体的转换成了图 3-16 中 B_2 段所示。

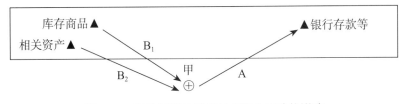

图 3-16 配比原则对销售环节资金运动的影响

至此，A 段运动反映收入的取得；B 段运动反映费用的发生，其中 B_1 段反映直接费用的发生，B_2 段反映期间费用的发生；甲项目的余额反映企业在一定时期所获得的净利润。

那么此时，我们就发现一个现象，取得销售收入时，甲项目代表的是收入；在货流入时，甲项目代表毛利；在其他费用也流入时，甲项目又代表了净利润。这时甲就有了多重身份。从最终的情况来看，甲现在是一个代表 5 000 元的沙坑，如果只看最终结果，你知道销售过程发生了什么吗？

会计基本原理

会计相关性原则要求企业所提供的信息

会计的相关性原则是指会计信息要同信息使用者的经济决策相关联，即人们可以利用会计信息做出有关的经济决策。例如 a 和 b 两家公司的有关资料如表 3-3 所示。

表 3-3　a 和 b 公司有关利润、收入和费用指标

	a 公司	b 公司
利润	100 万元	100 万元
收入	1 000 万元	10 000 万元
费用	900 万元	9 900 万元

从表 3-3 可知，如只看利润指标，两家公司都是 100 万元，利润没有差别，我们可能会认为两家公司没有多大差别。但如果再结合收入和费用来看，虽然两家公司赚取的利润都是 100 万元，但 a 公司收入是 1 000 万元，费用是 900 万元；而 b 公司收入是 10 000 万元，费用是 9 900 万元。这两家公司的差别非常大。这就告诉我们，要更准确、更恰当地评价一家企业，不能仅仅只看利润指标，还应该关注利润产生的条件与基础：收入与费用。收入反映了企业商品的销售情况和企业商品的市场占有率，也反映了企业的知名度；费用则反映企业为实现收入、赚取利润所付出的代价。只有同时提供收入、费用和利润 3 个指标，才能更好地满足相关性原则，从而更好地服务于决策有用的需求。

（三）利润

对于决策者来说，不仅要知道当期的利润总额，还需要知道当期的总收入和总费用，而图 3-16 中的甲项目最终只能反映企业在一定时期的净利润。所以我们需要通过人为的干预，让本期所耗费的资产不直接冲销本期的收入甲项目，而是暂时在收入甲项目的附近停留下来，从而产生一个新的项目乙。其资金运动如图 3-17 中的 B_1 和 B_2 段所示。

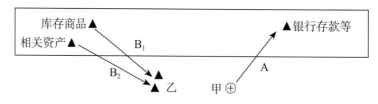

图 3-17　相关性原则对销售环节资金运动的影响

这样，在每销售一笔从而获得销售收入时，资金就发生 A 段运动，随着每一次收入的取得，甲沙坑的容积就会越来越大，到该会计期间结束时，甲沙坑的容积就代表本期的总收入量。与此同时，企业需要发生相关的资产耗费。每一次资产的耗费都会引起资金发生 B 段运动，随着费用的不断发生，乙沙堆的体积就会越来越大，到该会计期间结束时，乙沙堆的体积就代表本期的总费用量。

在期末时，把企业总的销售所得和总的费用支出相配比（即把甲的容积与乙的体

积进行比较），就可以得出本期的净利润。

拓展阅读

虚账户或临时性账户

会计分期假设把企业持续不断的生产经营活动，划分为相同期间的行为，据此来结算账目和编制会计报表，从而及时地向有关方面提供企业财务状况，及时发现问题并改进与完善。收入、费用和利润累计的只是一个期间的会计信息，在会计期末，这些信息被汇总并结转到所有者权益下的未分配利润中。这个过程有两个目的：一是更新可供分配的利润；二是将收入、费用和利润账户归零，从而为计量下一个会计期间的收入、费用和利润做好准备，所以被称为临时性账户或虚账户。相应地，资产、负债和所有者权益被称为实际账户和永久性账户，因为它们的余额在当前会计期间结束后会继续存在。

就销售环节而言，会计分期假设要求企业定期计算本期的收入与费用，确认本期的利润并将其转为所有者权益，从而结清本期的损益并为下一期收入、费用和利润的确认提供条件。为确认本期的损益，企业需要将图 3-17 中断裂的资金运动串联起来，其具体的连接方法如图 3-18 所示。

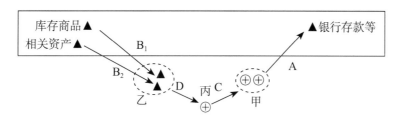

图 3-18　会计分期假设对销售环节资金运动的影响

通过新设一个丙项目将原来断开的资金运动连接起来（这里的丙实际上就是"本年利润"项目），首先，通过 C 段运动将资金从丙项目流出并填平甲项目，C 段资金运动的流量就代表企业本期的总收入；然后，通过 D 段运动将代表费用的乙项目全部转移到丙项目中，D 段资金运动的流量就代表企业本期的总费用；最后，丙项目的余额就反映企业在一定时期的净利润。

借助于会计沙盘模型，通过对销售环节的资金运动分析，我们就可以对收入、费用和利润三大会计要素进行实体模拟。其具体情况如图 3-19 所示。

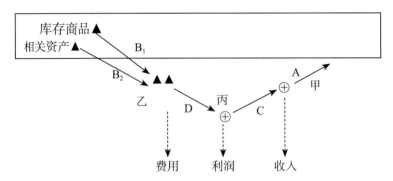

图 3-19　动态会计三要素在模型上的反映

能力提升

判断以下项目属于哪类会计要素，在表格中的相应位置打钩，并在会计沙盘上表现出来。

序号	项目	资产	负债	所有者权益	收入	费用	利润
1	企业购买的非专利技术						
2	企业购入的国库券						
3	企业购入但尚未入库的材料						
4	投资者投入的本钱						
5	签发并承兑的商业汇票						
6	仓库中存放的属于本企业的商品						
7	企业自有的厂房						
8	应付给供应商的货款						
9	预收的客户的货款						
10	企业正在生产的产品						
11	出纳保管的现金						
12	应收回的本单位职工借款						
13	从银行借入的 6 个月期限的款项						
14	以前年度实现但没有分配的利润						
15	企业应缴纳但没有实际缴纳的税金						
16	企业应该支付给职工的报酬						
17	已销产品实现的收入						
18	已销产品的成本						
19	出售多余材料取得的收入						
20	出售材料的成本						
21	日常发生的设备维修费						
22	行政部门承担的水电费						
23	企业负担的城建税、教育费附加						
24	财务人员工资						
25	企业当年实现的利润						

Chapter 4 第四章

会计核算方法和会计循环

本章概览

会计通过设置账户、复式记账、成本计算、财产清查等专门的方法和技术,对经济业务进行确认、记录和计量。伴随着资金的投入、周转和退出,企业经济活动信息不断被收集、分类和汇总,逐步形成记账凭证、账簿和财务报表等会计信息,完成一个又一个的会计循环,周而复始。

学习目标

1. 理解会计账户的设置。
2. 掌握不同类型的账户与会计沙盘资金运动的关系。
3. 理解复式记账的原理和记账规则。
4. 熟悉会计循环的步骤。

引导案例

千人千面的电商平台(公司)

从最初人们对网上购物的怀疑,到现在农村淘宝的兴起,电商确实成为21世纪发展最迅速也最有前景的产业,淘宝、京东、1号店、唯品会,已经深深地影响到了人们的衣食住行。马云说,如果现在不做电子商务,未来就会无商可务。这些电商平台或电商公司,是怎样捕捉客户偏好做到定向推广的呢?原来,它们的后台有个数据库,可以记录消费者的浏览习惯和购买记录,并分析消费者的喜好,为消费者推送其感兴趣的内容(俗称"千人千面")。它们依靠庞大的数据库,构建出买家的兴趣模型,从细分类目中抓取那些特征与买家兴趣点匹配的商品,展现在目标客户浏览的网页上,实现精准营销。经济事件和交易过程产生的信息,需要快速并有效地捕捉和获取,这对管理和决策来说无疑是重要的参考信息,如销售订单、原材料市场等。对经济信息的捕捉和记录也有其专门的技术和方法,这些技术和方法越来越受到信息技术的影响,会计是如何捕捉和记录这些经济信息的呢?

第一节　会计核算方法体系

企业经济业务能够用货币计量，并能引起会计要素发生增减变动，会计通过设置账户、复式记账、填制和审核凭证等方法对企业资金运动进行反映和监督。

一、交易与事项

我们把企业生产经营活动中发生的，能够采用会计的方法加以确定、记录、计量和报告的各种经济活动，统称为"经济业务"，也称为交易或事项。

在会计实务中，交易和事项这两个词经常在一起使用，一般说来，"交易"是对外的经济业务，是指发生在两个不同会计主体之间的价值转移，如向投资者筹集资金、向供货方购货、向银行归还借款、向购货方销货等；而"事项"是对内的经济业务，主要指发生在一个会计主体内部各部门之间的资源的转移，如企业的生产车间到仓库领用原材料、机器设备的折旧、工资的分配等。

二、会计核算方法

会计是反映、控制和监督企业交易或事项的一种管理活动，其记录交易或事项的方法主要包括：设置账户、复式记账、填制和审核凭证、登记账簿、成本计算、财产清查、编制会计报表。会计通过这些方法，对已经发生的经济活动进行连续、系统、全面的反映和监督。

会计对象的多样性和复杂性，决定了对其进行反映和监督的会计核算方法不能采取单一的方法形式，而应该采用方法体系的模式，设置账户、复式记账等 7 种核算方法，共同构成一个完整的、科学的方法体系，如图 4-1 所示。

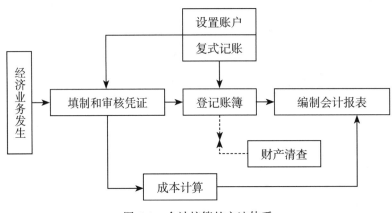

图 4-1　会计核算的方法体系

第二节 设置账户

会计账户就是用来反映、控制和监督企业经济业务所引起的会计要素具体内容变动情况的一种"工具",会计账户根据会计科目设置,但比会计科目要丰富,它不仅是对会计要素的分类,还记录其数量的增减变化。

一、账户的基本结构

以原材料为例,其账户记录的内容应包括以下几个方面:首先,上期原材料是否节余(即期初余额);其次,本期原材料入库了多少(即本期增加额);再次,本期原材料被领用了多少(即本期减少额);最后,期末还有没有剩余(即期末余额)。这 4 个方面的内容可以归为 3 大类:增加额、减少额和余额。因此,账户的基本结构主要包括 3 个方面:增加、减少和余额。

在借贷记账法下,虽然账户的基本结构仍然由记录"增加""减少""余额"的 3 个部分构成,但在具体形式上却通过"借方""贷方"和"余额"3 部分来展现。某公司借贷记账法下的"应收账款"账户的结构如表 4-1 所示。

表 4-1 借贷记账法下账户的基本结构

时间	经济交易与事项的说明(摘要)	借方	贷方	余额
2017-09-01	期初余额			180 000.00
2017-09-10	收回货款		80 000.00	100 000.00
2017-09-16	销售彩印复膜纸盒	12 000.00		112 000.00

为了学习和讲解的方便,我们将账户的基本结构加以简化,从而形成 T 形账户(也有人称为丁字账)。T 形账户包括 3 个部分:账户名称、记录增加和记录减少的部分,在现代普遍采用的称呼,T 形账户左方叫作借方,右方叫作贷方,其结构如图 4-2 所示。T 形账户一般有期初余额、本期发生额合计和期末余额 3 个部分。

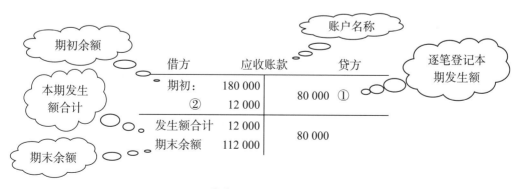

图 4-2 借贷记账法下 T 形账户结构

二、账户与资金的运动

账户是描述某个具体会计要素增减变动的档案,那么账户里"借贷"与会计沙盘上的资金流向是什么样的关系呢?账户里的"借贷"哪一方代表资金的增加,哪一方代表资金的减少呢?

(一)账户与资金流向

以"原材料"为例,从资金运动的方向来看,与"原材料"项目有关的资金运动只有两种情况:一种是资金流入"原材料"中;另一种就是资金从"原材料"流出,如图4-3所示。体现在会计账户中,资金流进在左边,即"借方";资金流出与账户的右边对应,即资金流出的一方为"贷方"。

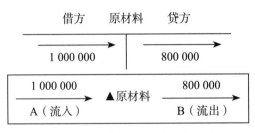

图4-3 账户与资金运动的关系图

比如有100万元的资金流入"原材料"项目,就应该打开"原材料"项目所对应的账户,在其借方登记100万元。如有80万元的资金从原材料项目流出,相应地,就应该打开"原材料"项目所对应的账户,在其贷方登记80万元。

所以,从资金运动的方向来看,会计账户的"借方"(左边)登记对应项目的资金流入量,"贷方"(右边)登记对应项目的资金流出量,可简单地记为"流入为借,流出为贷",也可记作"资金运动,起点为贷,终点为借"。

(二)账户与资金增减

通过上述分析,我们知道了资金流出的方向与账户中的"贷方"相对应,资金流入的方向与账户的"借方"相对应,但从数量增减变化的角度来看,账户的借方和贷方所登记的金额哪一方代表增加呢?我们针对每一类账户分别进行分析。

1. 资产类账户结构与资金增减

假设甲代表的是资产类账户,在会计沙盘上以沙堆"▲"形式存在,其账户结构与沙盘模型如图4-4所示。发生A段运动时,对于甲项目(▲)而言,资金为流入量,在模型上反映该沙堆体积的增加,记在甲账户的"借方",所以"资产类账户借方反映增加";发生B段运动时,对于甲项目(▲)而言,资金为流出量,应记在甲账户的"贷方",在模型上反映该沙堆体积的减少,即"资产类账户贷方反映减少"。甲项目如有余额的话,在模型上就体现为沙堆,该余额一般是由流入量超出流出量所引起的;从账户上看,这说明记在借方的金额大于记在贷方的金额,即资产类账户的余额一般在"借方"。

图 4-4　资产类账户的结构与资金运动的关系图

2. 负债和所有者权益类账户结构与资金增减

假设乙代表的是负债和所有者权益类账户,在会计沙盘上以沙坑"⊕"形式存在于企业平面外,其账户结构与沙盘模型如图 4-5 所示。发生 A 段运动时,对于乙项目(⊕)而言,资金为流出量,应记在乙账户的"贷方",在模型上反映该沙坑容积的增加,流出去得越多,沙坑容积越大,即"负债或所有者权益类账户贷方反映增加";发生 B 段运动时,对于乙项目(⊕)而言,资金为流入量,在模型上反映该沙坑容积的减少,记在乙账户的"借方",故"负债类账户借方反映减少"。乙项目如有余额的话,在模型上就体现为沙坑,该余额一般是由流出量大于流入量所引起的;从账户上看,这说明记在贷方的金额大于记在借方的金额,即负债类和所有者权益类账户的余额一般在"贷方"。

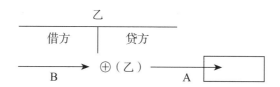

图 4-5　负债类账户的结构与资金运动的关系图

3. 费用类(广义的)账户结构与资金增减

广义的费用类账户包括成本类科目和损益类科目中的损失,主要有:生产成本、制造费用、管理费用、财务费用、销售费用、主营业务成本、其他业务成本、税金及附加、营业外支出等。假设甲代表的是费用类账户,在会计沙盘上以沙堆"▲"形式存在于企业平面之外,其账户结构与沙盘模型如图 4-6 所示。发生 A 段运动时,对于甲项目(▲)而言,资金为流入量,记在甲账户的"借方",在模型上反映其体积的增加,所以"费用类账户借方反映增加";发生 B 段运动时,对于甲项目(▲)而言,资金为流出量,记在甲账户的"贷方",在模型上反映其体积的减少,所以"费用类账户贷方反映减少"。在资产负债表日,企业需要将费用全部结转本年利润项目,从而导致所有的费用类项目的余额为零,即费用类账户的余额为"零"。

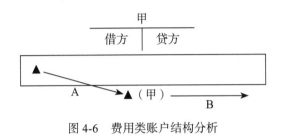

图 4-6　费用类账户结构分析

4. 收入类(广义的)账户结构与资金增减

广义的收入,是指企业在生产经营过程中取得的各种收入,包括主营业务收入、其他业务收入、投资收益和营业外收入等。假设乙代表的是收入类账户,在会计沙盘上以沙坑"⊕"形式存在于企业平面之外,其账户结构与沙盘模型如图 4-7 所示。发生 A 段运动时,对于乙项目(⊕)而言,资金为流入量,记在乙账户的"借方",在模型上反映其容积的减少,所以"收入类账户借方反映减少";发生 B 段运动时,对于乙项目(⊕)而言,资金为流出量,记在乙账户的"贷方",在模型上反映其容积的增加,即"收入类账户贷方反映增加"。在资产负债表日,企业需要将所有的收入类项目全部结转本年利润项目,从而导致所有的收入类项目的余额全部为零,即收入类账户的余额为"零"。

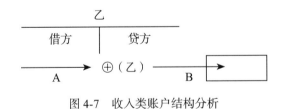

图 4-7　收入类账户结构分析

5. 利润类账户结构与资金增减

假设丙代表的是利润类账户,在会计沙盘上以沙坑"⊕"形式存在于企业平面外,其账户结构与沙盘模型如图 4-8 所示。发生 A 段运动时,对于丙项目(⊕)而言,资金为流入量,记在丙账户的"借方",在模型上反映其容积的减少,所以,"利润类账户借方反映减少";发生 B 段运动时,对于丙项目(⊕)而言,资金为流出量,记在丙账户的"贷方",在模型上反映其容积的增加,即"利润类账户贷方反映增加"。在资产负债表日,企业需要将本年所实现的净利润全部结转至未分配利润,其结果是本年利润项目的余额为零,即利润类账户的余额为"零"。

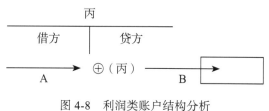

图 4-8 利润类账户结构分析

📚 问题与讨论

静态要素随动态要素如何变化

通过表 4-2 所列陈述的业务,分析表中静态要素随动态要素变化的关系,用"+""-"表示,理解会计动态平衡等式,并进一步讨论为何称资产、负债和所有者权益为"实账户",而收入、费用和利润则为"虚账户"?

表 4-2 动态要素与静态要素的关系

动态要素	用静态要素来表示			举例
	所有者权益	资产	负债	
收入				现金销售
				销售抵消预收款
				销售除抵消预收款外,还收到现金
费用				以现金支付招待费
				欠某酒店业务招待费
				以现金支付部分业务招待费,余款未付
利润				—

第三节 复式记账

常用的复式记账方法是借贷记账法,以"借""贷"为记账符号,对每笔经济业务在两个或两个以上的账户中分别登记,在资金运动会计沙盘中,表现为:起点记贷,终点记借。

一、记账方法

记账方法是根据一定的原理、记账符号、记账规则,采用一定的计量单位,利用文字和数字在账簿中登记经济业务的方法。按记录方式的不同,记账方法可分为单式记账法和复式记账法两类。

单式记账法是对每一项经济业务只在一个账户中登记的方法，反映经济业务的一个方面；复式记账法是对每一项经济业务通过两个或两个以上有关账户进行登记的一种方法。企业的每笔经济业务都会引起资金运动，而资金运动必然涉及资金的流向（即起点和终点）、流量和流速3个要素。复式记账法就是要对每一笔经济业务所引起的资金运动的流向（即资金运动的终点和起点）、流量和流速等进行全面的反映、控制和监督的一种专门方法。

在中国，明代以前一直采用单式记账法，从明代开始，出现了三脚账、龙门账、四脚账，逐步从单式记账过渡到复式记账，民国会计直接使用西方国家的借贷复式记账。新中国成立后，曾经采用过增减复式记账法和收付复式记账法，直到1993年7月1日实施的《企业会计准则》规定，企业统一使用借贷记账法，我国企业的记账方法才统一起来。目前，世界各国普遍使用借贷记账法，因此本书只介绍借贷记账法。

二、借贷记账法

以"借"和"贷"作为记账符号，用"借"来代表会计账户中资金的流入，用"贷"来代表会计账户中资金的流出，这种复式记账方法就是"借贷记账法"。

（一）借贷记账法的记账符号

借贷记账法的记账符号是"借"和"贷"。"借""贷"这两字没有任何实际的文字含义，纯粹是一个抽象的符号。借、贷与资金运动的关系如表4-3所示。

表4-3 借贷记账法记账符号的解释

记账符号	账户方向	资金运动的方向	资金增减	项目余额	
				模型形态	性质
借	账户的左边	资金运动的终点	资产类项目增加；负债、所有者权益类项目减少	沙堆（▲）	资产类
贷	账户的右边	资金运动的起点	资产类项目减少；负债、所有者权益类项目增加	沙坑（⊕）	负债、所有者权益类

（二）借贷记账法下的账户设置

借贷记账法作为一种科学的复式记账法，其账户设置必须具有一整套完整的账户体系。企业不仅要设置反映资金运动静态表现的资产、负债和所有者权益账户，还要设置反映资金运动动态表现的收入、费用和利润账户。

有的会计具体对象性质是不确定的，在某一时刻是负债性质（即该账户的余额在贷方），而在另一时刻又成为资产性质（即该账户的余额在借方）。为了客观地反映这类经济业务,在借贷记账法下,还需要设置一类共同性账户,比如"其他往来""内部往来"等账户。

以"其他应付款"为例,比如"其他应付款"账户期初为贷方余额 9 000 元,其对应项目在模型是一个沙坑。假设本期企业以 10 000 元的银行存款偿还该债务,多出的 1 000 元作为预付款项,如图 4-9 所示,该笔业务引起资金 10 000 元流入"其他应付款"项目之中,并导致其形态由沙坑转换为沙堆。此时的其他应付款项目代表了一种预付款项,是一种权利,是资产。相应地,其他应付款账户的余额由期初的贷方余额 9 000 元转为现在的借方余额 1 000 元。这说明,其他应付款项目在模型的形态会发生转化;相应地,其他应付款账户的余额方向也会发生变化。

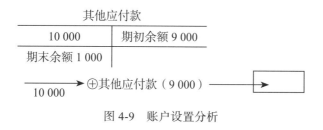

图 4-9 账户设置分析

三、记账规则

企业的经济业务可能纷繁复杂,但其所引起的资金运动归纳起来只有 4 种类型:第一种是资金进入企业;第二种是资金在企业内部循环与周转;第三种是资金退出企业;第四种是企业资金来源渠道的相互转化。为了弄清楚借贷记账法的记账规则,就必须分析这四种资金运动,从中找出资金运动的规律,揭示借贷记账法的本质。

1. 资金进入企业

这类业务的资金运动,其起点表明资金从外部流入而形成的资金,是资金来源渠道的增加;终点表明资金流入企业后以某种资金形态存在,是企业资产的增加。

【例 4-1】企业向银行申请短期借款 100 000 元,款项已存入银行。其资金运动如图 4-10 所示。

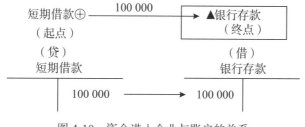

图 4-10 资金进入企业与账户的关系

向银行借入短期借款所产生的资金来源渠道称之为"短期借款",企业放在银行用于结算的货币资金,称之为"银行存款"。在这笔经济业务所引起的资金运动中,"短期借款"位于资金运动的起点,资金从"短期借款"流出,流入"银行存款"。根据上述分析的"资金运动,起点为贷,终点为借"或"流出为贷,流入为借",此时应该在"短期借款"账户的贷方登记 100 000 元,在"银行存款"账户的借方登记 100 000 元。

2. 资金在企业内部循环与周转

这类经济业务,资金从某一种存在形态转化为另一种存在形态。起点反映因资金流出而减少,终点反映的是因资金流入而增加。

【例 4-2】企业从银行提取 10 000 元的现金备用。其引起的资金运动如图 4-11 所示。

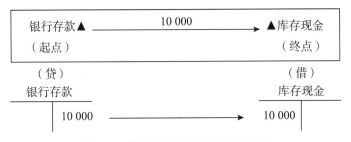

图 4-11 资金内部循环与账户的关系

在这笔经济业务所引起的资金运动中,"银行存款"项目位于该资金运动的起点,资金从本项目流出,流向"库存现金",所以应该在"银行存款"账户的贷方登记 10 000 元,在"库存现金"账户的借方登记 10 000 元。

3. 资金退出企业

这类经济业务表明资金以某一种存在形态流出企业,冲销原有的某一种资金来源渠道,是企业资金来源渠道的减少。起点反映的是因资金流出而减少的某一种资金存在形态,终点是因资金流入而被冲销(或冲减)的某一种资金来源渠道。

【例 4-3】企业以存款偿还长期借款 100 000 元。其资金运动如图 4-12 所示。

在这笔经济业务所引起的资金运动中,"银行存款"项目位于该资金运动的起点,资金从本项目流出,流向"长期借款",所以应该在"银行存款"账户的贷方登记

100 000 元，在"长期借款"账户的借方登记 100 000 元。

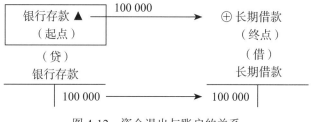

图 4-12　资金退出与账户的关系

4. 企业资金来源渠道的相互转化

这类经济业务引起的资金运动是企业资金的来源渠道之间发生变化，旧的资金来源渠道被新的资金来源渠道所取代，但并没有引起企业现有资产发生变化，即企业的资产总额和资金来源渠道金额之和都没有变化。

【例 4-4】企业将向银行借入的长期性借款 200 000 元转换为企业的股权。其资金运动如图 4-13 所示。

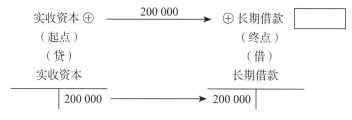

图 4-13　资金来源渠道相互转化与账户的关系

在这笔经济业务所引起的资金运动中，"实收资本"项目位于该资金运动的起点，资金从本项目流出，流向"长期借款"，应该在"实收资本"账户的贷方登记 200 000 元，在"长期借款"账户的借方登记 200 000 元。

5. 结论

综上所述，可以得出以下结论：

（1）借贷记账法的概念。所谓借贷记账法，就是以"借"和"贷"作为记账符号，运用复式记账原理，对每一笔经济业务所引起的资金运动从其终点和起点两个方面，同时地、相互联系地在相应的会计账户中进行记录、反映和控制的一种记账方法。

（2）借贷记账法的基本思路。从上述的分析可知，在经济业务所引发的资金运动中，谁位于资金运动的终点，就应该打开其对应账户，在其"借方"登记；谁位于资金运动的起点,就应该打开其对应的账户,在其"贷方"登记。简而言之,借贷记账法的记账思路就是:资金运动,终点记借,起点记贷。

(3)借贷记账法的记账规则。一笔资金运动,不可能只有起点而没有终点(即只有"贷"而没有"借"),也不可能只有终点而没有起点(即只有"借"而没有"贷")。资金运动起点与终点的关系,从符号上看,就是"借"与"贷"的关系,即"有借必有贷,借贷必相等"。

在一笔资金运动中,起点项目资金的流出量一定全额等于终点项目资金的接收量。从符号上看,资金金额就是"借方金额"与"贷方金额"的关系,即"借贷必相等"。

由此可见,"有借必有贷,借贷必相等"的记账规则只是一个表象,其本质反映的是资金运动流向与流量的关系。

四、会计分录

企业发生的各项经济交易与事项,都必须记入会计账户之中。为了确保会计账户记录的正确性,这笔业务在记入会计账户之前,应首先对其进行会计确认与计量,确定应该记录的账户名称和金额。会计分录就是确定其应当登记的会计账户名称、借贷方向及其金额的书面记录。在我国的实际会计工作中,会计分录是通过编制记账凭证来完成的。编制会计分录(编制记账凭证)的过程类似于在登记会计账户之前的一个草稿或准备工作。

例如,6月8日,向旭日公司赊购6万元的材料,款项尚未支付,该笔业务应该编制的记账凭证如图4-14所示。

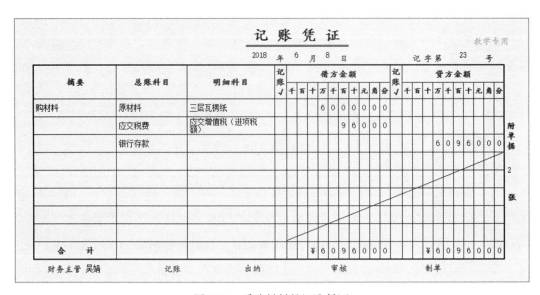

图4-14 采购材料的记账凭证

为了方便学习,将图 4-14 中记账凭证的非核心内容删除后,就只剩下核心内容:"原材料,借方登记,60 000;应交税费——应交增值税(进项税额),借方登记,960;应付账款,贷方登记,60 960";然后,再将这些核心内容稍加整理,就可以得到如下的书面记录形式,即会计分录:

借:原材料　　　　　　　　　　　　　　　　　　　60 000
　　应交税费——应交增值税(进项税额)　　　　　　960
　贷:应付账款　　　　　　　　　　　　　　　　　　　60 960

再如,企业接受甲公司的投资 10 万元,其中银行存款 4 万元,新机器一台 3.5 万元,专利权一项作价 2.5 万元,其资金运动和会计分录如图 4-15 所示(假设不考虑增值税)。

会计分录有简单和复合两种。简单分录只有一借一贷(即资金运动只有一个起点和一个终点),复合会计分录是指一借多贷(即资金运动有一个终点和多个起点)或一贷多借(即资金运动有一个起点和多个终点)的会计分录。

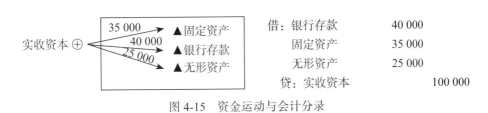

图 4-15　资金运动与会计分录

企业可能会编制多借多贷(即资金运动同时有多个起点和多个终点)的会计分录。在编制多借多贷的会计分录情况下,一定要保证账户明确的对应关系,以便清晰地反映资金运动的来龙去脉。

第四节　会计循环

会计循环是指企业在一定会计期间内,从取得或填制反映经济业务发生的原始凭证起,到编制出会计报表为止,全面、连续地进行会计处理所必须经历的各个会计工作步骤。这些步骤依次继起、周而复始地进行,故称为会计循环。

一、会计循环过程

一个会计循环包括会计信息的确认、记录、计量和报告,在会计信息收集、加工和汇总的过程中,需要综合运用设置账户、复式记账、填制凭证、登记账簿、成本计算、财产清查、结账、编制会计报表等专门的会计核算技术,这些会计核算技术与会计循环一起构成一个完整的会计方法体系,它们相互联系、紧密结合,确保会计工作有序进行。

会计循环过程及每个环节应用的会计技术如图 4-16 所示。

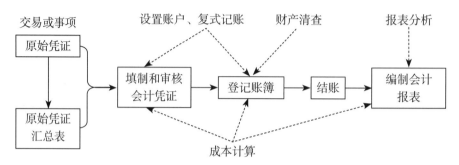

图 4-16　会计循环过程及每个环节应用的会计技术

会计循环的过程包括:

(1)取得或编制原始凭证。企业发生经济业务和会计事项后,必须取得或编制有关原始凭证,然后会计人员对性质相同的原始凭证汇总后,作为记账的依据。

(2)编制记账凭证。会计人员根据审核无误的原始凭证或原始凭证汇总表,根据已设置的账户,采用复式记账原理,编制记账凭证。

(3)登记账簿。根据会计凭证,在账簿上连续、系统、完整地记录经济业务。

(4)结账。期末结算各账户的本期发生额和期末余额。

(5)编制会计报表。根据会计报表的编制要求,利用账簿提供的各账户发生额和余额,汇总编制符合会计制度要求的会计报表。

从分析经济业务开始,经过确认、记录、计量到完成会计报表的编制为一个会计循环过程,结合会计分期,可以看到,企业经历一个大的会计循环是 1 年,一个大的会计循环可以分成每月一次的 12 个小循环。

会计实务中,还有一个环节需要纳入会计循环。因为在会计循环中,从分录编制、编制记账凭证到登记账簿以及余额计算,都可能发生错误,尤其完全使用手工核算和转抄时,在错误的数据基础上编制的报表肯定也是错误的,这样就会因重复劳动而浪费大量的时间。所以,一般在编制会计报表之前会计人员会检查会计记录过程是否存在问题,检查的方法称为试算平衡。经试算平衡检查无误后的账簿余额才进入报表编制环节。

试算平衡,包括两个内容:一是发生额平衡,即全部账户的借方发生额合计等于全部账户贷方发生额合计;二是余额平衡,即全部账户期末借方余额合计等于全部账户期末贷方余额合计，用等式可以表示如下：

$$\text{发生额平衡} \quad \frac{\text{企业在某一时期所有账户的}}{\text{借方发生额合计}} = \frac{\text{企业在同一时期所有账户的}}{\text{贷方发生额合计}}$$

$$\text{余额平衡} \quad \frac{\text{企业在某一时刻所有账户的}}{\text{借方余额合计}} = \frac{\text{企业在同一时刻所有账户的}}{\text{贷方余额合计}}$$

加入试算平衡后，会计循环的业务处理流程主要分为以下 7 个环节，如图 4-17 所示。

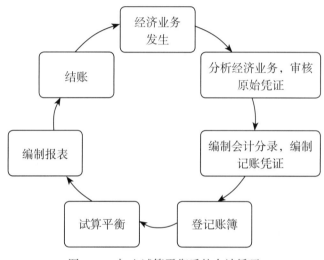

图 4-17　加入试算平衡后的会计循环

试算平衡的基本原理源于复式记账规则。按照复式记账的要求，对任何一笔业务的会计处理均会产生相同金额的借记和贷记。从发生额来看，因为每笔经济业务都是按"有借必有贷，借贷必相等"的记账规则进行记录的，所以每笔经济业务在账户中的记录，登记在借方账户的发生额等于登记在贷方账户的发生额；全部经济业务在账户中的记录，也必然是借方发生额合计等于贷方发生额合计。

因此，如果会计记录没有错误，所有借记和贷记的总额也应该是相等的，所有科目的借方余额之和应等于贷方余额之和。根据上述推论，试算平衡表中登记所有总账科目的借方余额和贷方余额，并分别求和。如果发现借方余额之和与贷方余额之和不一致，则可以肯定账务处理过程中存在差错。

必须说明的是，即使试算平衡表借方余额之和与贷方余额之和相等，也不能百分之百地保证在核算过程中没有错误。

拓展阅读

结账与编制报表

按照一般理解，报表编制应是会计循环的最后一个步骤，而在这里，我们将报表编制安排在结账程序之前。这是由于，按照及时性的信息质量要求，企业应尽可能向信息使用者提供及时、有用的决策支持信息。因此，企业尤其是上市公司，除年报以外，还要向外部使用者提供半年报和季报；而对于管理层这样的内部信息使用者，即使季报这样的频率也远远不能满足需要，管理者需要月报、周报甚至日报，使得编制报表的时段要大大短于结账间隔。有的企业出于统计年报中收入和费用的考虑，甚至在一个会计年度终了才会结平收入和费用等临时性账户。当前先进的计算机和网络技术已经完全实现了报表的实时生成，前提是只要记账，这种情况下，会计循环演变为："凭证→记账→报表→结账"，因此可以将结账安排在会计循环的最后一个环节。

二、会计凭证

会计主体办理任何一项经济业务，都必须办理凭证手续。会计凭证是在会计工作中记录经济业务、明确经济责任的书面证明，由执行或完成该项经济业务的有关人员填制或取得。

（一）会计凭证的种类

会计凭证是多种多样的，通常按其用途和填制程序分类，分为原始凭证和记账凭证两类（见图 4-18）。

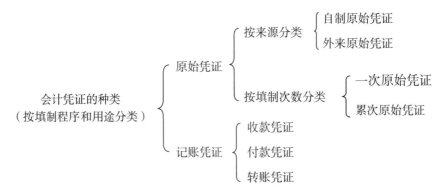

图 4-18　会计凭证的种类（按填制程序和用途分类）

（二）原始凭证

原始凭证，又称原始单据，是在经济业务发生或完成时取得或填制的，用以记录、证明经济业务已经发生或完成的原始证据，是进行会计核算的原始资料。

1. 原始凭证的分类

（1）按照来源分类，原始凭证可以分为外来原始凭证和自制原始凭证。外来原始凭证是指企业同外部单位或个人发生经济往来关系时，从外部单位或个人取得的原始凭证。例如购货时取得的发货票、企业从银行取得的进账单等，如图 4-19 所示。

1100151140　北京增值税专用发票　№ 19688901　1100151140　19688901　教学专用

发票联　开票日期：2018年8月8日

购买方　名　　称：北京利民工贸有限公司
纳税人识别号：91110113M644517880
地 址、电 话：北京市腾策路596号010-49850277
开户行及账号：工行北京市欣立路支行74239401686988

密码区　172312-4-275 <1+46*54* 82*59*
181321 > <8182*59*09618153 </
<4 <3*2702-9 > 9*+153 </0 >2-3
08/4 > > >2-3*0/9/ > >25-275 <1

货物或应税劳务、服务名称	规格型号	单位	数量	单价	金额	税率	税额
三层瓦楞纸板		张	100	450	45,000.00	16%	7,200.00
合计					¥45,000.00		¥7,200.00
价税合计（大写）	⊗ 伍万贰仟贰佰元整				（小写）¥52,200.00		

销售方　名　　称：河北艺丰纸业
纳税人识别号：91130101M025611493
地 址、电 话：石家庄市百际路977号010-86969739
开户行及账号：工行石家庄市国江路支行12349862827511

备注

收款人：　复核：朱靓壮　开票人：朱笑玮　销售方：（章）

税总函[2016]××号××××公司

第三联：发票联　购买方记账凭证

图 4-19　采购原材料时取得的原始凭证

自制原始凭证是指由本单位内部经办经济业务的部门或人员，在办理经济业务时所填制的凭证，如商品、材料入库时，由仓库保管人员填制的入库单；商品销售时，由业务部门开出的提货单等，自制原始凭证没有固定的格式，比如某企业的产品完工入库单如图 4-20 所示。

教学专用

产成品入库单

交库单位：普通纸箱车　2018 年 8 月 1 日　仓库：　编号：689

产品编号	产品名称	规格	计量单位	数量		单位成本	总成本	备注
				送检	实收			
01001	普通纸箱		个	200	200	12.00	2 400.00	

仓库主管：刘凯心　保管员：王丽　记账：周石　制单：王丽

图 4-20　自制的产品入库单

（2）按照填制手续分类，原始凭证可以分为一次原始凭证和累次原始凭证。一次原始凭证是指对一项经济业务或若干项同类的经济业务，在其发生后一次填制完毕的原始凭证，如发票、收料单、收款收据等，外来的凭证一般是一次原始凭证。比如某企业收到的转账支票，如图 4-21 所示。

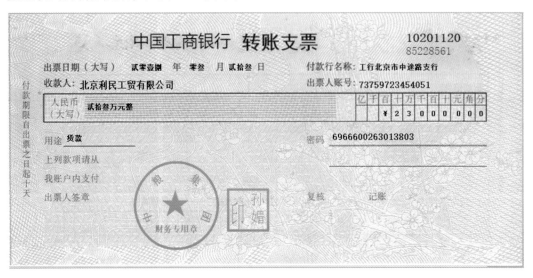

图 4-21　企业收到的转账支票

累次原始凭证是指一定时期内连续记载同类经济业务，至期末按其累计数作为记账依据的原始凭证。它主要适用于某些经常重复发生的经济业务，如限额领料单，它可以用于控制某种材料在规定时期内（一个月）领用限额，每次领料或退料时在凭证上逐笔登记，随时结出限额结余，到月末结算出实际数和金额。这类凭证既能对材料的领用起到一定的控制作用，还能减少凭证数量。累次原始凭证（限额领料单）的格式如图 4-22 所示。

2. 原始凭证的填制要求

（1）真实性，即如实填列经济业务内容，不弄虚作假，不涂改、挖补。

（2）内容性，即应该填写的项目要逐项填写，不可缺漏。

（3）规范性，即字迹端正，文字工整，易于辨认。不得使用未经国务院公布的简化汉字；大小写金额必须相符且填写规范；小写金额用阿拉伯数字逐个书写，不得写连笔字；在小写金额前要填写人民币符号"￥"，人民币符号"￥"与阿拉伯数字之间不得留有空白；金额数字一律填写到角、分，无角、分的，写"00"或符号"—"；有角无分的，分位写"0"，不得用符号"—"；大写金额前未印有"人民币"字样的，应加写"人民币"三个字，"人民币"字样和大写金额之间不得留有空白，大写金额到元或角为止的，后面要写"整"或"正"字；有分的，不写"整"或"正"字。

（4）及时性，即当一项经济业务发生或完成时，都要立即填制原始凭证。

材料科目： 201 钢板 领料车间（部门）： 生产车间 用途： B 产品生产					限额领料单 2018 年 6 月			材料类别： 编号： 仓库：		原材料 92 原材料库	
材料编号	材料名称	规格	计量单位	领用限额	实际领用			备注	
^	^	^	^	^	数量	单位成本	金额	^	
342	201 钢板		张	100	80	2 100	168 000	第二联财务核算联	
日期	请领		实发		退回			限额结余	
^	数量	领料单位	数量	发料人签章	领料人签章	数量	领料人签章	退料人签章	^
6.2	30		30	张萌	王立				70
6.15	50		50	张萌	王立				20
合计	80		80						20
生产计划部门负责人：周光				供应部门负责人：王丽				仓库负责人：张萌		

图 4-22 累次原始凭证（限额领料单）的格式

3. 原始凭证审核

原始凭证由于来源不同，经办单位和人员各异，为保证原始凭证的真实性和它所反映经济业务的合法性、合理性，必须对其进行严格的审核。原始凭证的审核可以从以下两方面着手：

第一，原始凭证所记录的经济业务是否真实合规，即审核原始凭证及所记载的经济业务是否真实，有无伪造现象；审核原始凭证所记载的经济业务是否符合有关财经纪律、法规、制度等方面的规定，有无违法乱纪行为。若有，审核人员应予以揭露和制止。

第二，审核原始凭证是否符合填制完整、正确与及时性要求，包括审核原始凭证的各构成要素是否齐全；审核各要素内容填制是否正确、完整、清晰，特别是对凭证中所记录的数量、金额的正确性要进行认真审核，检查金额计算有无差错，大小写金额是否一致等；审核各经办单位和人员签章是否齐全。审核人员对记载不准确、不完整的原始凭证应予以退回，并要求相关填报人按照国家统一的会计制度的规定更正、补充。

(三)记账凭证

记账凭证是会计人员根据审核无误的原始凭证或汇总原始凭证,按照经济业务的内容加以归类、整理,用来确定会计分录并作为登记账簿依据的会计凭证。原始凭证记录的是企业发生的经济业务的原始面貌,一般不具备会计知识的人员也能够理解它,而记账凭证所采用的是会计特有的语言,如果没有具备一定的会计知识,就无法理解它。

1. 记账凭证的内容

记账凭证必须具备的基本内容有:①记账凭证的名称;②填制凭证的日期;③凭证的编号;④经济业务内容的摘要;⑤会计科目(包括一级科目、二级科目或明细科目)和金额;⑥所附原始凭证的张数;⑦会计主管、制证、审核、记账等有关人员的签名或盖章。上述采购材料的记账凭证如图 4-14 所示。

2. 记账凭证的分类

记账凭证按照适用的经济业务不同可以划分为专用格式的记账凭证和通用格式的记账凭证。

(1)专用格式的记账凭证。专用格式的记账凭证按其反映的经济业务是否与现金及银行存款收付有关,分为收款凭证、付款凭证、转账凭证。收款凭证和付款凭证是用来反映与现金及银行存款收付有关的业务的,转账凭证是用来反映与现金及银行存款收付无关的经济业务。

收款凭证是用以反映现金及银行存款收入业务的记账凭证,根据现金及银行存款收入业务的原始凭证填制而成。收款凭证一般按现金和银行存款分别编制,其样式如图 4-23 所示。

图 4-23 现金收款凭证样式

付款凭证是用以反映货币资金支出业务的记账凭证，根据现金及银行存款支出业务的原始凭证填制而成，样式如图 4-24 所示。转账凭证是用以反映与现金及银行存款收付无关的转账业务的凭证，根据有关转账业务的原始凭证填制而成。其格式与通用记账凭证的格式相同。

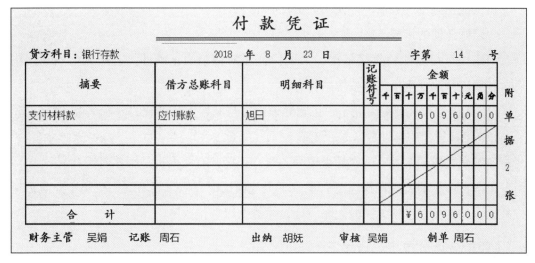

图 4-24　银行存款付款凭证样式

（2）通用格式的记账凭证。通用格式的记账凭证是适合于所有经济业务的记账凭证。采用通用格式记账凭证的单位，无论是款项的收付还是转账业务，都采用统一格式的记账凭证。通用格式的记账凭证通常适合于规模不大，款项收付不多的企业。其格式与专用记账凭证的转账凭证格式相同，如图 4-14 所示。

3. 记账凭证的填制要求

记账凭证的填制，是在对原始凭证进行整理、分类的基础上，借助复式记账方法，确定经济业务所涉及的账户名称、记账方向和金额，即确定会计分录的工作，是会计核算的重要环节。在填制记账凭证时应遵循以下要求：

（1）要以审核无误的原始凭证为依据。

（2）摘要的填写要求既简明扼要又能说明经济业务的发生情况，这样才能便于了解经济业务、查阅凭证等。

（3）附件张数要注明。记账凭证的附件即原始凭证，要认真查对，整理并附在记账凭证的后面，同时在记账凭证上注明所附原始凭证的张数。

（4）记账凭证应按日期和类别顺序、唯一编号。对于通用格式记账凭证，则将所有的记账凭证编号；如果区分收款业务、付款业务、转账业务进行记账凭证填制的，记账凭证的编号则要采用"类别+序号"排序,如"收字第××号";如果一笔经济业务需要填制一张以上记账凭证,可采用分数编号法,如"$10\frac{2}{3}$"表示第10号凭证有3张,本凭证为第二张。下个月重新编号。

(5)记账凭证的填制人员及有关负责人,应于记账凭证填制齐全、确认正确无误后,在凭证相应位置签章,以便明确责任。

4. 记账凭证的审核

记账凭证是登账的直接依据,为了保证账簿记录的正确性,记账凭证填制完毕后,必须进行认真审核。审核的内容有:

(1)所附原始凭证是否完整,记账凭证内容与原始凭证记载的内容是否一致。

(2)记账凭证中会计分录是否正确。

(3)记账凭证中各项内容是否填写齐全、正确,有关人员是否签名盖章。

在审核中,如发现记账凭证有记录不全或错误时,应重新填制或按规定办法更正或补充。只有经过审核无误的记账凭证,才能据以登记账簿。

(四)会计分录与记账凭证

会计分录是对每笔业务列示其应借应贷账户及其金额的一种记录,而记账凭证是用于记录会计分录的表单。在实际工作中,对一笔经济业务编制会计分录与填写记账凭证实质上是一回事。只是为了教学上的方便,会计实务中本该编制记账凭证的,在课本中都用会计分录代替。

三、会计账簿

会计账簿是继会计凭证之后,经济业务信息的又一重要载体,它是指以会计凭证为依据,在具有专门格式的账页中全面、连续、系统、综合地记录经济业务的簿籍。

会计凭证仅能反映某项(或某类)经济业务的发生情况及该项(或该类)业务引起有关账户的增减变动金额,不能把某一时期的全部经济活动情况连续、全面、系统地反映出来。通过账簿的登记,可以把分散在会计凭证上的经济业务发生及完成情况的核算资料,加以归类整理并相互联系地全面登记,从而提供连续、系统、全面的综合性核算指标。

(一)会计账簿的种类

按照不同的标准对会计账簿进行分类,可以更好地设置不同的账簿,采用不同的方法对账簿进行登记,以满足经济管理对账簿资料的要求。

1. 账簿按用途分类

账簿按用途可以分为日记账、分类账和备查账 3 种。

日记账又称序时账，是按经济业务发生和完成的时间顺序逐日逐笔进行登记的账簿。日记账主要包括现金日记账和银行存款日记账两类。

分类账簿是对各项经济业务按账户进行分类登记的账簿。分类账又分成总分类账和明细分类账两类。总分类账简称总账，是根据总分类科目设置的，一

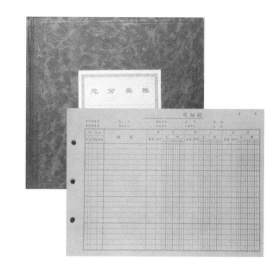

个企业都要有一本总账，而且只能有一本；明细分类账简称明细账，是根据总分类账户所属的各个明细分类账户设置的。

备查账也称辅助账簿，是用来对日记账和分类账未能反映和记录的事项进行补充登记的账簿，如支票登记簿，租入固定资产登记簿等。

2. 账簿按外表形式分类

账簿按外表形式，可以分为订本式账簿、活页式账簿和卡片式账簿。

订本式账簿简称订本账，是在使用前就将若干账页固定地装订成册的账簿。采用订本式账簿主要包括总账和现金、银行存款日记账。这种账簿的优点是：可以避免账页散失，防止抽换账页。其缺点是：开设账户时，需要预留账页，预留过多造成浪费，预留过少需重新开设该账户，容易造成混乱；另外，也不便于分工记账。

活页式账簿是将账页装在账夹内，可以随时增添或取出账页的账簿。这种账簿的优点是可以随时添加、抽换账页，便于分工记账；其缺点是账页容易散失，容易被抽换账页。这种账簿主要适用于各种明细账。

卡片式账簿与活页式账簿类似，只是账页用较厚的卡片组成，主要适用于长久保存的会计资料，如固定资产卡片等。

(二)会计账簿的登记要求

为了保证会计核算的质量,完成会计工作任务,必须及时、正确地登记账簿。登记账簿要以审核无误的会计凭证为依据,并按下列规则登账:

(1)根据会计凭证上的内容逐项登记入账,做到数字准确、摘要简明清楚、登记及时。

(2)登账完毕,在"过账"栏内注明账簿的页数或打钩,并在记账凭证上签名或盖章。

(3)采用蓝、黑墨水钢笔记账,红笔用于错账更正、结账划线和冲账。

(4)账簿内页必须按事先编写的页码,逐页、逐行顺序连续登记,不得隔页、缺号、跳行,否则必须注明"作废"字样以示注销,经手人员及会计主管必须签名和盖章。

(5)"摘要"简明扼要,文字规范,"金额"栏的数字应按准确位置填写,数字不得连写,账户若有余额,应在相应栏内写明"借"或"贷",若无余额,则写"平"和"0"。

(6)每页账登记完毕,应在该账页最末行加计本页发生额及余额,并在"摘要"栏内注明"过次页",同时在新账页的首行摘要注明"承上页",并将加计数记入"金额"栏。

(7)发生错账,不得挖补、涂改、刮擦,或用褪色剂,应按错账更正法更正。

(三)日记账的设置与登记

在我国,为了加强货币资金的管理,各单位必须设置现金和银行存款日记账,以进行序时核算。现金日记账和银行存款日记账一般由出纳人员根据审核后的收、付款凭证,逐日、逐笔按顺序登记。每日终了应分别计算出本日收入、付出的合计数,并结出当日的结余额。现金日记账的每日余额应与当天库存现金的实有数额核对。

现金日记账和银行存款日记账通常采用三栏式账页,其格式基本相同,只是银行存款日记账为了便于与银行对账,增加一个结算凭证种类、号数栏。两种日记账的具体格式和登记方法分别如表 4-4 和表 4-5 所示。

表 4-4 现金日记账

2018 年		凭证		摘要	对方科目	收入	付出	结余
月	日	字	号					
3	1			月初余额				4 000
	1	银付	001	提取现金	银行存款	5 000		9 000
	1	现付	001	报销办公费	管理费用		500	8 500

（续）

2018年		凭证		摘要	对方科目	收入	付出	结余
月	日	字	号					
	1	现付	002	王×借款	其他应收款		2 000	6 500
	1	现收	001	现金销售	主营业务收入	4 000		10 500
	1	现付	003	支付邮电费	管理费用		3 000	7 500
⋮	⋮	⋮	⋮	⋮	⋮	⋮	⋮	⋮
10	31			本月合计		126 000	125 000	5 000

表4-5 银行存款日记账

开户银行：中国银行　　　　账号：×××　　　　单位：元

2018		凭证		摘要	结算凭证		对方科目	收入	付出	结余
月	日	字	号		种类	号数				
3	1			月初余额						300 000
	1	银收	001	股东投资			实收资本	500 000		800 000
	1	银付	001	购料			原材料		150 000	650 000
⋮	⋮	⋮	⋮	⋮	⋮	⋮	⋮	⋮	⋮	⋮
	31			本月合计				1 200 000	1 350 000	150 000

（四）分类账的设置与登记

分类账的特点是按账户分别反映不同类别经济业务的增减变动情况，由于账户有总分类账户和明细分类账户之分，所以分类账簿也可以分为总分类账簿和明细分类账簿。

总分类账簿，简称总分类账，是根据总分类账户开设的，对经济业务提供总括的核算资料，可以根据记账凭证逐笔登记，也可以根据汇总记账凭证登记，账页的格式一般采用借贷余三栏式，如表4-6所示。

表4-6 总分类账

会计科目：应收账款　　　　　　　　　　　　　　　　　　　　　　　第1页

2018年		凭证		摘要	借方	贷方	借或贷	余额
月	日	字	号					
1	1			年初余额			借	540 000
1	31			本月汇总	650 000	450 000	借	740 000
2	28			本月汇总	560 000	720 000	借	580 000
⋮	⋮			⋮	⋮	⋮	⋮	⋮
12	31			本月合计	780 000	700 000	借	650 000
12	31			本年合计	7 900 000	7 790 000	借	650 000
12	31			转次年		650 000	平	0

明细分类账簿，简称明细账，是根据总分类账户所属明细分类账户开设的，一般

采用活页式账簿,个别采用卡片式账簿,对总分类账起着补充说明的作用,能为经营管理提供某方面详细的核算资料。明细分类账明细账的账页格式一般有三栏式、数量金额式和多栏式,企业应根据会计账户所反映经济内容的性质选择使用。如表4-7所示的三栏式,如表4-8所示的数量金额式,如表4-9所示的多栏式。

表4-7 应付账款明细账

明细科目:伟林公司　　　　　　　　　　　　　　　　　　　　　　　　　第×页

2018年		凭证		摘要	借方	贷方	借或贷	余额
月	日	字	号					
10	1			月初余额			贷	50 000
	10	银付	20	归还欠款	50 000		平	0

表4-8 库存商品明细分类账

类别:钢材　　　　　　　　　　　　　　　　　　　　　　　　　　　仓库:5#
名称:φ14 螺纹钢　　　　　　　　　　　　　　　　　　　　　　　编号:
计量单位:吨,元　　　　　　　　　　　　　　　　　　　　　　　　第×页

2018年		凭证		摘要	收入			发出			结存		
月	日	字	号		数量	单价	金额	数量	单价	金额	数量	单价	金额
3	1			月初结存							200	3 200	640 000
	5	领	6	出售				50		160 000	150	3 200	480 000
	10	收	10	生产入库	60						210		

表4-9 管理费用明细账

　　　　　　　　　　　　　　　　　　　　　　　　　　　　　　　　　第×页

2004年		凭证		摘要	借方发生额				
月	日	字	号		办公费	差旅费	工资费	折旧费	合计
10	7	现付	2	支付差旅费		2 000			2 000
	8	银付	4	支付办公费	1 500				1 500
⋮	⋮	⋮	⋮		⋮	⋮	⋮	⋮	⋮
10	31			本月合计	10 000	20 000	15 000	4 000	49 000
10	31			结转管理费用	10 000	20 000	15 000	4 000	49 000

(五)平行登记和账务处理程序

1. 平行登记

总分类账与明细分类账二者反映的经济内容是相同的,经济业务发生后,一方面登记有关总分类账户,另一方面登记所属的明细分类账户或日记账户,所以也称平行登记。如图4-25所示中的③、④、⑤步骤,就是在不同账簿之间登记,只不过提供核算指标的详略程度不同,总分类账提供某类经济业务总括的核算指标,明细分类账

或日记账则提供某类经济业务详细的核算指标。

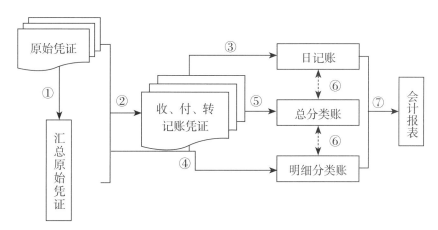

图 4-25　平行登记和记账凭证账务处理程序

根据记账凭证登记账簿，记账凭证中有几个科目，就要在几个账户中进行登记。比如，如图 4-14 所示的购买原材料业务的记账凭证，在登记账簿时，就要打开原材料明细账、应交税费明细账、应付账款明细账分别登记，并登记 3 个账户的总账。

2. 账务处理程序

会计上把以账簿体系为核心，把会计凭证、会计账簿、记账程序和记账方法有机地结合起来的技术组织方式称为账务处理程序，又称会计核算组织程序或会计核算形式。账务处理程序包括会计凭证组织、会计账簿组织、记账程序和方法相互结合的方式，其中会计账簿组织，是指各自的种类、格式及内部关系；记账程序是指从填制、整理、传递会计凭证，到登记账簿、编制会计报表整个过程的工作步骤和方法。账簿组织是指会计账簿的种类、格式以及各种账簿之间的相互关系。

因为总分类账是按总账科目设置、提供总括核算资料的，所以登记的方法可以不同。比如图 4-25，就是根据记账凭证来登记总账。我们根据登记总账的不同，将账务处理程序分为记账凭证账务处理程序、汇总记账凭证账务处理程序、科目汇总表账务处理程序和多栏式日记账账务处理程序 4 类。也就是说，总分类账可以根据审核无误的记账凭证逐笔登记，也可以根据汇总记账凭证或科目汇总表汇总登记。至于具体依据何种凭证登记，要视企业业务规模而定。

一般来说，对于经济业务较少的单位，可以采用逐笔登记方法；对于经济业务较多的企业，一般采用汇总登记方法。采用汇总登记时，可以一个月汇总一次，也可以半个月汇总一次，具体根据业务规模而定。表 4-10 为某单位每半个月按总账科目汇总一次，然后按汇总额登记每一个科目的总账。这种方式使登记总账工作简化，同时，通过编制科目汇总表，可以根据各科目本期借方发生额合计数与贷方发生额合计数进行试算平衡，及时发现错误，所以这种方式在手工会计核算时多被采用。

表4-10 某单位科目汇总表

科目汇总表

2018年3月1～15日

会计科目	账页	本期发生额	
		借方	贷方
固定资产		30 000	
材料采购		14 000	5 000
原材料		5 000	
现金		1 000	
银行存款		3 000	46 200
应收账款		1 000	3 000
应交税费		2 000	
主营业务收入			1 800
合计		56 000	56 000

拓展阅读

会计软件中是如何登记总账的

目前，会计软件应用已经普及，记账凭证录入、审核后，可以自动完成记账和生成报表。在会计软件中，账簿和报表不是由记账凭证转抄或汇总而来的，也不是单独的数据库，而是记账凭证数据库通过一定的筛选机制显现出来的数据透视图。比如，在明细账查询界面，输入筛选条件：科目"1405"（库存商品），日期"2017年4月—2017年8月"，系统就可以筛选出记账凭证数据库中与"原材料"科目相关的记录，并按数量金额明细账的格式显现出来，筛选界面如图4-26所示。报表的生成亦是如此，只需要录入生成报表的时间，系统可以自动地筛选数据，生成财务报表。在第八章，我们将通过Excel模拟会计软件中账簿和报表的生成。所以在会计软件中，登账方法的选择、账簿之间的对账以及划线结账等，就显得不那么重要了。本课程选择讲授手工会计处理，是为了更好地展现会计核算的原理。

现在已经有软件可以实现会计系统与业务系统、影响识别技术的对接集成，将估值模型与控制规则嵌入，实现部分会计确认与计量工作，自动生成记账凭证。图4-27为发票扫描仪和自动识别出来的发票信息。随着电子发票等电子单据的推广，信息化将不再仅仅是会计工作的工具和手段，而正在成为企业会计工作的基础环境。

图 4-26 会计软件账簿输出界面

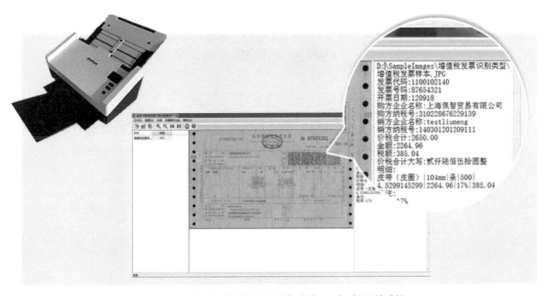

图 4-27 智能财务中的发票扫描仪和自动识别系统

（六）账簿的启用

不管是手工账还是软件中的电子账，每一个会计年度都要建立新的账簿，在账簿扉页上填写"账簿使用登记表"或"账簿启用表"，表中主要内容有：单位名称、账簿名称及编号、共计页数、启用日期、会计主管人员及记账人员名称、单位公章、会计主管及记账人员签章,账簿启用表如图 4-28 所示。

账簿启用表								
单位名称							单位盖章	
账簿名称								
账簿编号		年 总 册 第 册							
账簿页数		本账簿共计 页 使用 页							
启用日期		年 月 日至 年 月 日							
经管人员	负责人			主办会计			记账		
^	职务	姓名	盖章	职别	姓名	盖章	职别	姓名	盖章
交接记录	职务	姓名	接管		移交		印花税票粘贴处	
^	^	^	年 月 日	盖章	年 月 日	盖章		

图 4-28 账簿启用表

(七)错账更正

账簿登记要求正确、及时、完整、整洁,使提供的会计信息便于为各信息使用者使用。因此,会计人员必须认真、细致地做好记账工作。如果出现登账错误,必须遵循一定的规则进行更正,不得任意刮、擦、挖补、涂抹等。错账更正规则或更正方法有 3 种,分别是:划线更正法、红字更正法、补充登记法。

1. 划线更正法

记账凭证正确,在记账或结账过程中发现账簿记录中文字或数字有错误,采用划线更正法。更正时,先在错误的文字或数字(整个)上划一道红线,但使原字迹仍可辨认,然后在红线上方空白处用蓝字填上正确的文字或数字。记账人员需在更正处盖章。

会计软件中的错账更正,不能使用这种方法。

2. 红字更正法

这种方法又称红笔订正法或红字冲账法。此方法适用于记账凭证上的应记科目和金额发生错误,并已登记入账。更正时,先用红字金额填制一张内容与此错误记账凭证完全相同的记账凭证,并在摘要中写明"更正第 × 号凭证错误",并据以用红字金额登记入账,冲销原有的错误记录;然后,再用蓝字填写一张正确的记账凭证,登记入账。

3. 补充登记法

这种方法适用于在记账后发现记账凭证中应借应贷科目正确,只是所填金额小于应记金额,这时可采用补充登记法予以更正。更正时,按原应借应贷科目编制一张会计凭证,所列金额为少记的金额,并据此登记入账。同时在"摘要"栏内注明原记账凭证的日期、编号及更正理由等。

(八)对账与结账

1. 对账

对账就是对账簿和账户所记录的有关数据加以检查核对的工作,它是会计核算的一项重要内容。

(1)账证核对。所谓账证核对,就是将账簿记录与会计凭证相核对,这是保证账账相符、账实相符的基础。这个工作会计人员在平时编制凭证和记账时都要进行,结账时,对主要内容有疑问之处,要再进行重点抽查核对。

(2)账账核对。账账核对是指各种账簿之间有关数字之间的核对,主要有:

1)总分类账中,借方余额合计与贷方余额合计数的核对,看它们是否相符。

2)总分类账中,"现金"与"银行存款"账户的余额数与对应的日记账余额数核对。

3)总分类账中,各账户的月末余额,与所属明细分类账户月末余额之和核对。

4)会计部门有关财产物资的明细分类账的余额,与财产物资保管部门或使用部门相应的明细账(卡)核对。

(3)账实核对和财产清查。账实核对是指有关财产物资明细账的结存量与实存量的核对和各种货币资金和结算款项的账面余额与实存数之间的核对。用来确定财产物资实有数的会计方法称为"财产清查"。

货币资金和结算款项的账面余额与实存数之间的核对包括现金日记账账面余额与实际库存现金实存数的核对,这是每天都要进行的;银行存款日记账的账面余额同银行对账单之间的核对,这是每月至少进行一次的;各种往来款项明细账账户的余额与结算单位或个人之间的核对;已上交的税金及其他预交款应按规定时间与有关部门核对。账物核对通过财产清查方式进行,财款核对中的结算款项一般用对账单(询证)的形式核对。

不管是手工账还是电子账，账实核对都一样重要。但账账核对和账证核对，在会计软件中，内涵就发生了变化。因为手工登账存在着转抄成分，从记账凭证抄到明细账和总账，再汇总到报表，所以有可能存在转抄差错，账证核对和账账核对能及时发现差错，进行修改。会计软件中账簿和报表的数据，直接来源于记账凭证，所以不存在转抄错误，对账的意义也发生了变化，从账簿之间的对账转化为账务和业务之间的对账。

2. 结账

结账是指把一定时期内发生的经济业务在全部登记入账的基础上，按照规定的方法对该期内账簿记录进行小结，结算出本期发生额合计数和余额，并将余额结转下期或者转入新账。

通常，结账工作包括两部分：一是对损益类账户进行结账，并据以确定本期的利润或亏损，把经营成果在账户上揭示出来；二是对资产、负债和所有者权益账户进行结账，分别结出各总分类账户和明细分类账户的本期发生额和期末余额，并将期末余额结转下期，作为下期的期初余额。

结账工作一般分为月结和年结两种，不同的账户结账方法略有不同。比如，对于现金、银行存款日记账和需要按月结计发生额的收入、费用等明细账，每月结账时，要在最后一笔业务记录下面通栏画红单线，结出本月发生额和余额，在"摘要"栏内注明"本月合计"字样，再在下面通栏画红单线。年度结账时，在"摘要"栏内注明"本年合计"字样，并在合计数下通栏画红双线，表示本年业务到此为止，如图4-29所示。

也有不需要按月结计本期发生额的账户，如各种应收、应付明细账和财产物资明细账等，每次记账后，都要随时结出余额，每月最后一笔余额即为本月余额。只需在最后一笔经济业务记录之下通栏画红单线，不需要再结计一次余额。

会计信息化条件下，结账工作可以利用计算机自动进行，只是在数据库中加入一个标识，不需要画线说明。

四、试算平衡

在会计记录过程中，尤其是在手工记账系统中，很有可能发生一些错误。例如，将借贷方向记反；或者分录中只有借没有贷，或只有贷记没有借记；或者分录正确，但转抄到账簿中错误等。如果有上述情况存在，由于会计报表的编制是以各总账科目余额为基础，上述错记将延续至会计报表。为了防止这种情况出现，会计人员需要在各期会计账簿结出余额后，进行试算平衡。试算平衡的目的即为预先验证会计记录的

现金日记账

2012年		记账凭证号数	摘要	借方 千 百 十 万 千 百 十 元 角 分	√	贷方 千 百 十 万 千 百 十 元 角 分	√	余额 千 百 十 万 千 百 十 元 角 分
月	日							
9	1		期初余额					2 0 0 0 0 0
9	6	001	借备用金	1 0 0 0 0 0				1 9 5 0 0 0
9	6	003	行政专员借款800元			8 0 0 0 0		1 8 7 0 0 0
9	6	007	提取备用金					2 8 7 0 0 0
9	12	012	现金存入银行			9 0 0 0 0 0		1 9 7 0 0 0
9	12	018	提取备用金5000元	5 0 0 0 0 0				2 4 7 0 0 0
9	12	020	企管部报销差旅费			3 2 3 0 0 0		2 1 4 7 0 0
9	12	021	销售专员报销差旅费			2 5 0 0 0		1 8 9 7 0 0
9	12	023	报销招待费			2 0 0 0 0		1 6 9 7 0 0
9			本月合计	1 5 0 0 0 0 0		1 8 0 3 0 0 0		1 6 9 7 0 0
……								
12	31		本月合计	. . .		. . .		. . .
12	31		本年合计	. . .		. . .		. . .

年结下方为双栏红线，以示封账

图 4-29 结账工作

准确性，以提高会计工作效率。

这样，会计循环的基本程序如图 4-30 所示。在登记账簿之前、期末结转之前均应进行试算平衡。

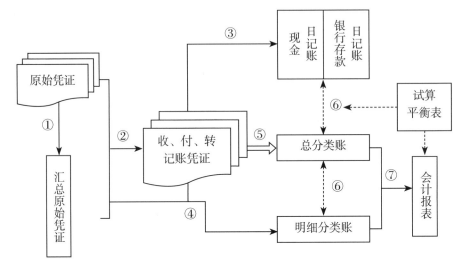

图 4-30　会计循环的基本程序

五、会计报告

在会计日常业务核算及期末跨期业务分录编制完成并登记账簿以后，所有当期发生的重要收入和费用项目均已确认入账，对应的资产、负债和所有者权益科目余额也已更新，完成了编制会计报表的准备工作。

会计报告是会计循环的最后一个环节。财务会计报告是指单位会计部门根据经过审核的会计账簿记录和有关资料，编制并对外提供的反映单位某一特定日期财务状况和某一会计期间经营成果、现金流量及所有者权益等会计信息的总结性书面文件，包括：会计报表、会计报表附注和财务情况说明书。

会计报表是财务报告的主干部分，有固定的格式、内容和填报要求，并需要定期编制并对外报送。企业应该对外提供的会计报表主要包括：资产负债表、利润表和现金流量表。这部分内容，我们将在第九章中重点介绍。

能力提升

分析以下经济业务，在表格中填写业务对会计要素的影响，并画出每笔业务对应的资金运动图。

1. 从银行提取现金 1 000 元备用。

2. 以银行存款归还到期的短期借款 250 000 元。

3. 生产车间领用原材料 60 000 元。

4. 通过银行转账缴纳上月税费 1 800 元。

5. 向银行借入为期 6 个月的借款 100 000 元。

6. 支付供应商货款 24 000 元。

7. 销售货物，收到货款 60 000 元。

8. 购进材料 38 000 元，货款尚未支付。

9. 收到某企业投资款 200 000 元，存入银行。

经济业务分析表如表 4-11 所示。

表 4-11　经济业务分析表

业务序号	会计要素	增加发生额	减少发生额
业务 1			
业务 2			
业务 3			
…			

第五章 Chapter 5

企业日常经济业务与会计处理

本章概览

制造企业日常的经济活动有筹资、投资、供应、生产、销售5个环节，伴随每个环节的经济业务，资金的占用形态也在发生变化，从货币资金转化为储备资金、生产资金、成品资金，最后又回到货币资金，完成资金的循环和周转，并被会计确认、计量和记录下来。

学习目标

1. 理解企业不同经济业务的资金运动。
2. 掌握企业不同经济业务的会计处理。
3. 了解企业不同经济业务的业务流程。
4. 读懂企业不同经济业务的原始单据。
5. 掌握材料成本、产品成本及销售成本的计算方法。

案例导入

北京利民工贸有限公司：一家小型包装纸箱厂

北京利民工贸有限公司（以下简称"利民工贸"）是一家小型包装纸箱加工企业，是具备一般纳税人资格的有限责任公司，注册资金100万元，已经有序运营一年。

公司主要从事包装纸箱的再加工，主要产品有：普通纸箱、彩色纸箱、纸盒、精品盒等各种包装用品。以普通纸箱为例，其生产流程为：将整张瓦楞纸板，经过裁切、印刷、压线开槽（特殊的再使用横切技术），最后钉箱或粘箱完成，其生产流程如图5-1所示，生产过程使用到的主要设备如图5-2所示。本章的主要业务和账务处理举例，就是围绕纸箱加工业务开展的。

图 5-1 包装纸箱的生产工艺

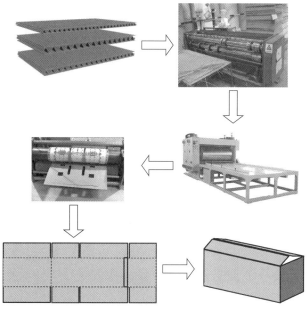

图 5-2 包装纸箱所需要的主要设备

第一节 企业筹资环节业务与会计处理

企业的资金筹资环节位于企业整个资金运动循环的源头。通过筹资环节，企业获得正常运作所需要的资金。企业的筹资活动可能发生在企业成立的最初阶段，也可能发生在企业生产经营的任一期间。企业筹资可以通过股权和债务两个渠道来获取资金：一种是企业股东的自有资金；另一种是借入的资金。企业筹资渠道如图 5-3 所示。

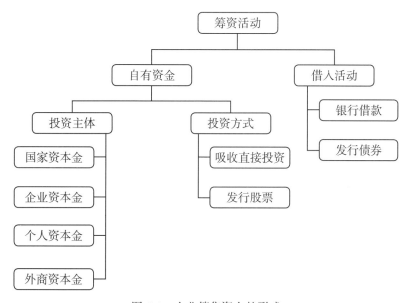

图 5-3 企业筹集资金的形式

本环节资金运动的起点是资金来源渠道,阶段所得是货币性资产等,它的存在形态可能是货币资产,也可能是固定资产、无形资产等非货币资产。来源渠道反映企业与所有者或债权人之间的关系,以及这种关系在价值量上的反映。筹资环节的基本资金运动如图5-4所示。

图 5-4　筹资环节基本资金运动

一、股权性筹资环节业务及会计处理

(一)股权性筹资环节业务及原始凭证

接受投资者投入的资金,是企业发展筹措资金的主要形式。股权性筹资包括吸收直接投资、发行股票和内部积累筹资3种形式。

以直接收到投资款为例。2017年11月2日,利民工贸收到大华公司10万元投资款,以转账支票进行银行结算。转账支票进账方式有两种:一种是出票人到银行办理结算;另一种是出票人开具转账支票交给收款方,由收款方到银行进账。假设利民工贸收到大华公司投资款,是由大华公司开具支票并到银行办理的进账手续,则对于作为会计的主体利民工贸而言,只需出纳到银行取回进账通知,即可进行相关账务处理,其业务及账务处理流程如图5-5所示。

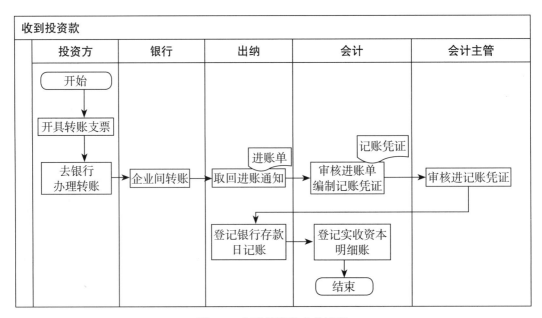

图 5-5　收到投资的业务流程

收到投资款业务的核心原始单据是银行进账单。进账单记载出票人和收款人的全称、账号及开户银行的信息及两者间的结算金额，能够给银行办理转账提供全面的信息。

中国工商银行的进账单为一式三联。第一联为回单，是开户银行交给持（出）票人的回单；第二联为贷方凭证，由收款人开户银行作为贷方凭证；第三联为收账通知，是收款人开户银行交给收款人的收账通知，如图5-6所示，收款人依据收账通知做收款的账务处理。

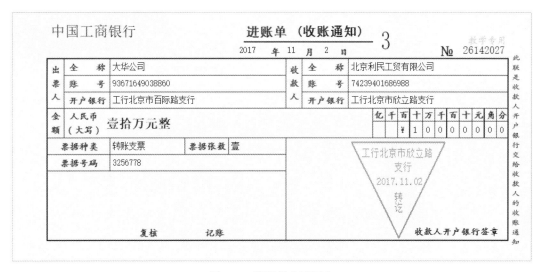

图 5-6　进账单收账通知

（二）股权性筹资环节的账户设置

开立企业需要一定的资本金，我国目前实行注册资本认缴制，即登记机关只登记公司股东认缴的出资总额（注册资本），股东实际缴纳的出资额（实收资本）由公司股东自主约定并记载于公司章程。

注册资本是公司法概念，实收资本是会计准则里的概念，只有股东实际缴存了的注册资本，才可以在会计上被确认为"实收资本"。比如，注册资本100万元，实际缴存10万元，那么实收资本就是10万元。股权性筹资环节常用账户设置如下。

1. 实收资本和资本公积

实收资本和资本公积，是所有者权益类账户，核算企业收到的投资人投入的资本和资本溢价，明细账按投资者名称设置。其账户结构和资金运动如图5-7所示。企业收到投资者投资，发生A段运动，资金进入企业；企业减资、清算或者实收资本在不同股东之间转让时，资金流向实收资本，发生B段运动。

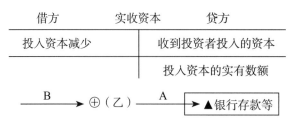

图 5-7 实收资本和资本公积账户的结构与资金运动

2. 银行存款

银行存款是资产类账户,核算企业存入银行和其他金融机构里的各种货币资金的增减变动及结存情况,明细账按开户银行和币种设置。其账户结构和资金运动如图 5-8 所示。资金流向该项目,发生 A 段运动,企业银行存款增加;资金流出银行存款项目,银行存款减少,发生 B 段运动。

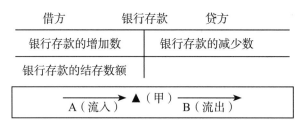

图 5-8 银行存款账户的结构与资金运动

3. 固定资产

固定资产是资产类账户,核算企业固定资产原值的增减变动及结存情况,明细账按固定资产类别名称设置。其账户结构和资金运动如图 5-9 所示。固定资产增加,发生 A 段运动;固定资产报废、出售时,发生 B 段运动。

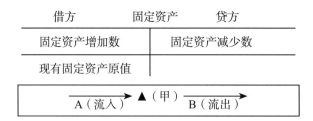

图 5-9 固定资产账户的结构与资金运动

(三)股权性筹资引起的资金运动分析

当企业接受所有者投资时,该资金中与所有者在企业注册资本所占的比例对应的部分,称之为"实收资本(股本)";其所引起的资金运动如图 5-10 中的 A 段运动。投入资本中超出其在注册资本中对应的溢价部分，称之为"资本公积——资本（股本）溢价"；其所引起的资金运动如图5-10中的B段运动。股权性筹资引起的资金运动如图5-10所示。

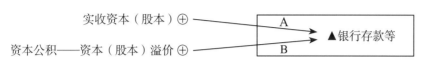

图 5-10　股权性筹资引起的资金运动

（四）股权性筹资业务资金运动与会计处理举例

【例5-1】北京利民工贸有限公司本期发生了下列业务，请对其进行确认与计量，并编制会计分录。

（1）收到大华公司投资10万元，占本公司注册资本100万元的10%，钱款已存入银行。

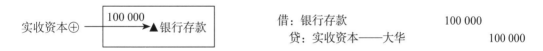

```
借：银行存款              100 000
    贷：实收资本——大华         100 000
```

（2）收到天宇公司投资20万元，占本公司注册资本100万元的20%，其中以专利技术作价8万元，以一台设备作价10万元，货币资金2万元。

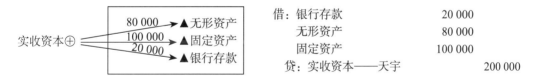

```
借：银行存款               20 000
    无形资产               80 000
    固定资产              100 000
    贷：实收资本——天宇         200 000
```

（3）收到海欣公司以设备进行的投资，设备协商价为12万元，海欣公司占本公司注册资本100万元的10%。

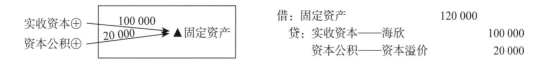

```
借：固定资产              120 000
    贷：实收资本——海欣         100 000
        资本公积——资本溢价       20 000
```

拓展阅读

以专利投资入股

以专利投资入股，需要特定的资产评估机构进行评估。专利作为一种知识产权，可以通过货币估价作为企业设立的一种出资形式,必须按照规定的流程办理。

1. 股东共同签订公司章程,约定彼此出资额和出资方式。

2. 由专利所有权人依法委托经财政部门批准设立的资产评估机构进行评估,并办理专利权变更登记及公告手续。

3. 工商登记时出具相应的评估报告,有关专家对评估报告的书面意见和评估机构的营业执照,专利权转移手续。

二、债务性筹资环节业务及会计处理

(一) 债务性筹资环节业务及原始凭证

债务性筹资是指企业在需要资金的情况下主动从资本市场借入资金而引发的债务,它不是企业在正常生产经营活动之中因应付未付而产生的负债。这种负债主要包括借款、发行债券、融资租入引起的长期应付款等。

企业到银行贷款前,要明确融资的目的、评估融资成本和融资额度,准备好银行授信所需要的资料,如营业执照、会计报表、质押物清单和董事会决议等,向银行提出申请。通过银行信贷经理贷前调查和银行内部分级审批后,企业与银行签署借款合同,授信即可生效。授信生效并不代表可以拿到银行资金,银行授信和放款分离,企业收到银行放款时,还需签订"借款借据"。企业向银行贷款的流程如图5-11所示。

图5-11 企业向银行贷款的流程

会计人员根据审核后的借款合同和借款凭证——借款借据,编制记账凭证,借记银行存款,贷记短期借款。该记账凭证审核后,登记银行存款明细账和短期借款明细账。财务部门收到借款时的处理流程如图5-12所示。

借款期间,如果利息按月支付,则每月末银行直接扣除利息,并开具"利息结算单据"或发票给企业,企业收到后据此填制"借:财务费用,贷:银行存款"的记账凭证,经过审核后登记明细账。此业务处理流程略。

收到借款业务的核心原始单据是银行借款借据,如图5-13所示。借款借据不同于借款合同,与银行签订的借款合同,只表明双方达成了借款的协议,但并不等于银行就把款放给借款人,即不等于借款人收到了银行的贷款。借据是银行向借款人发放贷款的凭据，表明银行已向某借款人发放了多少贷款，也表明借款人已经收到了银行的贷款。

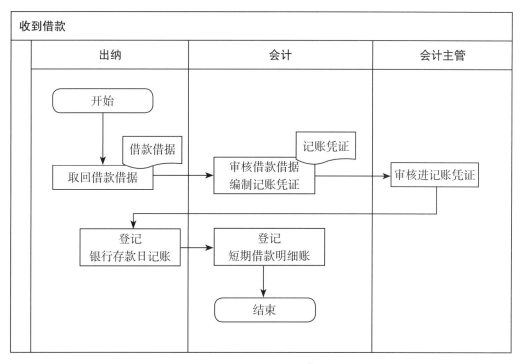

图 5-12　财务部门收到银行短期借款的处理流程

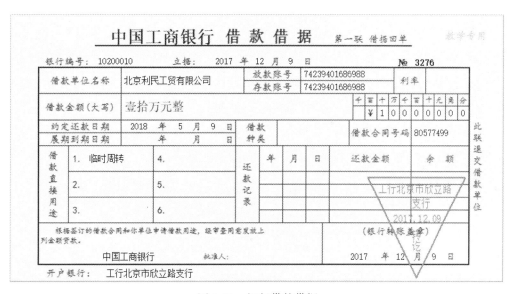

图 5-13　银行借款借据

（二）债务性筹资账户设置

通常意义上，借款都是指向银行借款。向银行借款具体可以分为短期借款与长期借款两种。短期借款是特指向银行借入的、借款期限在1年（含1年）以内的债务；长期借款是特指向银行借入的、借款期限在1年以上的债务。本课程重点分析短期借款。

企业借款需要付出代价，如支付利息等，这就是借款费用。短期借款的利息费用，会计上一般确认为公司的财务费用。债务性筹资环节常用账户设置如下。

1. 短期借款

短期借款账户描述为弥补企业临时性经营周转或季节性原因出现的资金不足，向银行借入的期限1年以下（含1年）的贷款，是负债类账户，核算企业短期借款的增减变动及结存情况，明细账按银行和币种设置。其账户结构和资金运动如图5-14所示。企业借入贷款，发生A段运动，资金进入企业；偿还短期借款，发生B段运动。

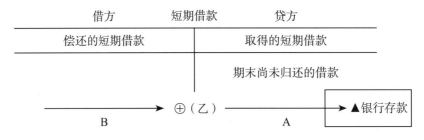

图 5-14 短期借款账户的结构与资金运动

2. 财务费用

财务费用是损益类账户，核算企业为筹集生产经营资金所发生的筹资费用，按费用项目设置明细。其借方登记利息和手续费的支出，贷方登记利息收入和期末结转到本年利润的数额，该账户期末无余额，其账户结构和资金运动如图5-15所示。发生筹资手续费时，引起A段资金运动，资金流出企业（在平面外以小沙堆形态暂停）；期末结转损益或发生利息收入时，引起B段运动，资金从"财务费用"项目流出。

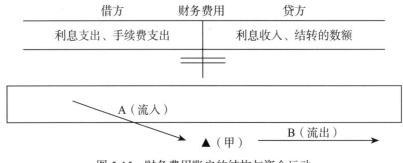

图 5-15 财务费用账户的结构与资金运动

3. 应付利息

应付利息属于负债类账户，用来核算企业按照合同约定应支付的利息。其贷方登记按合同利率计算确定的应付未付利息，借方登记实际支付利息，期末余额在贷方，反映企业应付未付的利息。其账户结构和资金运动如图 5-16 所示。计提利息时，发生 A 段运动；支付利息时，发生 B 段运动。

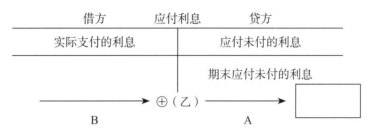

图 5-16　应付利息账户的结构与资金运动

（三）短期借款资金运动分析

短期借款业务包括：取得借款、计息和归还本息。其所引起的资金运动如图 5-17 所示。

当企业取得短期性借款时，资金从外部流入企业，其资金运动如图 5-17 中的 A 段所示；如果本期的借款利息本期就支付，其资金运动如图 5-17 中的 C 段所示；如果一次还本付息，企业应该在每期期末计算并提取本期的借款利息，确认财务费用，其资金运动如图 5-17 中的 B_1 段所示；后期偿付利息时，用银行存款冲掉应付利息这个债务，其资金运动如图 5-17 中的 B_2 段所示；最后，企业偿还短期借款本金，其资金运动如图 5-17 中的 D 段运动所示。

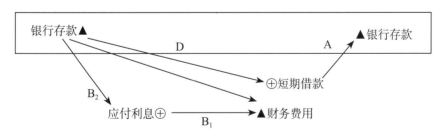

图 5-17　短期借款所引起的资金运动分析

📖 会计基本原理

会计的核算基础：权责发生制

权责发生制又称为应计制或应计基础，它强调收入和费用的确认均以权利已经形成或义务（责任）已经发生为标准。按照这一标准，对于收入，无论款项是否收到，以权利形成确定其归属期；对于费用，不论款项是否付出，以支付责任的发生确定其归属期。采用权责发生制的目的在于公正、合理地确定一个会计期间的收入和费用，进而正确地计量企业的损益。

比如 2018 年 5 月 1 日企业向银行借入期限为 4 个月的短期性借款 10 万元，到期一次还本付息，指的是 8 月 31 日借款到期时，一次归还本金 10 万元，并支付利息 2 000 元。此时的资金运动和会计处理如下。

（1）2018 年 5 月 1 日，借入款项时。

借：银行存款　　　　　100 000
　　贷：短期借款　　　　　　　100 000

（2）2018 年 5 月 31 日，确认本期应承担的利息 500 元。

借：财务费用　　　　　500
　　贷：应付利息　　　　　　　500

利息虽然到 8 月 31 日才支付，但本期承担费用的责任已经产生，所以，5 月、6 月、7 月的月末，均应做此会计处理，截止到 7 月 31 日，"应付利息"已积累应付未付的利息 1 500 元。短期借款的受益期如图 5-18 所示。

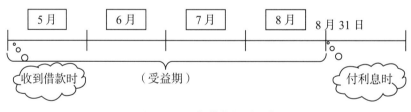

图 5-18　短期借款的受益期

（3）8 月 31 日，借款到期，一次性归还本金 100 000 元，并支付利息 2 000 元（包括本期的利息 500 元）。

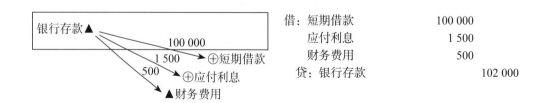

借：短期借款　　　　　100 000
　　应付利息　　　　　　1 500
　　财务费用　　　　　　　500
　　贷：银行存款　　　　　　　102 000

拓展阅读

收付实现制与权责发生制

收付实现制，又称现金制或实收实付制，它是以款项的实际收付作为标准来处理经济业务的，确定本期收入和费用的一种会计处理基础。按照这一标准，凡本期内实际收到的收入和支付的费用，无论其是否应归属本期，均作为本期的收入和费用处理；凡本期未曾收到的收入和未曾支付的费用，即使应归属本期，亦不应作为本期的收入和费用予以处理。简单地说，即"收到现金时确认收入，支出现金时确认费用"。

会计分期是权责发生制和收付实现制产生的前提，因为有了会计分期，才会出现应收未收、应付未付等业务。例如，某公司于2018年3月预付4、5、6三个月的财产保险费1 200元，按照权责发生制的要求，3月虽然支付了货币资金，但本月并不受益，不应承担相应的义务和责任，不能计算为3月的费用，而应由4、5、6月三个月分摊。再比如，3月销售产品一批，货款3万元暂未收到，虽然未收到货币资金，但已获得收款权利，仍计算为3月的收入。以上业务在权责发生制下收入和费用的确认如图5-19所示。

如果以收付实现制来为基础进行核算，上例中对于收入和费用的确认，将如图5-20所示。

收付实现制不考虑预收款项和预付款项，以及应计的收入和应计的费用，只要款项已收入或支出，就作为当期收入和费用处理，这种基础下会计核算手续简单，强调财务状况的真实性，但缺乏不同会计期间的可比性，主要应用于业务简单的行政事业单位和个体户；权责发生制能够真实地反映当期的经营收入和经营支出，更加准确地计算和确定企业的经营成果，所以我国《企业会计准则》规定："企业应当以权责发生制为基础进行会计确认、计量和报告"。

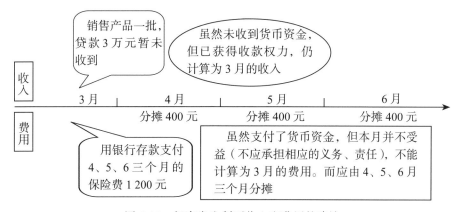

图5-19 权责发生制下收入和费用的确认

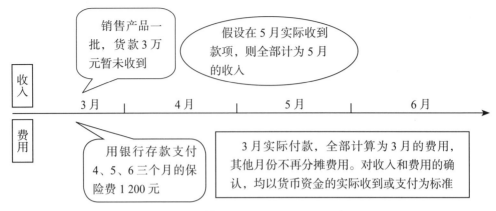

图 5-20 收付实现制下收入和费用的确认

（四）债务性筹资资金运动与会计处理举例

【例 5-2】根据北京利民工贸下列业务，进行确认与计量并编制会计分录。

（1）2018 年 5 月 1 日向银行借入期限为 4 个月的短期性借款 10 万元，年利率 6%，利息按月支付，到期一次还本。

借款利息（按月）计算：$100\,000 \times 6\%/12 = 500$（元）。

借：银行存款　　　　　100 000
　　贷：短期存款　　　　　　　100 000

（2）2018 年 5 月 31 日，接到银行通知，已将本期应负担的短期性借款利息 500 元直接从本企业银行账户中扣除。

借：财务费用　　　　　500
　　贷：银行存款　　　　　　　500

第二节　企业供应环节业务与会计处理

供应环节是制造企业经营活动的起点，在供应过程中，企业需要用货币资金购买各种材料物资，完成生产准备过程。在这个过程中，资金形态由货币资金形态转化为储备资金形态。供应阶段的阶段所得是原材料、包装物和低值易耗品等储备资产，所失是货币资产。其基本资金运动如图 5-21 所示。

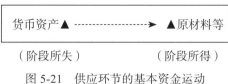

图 5-21　供应环节的基本资金运动

一、原材料的确认与计量

（一）原材料的确认

原材料是指企业在生产过程中经加工改变其形态或性质，构成产品主要实体的各种原料及主要材料、辅助材料、燃料、修理备用件、包装材料、外购半成品等。

相对于一般意义上的原材料而言，会计上"原材料"的内涵要小一些，会计上的原材料要同时符合以下 3 个条件：

（1）在性质上符合原材料的定义。

（2）在物理空间上已存放在仓库。

（3）在价值上，单价与总价已知。

通常我们将"企业已经购买但尚未运抵企业或已运抵企业但尚未验收入库"的原材料，称为"在途物资"，这样，供应环节就产生了一个中间环节"在途"，其资金运动如图 5-22 所示。

图 5-22　供应过程的在途环节

（二）原材料成本的计算

成本计算是会计核算的一种专门方法，是对企业生产经营过程中所发生的各种生产费用，根据成本计算原则按照一定对象和规定的标准进行归集和分配，以确定各对象的总成本和单位成本。对于制造企业来讲，供应过程需要计算材料的采购成本，生产过程需要计算产品的生产成本，销售过程需要计算产品的销售成本。

材料采购成本包括购入材料支付的买价和采购费用（如材料购入过程中的运输费、装卸费、保险费，运输途中的合理损耗以及入库前的整理挑选费等）。

原材料成本核算内容：

（1）买价（供货单位的 × 销售价格）。

（2）运杂费（包括运输费、装卸费、保险费、包装费、运输途中的仓储费等）。

（3）运输途中的合理损耗。

（4）入库前的挑选整理费用（包括挑选整理中发生的工资支出和必要的损耗，并扣除回收的下脚废料价值）。

（5）购入材料负担的税金（如关税）和其他费用。

对于共同耗用的采购费用，需要按一定的比例在各材料中进行分摊。计算分摊采购费用的方法是：

$$采购费用分配率 = \frac{采购费用总额}{各种物资的重量（或体积、买价）之和}$$

某材料应负担的采购费用 = 该材料的重量（或体积买价）× 采购费用分配率

二、不同采购模式的资金运动

根据供应环节所得原材料与所失货币资产在时间上的先后，可以将采购模式分为钱货两清、预付款和赊购 3 种模式。不同模式的资金运动如下。

（一）所失与所得同时发生（钱货两清模式）

就供应环节而言，阶段所得与所失同时发生是指企业在支付货币资产的同时，立即就得到原材料、包装物和低值易耗品等资产，其资金运动如图 5-23 所示。

图 5-23　钱货两清采购业务的资金运动

（二）先失后得（预付款模式）

预付款模式下，企业的货币资产先转化为预付账款，再转化为原材料，其引起的资金运动如图 5-24 所示。

图 5-24　预付款模式采购业务的资金运动

在预付款模式下，企业预付货款时虽然没有获得原材料，但获得了可以在未来某一时刻获取原材料的权利，这个权利用"预付账款"项目来反映；其所引起的资金运动如图 5-24 中的 A 段所示。以后收到货物时，企业的这种权利才真正转化为"原材料"项目，其所引起的资金运动如图 5-24 中的 B 段所示。

在这里,"预付账款"项目起到了一个临时的、过渡性的作用,是为了解决阶段所失与阶段所得之间的时间差而设置的,它是沟通阶段所失与阶段所得的桥梁。借助于这个过渡性项目,可以清楚、准确地知道,货币资产是如何最终转化为"原材料"的。

(三)先得后失(赊购模式)

赊购模式所引起的资金运动如图 5-25 所示。在赊购模式下,企业在获得原材料时并没有立即支付货款,从而形成企业的债务——"应付账款"或"应付票据"项目,其所引起的资金运动如图 5-25 中的 A 段所示。以后支付货款时,企业用货币资金去偿还这笔债务,其所引起的资金运动如图 5-25 中的 B 段所示。

图 5-25 赊购模式采购业务的资金运动

由于先有阶段所得后有所失,所以需要开设一个新的项目——"应付账款"或"应付票据"来解决这个问题,这是临时的、过渡性资金来源渠道。

📖 **会计基本原理**

配比原则

配比原则是指企业在记录收入的同时,必须记录创造收入所产生的费用,它主要用于利润确定。配比原则包括以下 3 个方面的含义:

(1)某产品的收入必须与该产品的耗费相匹配。
(2)某会计期间的收入必须与该期间的耗费相匹配。
(3)某部门的收入必须与该部门的耗费相匹配。

配比原则的依据是受益原则,即谁受益,费用归谁负担。我们将配比原则扩展为"所得与所失相匹配",那么就供应环节而言,就出现了不同采购模式的"所得所失"关系,如表 5-1 所示。

表 5-1 供应环节阶段性配比原则与采购模式

阶段性配比原则	商业销售模式	项目与账户设置
得失同时发生	钱货两清模式	—
先失后得	预付款模式	预付账款
先得后失	赊购模式	应付账款、应付票据

三、供应环节的会计处理

（一）供应环节业务及原始凭证

企业采购材料等存货物资，可以根据付款和收货，分为赊购、预付和钱货两清三种模式。其中，钱货两清是采购与付款的最基本业务，此处详细介绍这类业务流程，其他两种可由此演变。

采购业务由企业物料需求部门发起，物料需求部门根据工作需要，提出采购需求；采购部门汇总、平衡各部门需求，结合最低库存、经济批量等因素，制订整体采购计划；通过招标或其他形式，选择供应商；向供应商下达采购订单，组织进行采购；采购部门对到货情况、结算情况进行管理和控制；质检部负责对采购货物的质量进行检验，并提供质量检验报告，作为仓储部门入库的依据；仓储部门负责对货物进行入库数量审核，并办理验收入库手续（没有设置质检部的，可由仓储部门代为履行质检职责）；财务部门对采购业务进行审核，重点审核三单（采购订单、采购入库单、采购发票）是否匹配，如果匹配，按合同要求支付货款。其业务流程如图 5-26 所示。

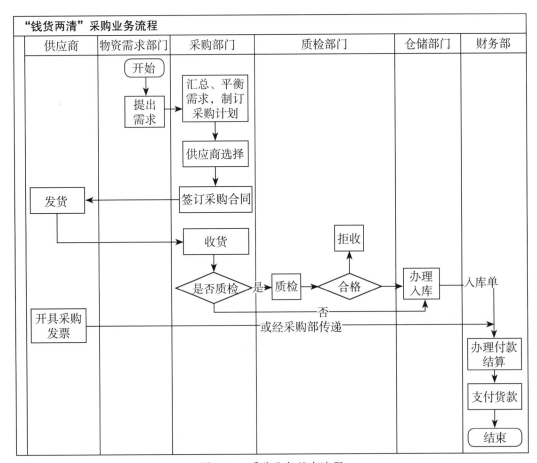

图 5-26 采购业务基本流程

采购付款环节，不同的付款结算方式，其流程有所不同。以转账支票方式为例，采购员根据采购合同（或订单）和采购入库单，填写付款申请，经采购部经理、财务部经理审核签字，总经理审批后交给出纳进行财务结算；出纳根据付款申请签发转账支票；支票由采购员交给供应商，供应商开具收据并自行到银行办理转账（也可由出纳直接到银行办理转账）。出纳将收据、支票存根、付款申请传递给应付会计填制记账凭证，登记账簿。以转账支票支付货款的业务流程如图5-27所示。

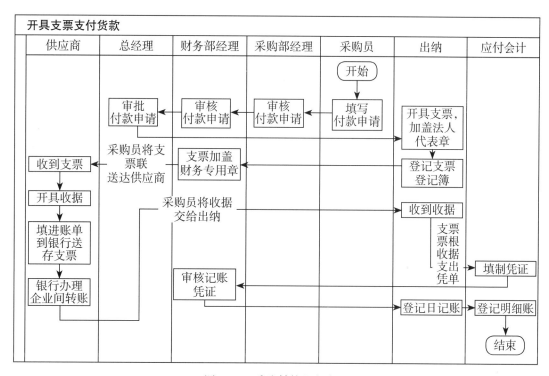

图 5-27 采购付款业务流程

注：不同单位岗位设置不同，业务流程也不尽相同，只要符合内部控制的一般规范，使不相容岗位相分离即可。

采购环节主要原始凭证有增值税专用发票、采购入库单以及支付货款的证据或证明。

1. 增值税专用发票

增值税专用发票不仅是纳税人经济活动中的重要商业凭证，还是兼记销货方销项税额和购货方进项税额进行税款抵扣的凭证，对增值税的计算和管理起着决定性的作用。一般纳税人应通过增值税防伪税控系统使用专用发票。增值税专用发票共有三联：发票联、抵扣联和记账联。第一联是记账联，是销货方核算销售收入和增值税销项税额的记账凭证，是销货方作为销售货物的原始凭证；第二联是抵扣联，购买方报送主管税务机关认证和留存备查的凭证（注：现在可以网上认证，认证通过后，把认证汇总表打出来，跟认证过的抵扣联一同装订起来备查）；第三联是发票联，购买方核算采购成本和增值税进项税额的记账凭证。

利民工贸采购原材料收到的增值税专用发票抵扣联如图 5-28 所示，第三联发票联如图 5-29 所示。

1100151140　北京增值税专用发票　№ 14019825　1100151140　14019825

抵扣联　开票日期：2018年8月11日

购买方　名　　称：北京利民工贸有限公司
纳税人识别号：91110113M644517880
地 址、电 话：北京市腾策路596号010-49850277
开户行及账号：工行北京市欣立路支行74239401686988

密码区　172312-4-275<1+46*54* 82*59*181321><8182*59*09618153</<4<3*2702-9>9*+153</0 >2-3*08/4>*>>2-3*0/9/>>25-275<1

货物或应税劳务、服务名称	规格型号	单位	数量	单价	金额	税率	税额
三层瓦楞纸板		张	100	310	31,000.00	16%	4,960.00
五层瓦楞纸板		张	120	470	56,400.00	16%	9,024.00
合　　计					¥87,400.00		¥13,984.00

价税合计（大写）　⊗壹拾万壹仟叁佰捌拾肆元整　（小写）¥101,384.00

销售方　名　　称：河北艺丰纸业
纳税人识别号：91130101M025611493
地 址、电 话：石家庄市百际路977号010-86969739
开户行及账号：工行石家庄市国江路支行12349862827511

备注

收款人：　复核：朱舰壮　开票人：朱笑玮　销售方：（章）

税总函[2016]××号××××公司

第二联：抵扣联　购买方扣税凭证

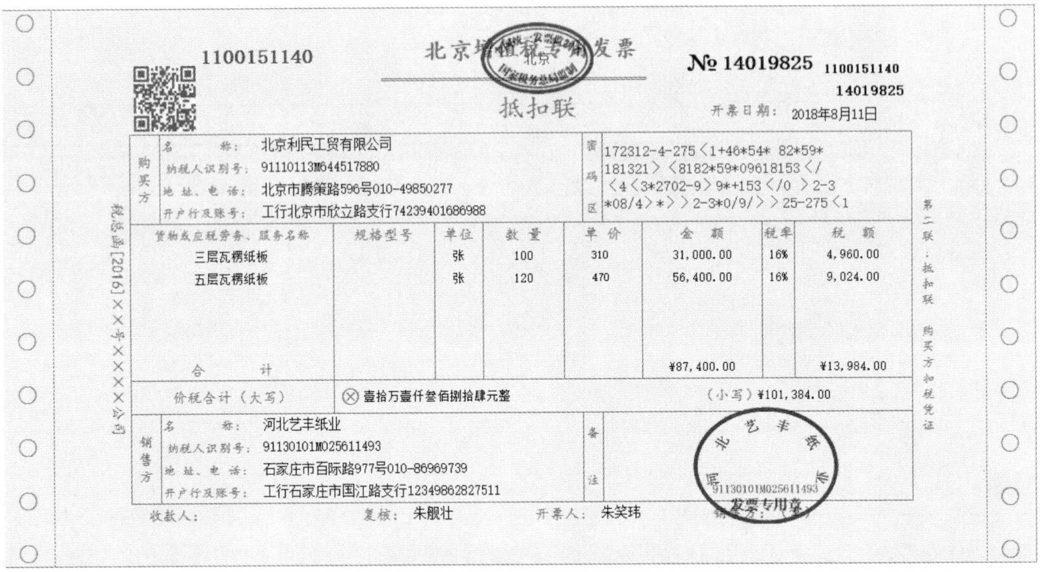

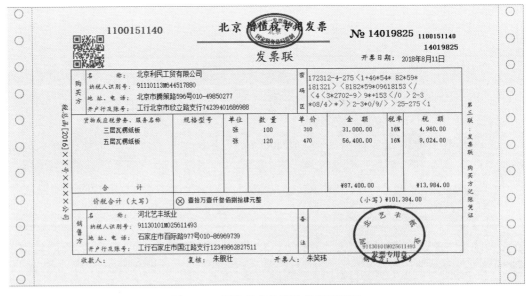

图 5-28　采购业务收到的发票抵扣联

1100151140　北京增值税专用发票　№ 14019825　1100151140　14019825

发票联　开票日期：2018年8月11日

购买方　名　　称：北京利民工贸有限公司
纳税人识别号：91110113M644517880
地 址、电 话：北京市腾策路596号010-49850277
开户行及账号：工行北京市欣立路支行74239401686988

密码区　172312-4-275<1+46*54* 82*59*181321><8182*59*09618153</<4<3*2702-9>9*+153</0 >2-3*08/4>*>>2-3*0/9/>>25-275<1

货物或应税劳务、服务名称	规格型号	单位	数量	单价	金额	税率	税额
三层瓦楞纸板		张	100	310	31,000.00	16%	4,960.00
五层瓦楞纸板		张	120	470	56,400.00	16%	9,024.00
合　　计					¥87,400.00		¥13,984.00

价税合计（大写）　⊗壹拾万壹仟叁佰捌拾肆元整　（小写）¥101,384.00

销售方　名　　称：河北艺丰纸业
纳税人识别号：91130101M025611493
地 址、电 话：石家庄市百际路977号010-86969739
开户行及账号：工行石家庄市国江路支行12349862827511

备注

收款人：　复核：朱舰壮　开票人：朱笑玮　销售方：（章）

税总函[2016]××号××××公司

第三联：发票联　购买方记账凭证

图 5-29　采购业务收到的发票记账联

购销环节的运费的承担有两种方式：一种是销售方承担；另一种是购货方承担。

如果是购货方承担,则运费要计入采购的成本,此时应该取得运输公司开具的"运输业增值税专用发票"。我国自 2016 年 5 月 1 日全面营改增后,增值税一般纳税人提供货物运输服务,统一使用增值税专用发票,与上述发票格式及作用相同,目前适用税率为 10%,此处不再提供样例。

2. **采购结算:转账支票和电汇**

企业支付采购款的方式有多种,比如使用转账支票、电汇、承兑汇票等。使用转账支票付款,企业签发转账支票,签发后出纳需要留下支票存根,作为付款方记账凭证的原始凭证;支票联由持票人去银行填写进账单后,办理转账结算业务。持票人可以是付款方,也可直接将转账支票的支票联交给收款人,由收款人去银行办理进账业务。本案例中,由出纳将转账支票交给收款人(供应商),由收款人(供应商)去办理进账结算。出纳签发的转账支票如图 5-30 所示,左侧为存根联,裁下作为付款业务原始凭证之一。

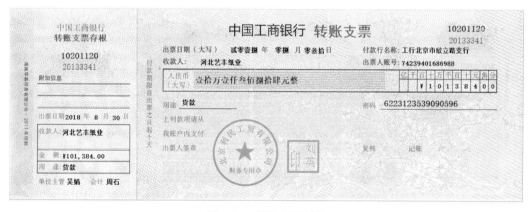

图 5-30 转账支票付款

电汇也是企业间转账经常使用的一种方法,这是一种汇款人将一定款项交存汇款银行,汇款银行通过以电传或金融电讯网络等形式给目的地的分行或代理行(汇入行),指示汇入行向收款人支付一定金额的方式。付款时,由出纳填写如图 5-31 所示的电汇凭证,银行审核无误后,在回执联盖章,连同业务收费凭证一同交给出纳,出纳将其传递给会计作为编制记账凭证的依据。

3. **采购入库单**

采购入库单是材料验收入库的凭证,料送达后,采购员根据送货单,进行订单确认,填写一式三联的采购入库单,办理完采购入库手续。相关人员签字后,仓库保留存根联,采购部保留一联,第三联传递给财务部成本会计岗位。利民工贸的采购入库单如图 5-32 所示。

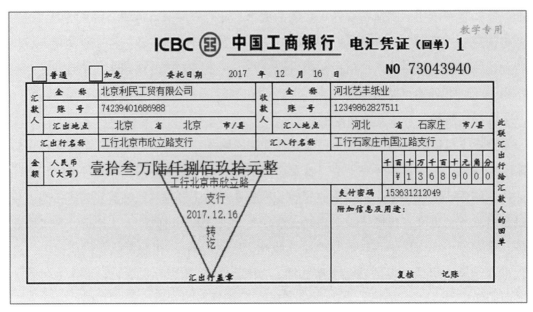

图 5-31 电汇凭证

图 5-32 采购入库单

（二）供应环节常用账户设置

1.原材料

原材料属于资产类账户，用来核算企业库存各种材料的收入、发出和结存情况，其借方登记已验收入库材料物资的成本，贷方登记发出物资的成本，期末借方余额表示库存材料物资的成本。该账户应按材料物资的类别、品种或规格设置明细账。其账户结构和资金运动如图 5-33 所示。材料验收入库，原材料增加，引发 A 段资金运动；发出材料时，原材料减少，引发 B 段资金运动。

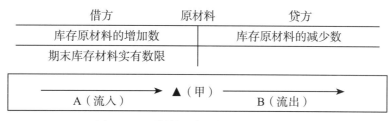

图 5-33　原材料账户的结构与资金运动

2. 在途物资

在途物资属于资产类账户，用来核算企业购入的尚未到达企业或已经到达但尚未验收入库的材料、商品等的采购成本。其借方登记购入材料物资的买价和采购费用，贷方登记已验收入库材料物资的实际成本，期末借方余额表示已经付款，但尚未验收入库的在途材料物资的实际成本。该账户应按材料物资的类别、品种或规格设置明细账。其账户结构和资金运动如图 5-34 所示。

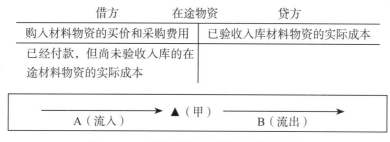

图 5-34　在途物资账户的结构与资金运动

3. 应付票据

应付票据属于负债类账户，用来核算企业因购买材料、商品和接受劳务供应等开出、承兑的商业汇票款。其借方登记到期的商业汇票款，贷方登记开出、承兑的商业汇票款，期末贷方余额表示期末尚未到期的商业汇票款。该账户可按债权人进行明细核算，企业应当设置"应付票据备查簿"，其账户结构和资金运动如图 5-35 所示。企业因购买材料、商品和接受劳务等而开出商业汇票，发生 A 段运动；商业汇票到期以银行存款偿还该负债时发生 B 段运动。

图 5-35 应付票据账户的结构与资金运动

4. 应付账款

应付账款属于负债类账户，用来核算企业因购买材料、商品和接受劳务供应等而应付给供应单位的款项。其贷方登记应付账款的增加数，借方登记已经支付或抵付的应付账款，期末贷方余额表示期末尚未归还的应付账款。该账户应按债权人设置明细账。其账户结构和资金运动如图 5-36 所示。购买材料、商品或接受劳务时，发生 A 段运动，资金流入企业；偿还欠款时发生 B 段运动，资金流出企业。

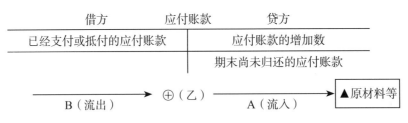

图 5-36 应付账款账户的结构与资金运动

应付账款、应付票据是企业因赊购而尚未支付的款项，表现为企业的一种负债。但应付票据有一个书面的还款承诺，有担保人担保等，其信用级别更高。

5. 预付账款

预付账款属于资产类账户，用来核算企业按照购货合同规定预付给供应单位的款项。其借方登记本期支付的预付账款，贷方登记本期收到货物冲减的预付账款，期末借方余额表示期末尚未收到货物的预付账款。该账户应按供应单位设置明细账。其账户结构和资金运动如图 5-37 所示。提前付款时，发生 A 段运动，资金形态发生变化；以预付款购买材料时发生 B 段运动，资金流出企业。

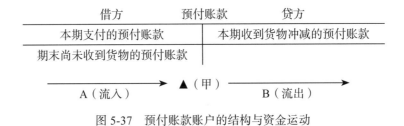

图 5-37 预付账款账户的结构与资金运动

"预付账款"项目是企业按照合同规定,预先支付给供货方或提供劳务方的款项。它是企业的一项权利、一项资产;该权利一般通过收取货物或接受劳务来行使。

6. 应交税费

应交税费属于负债类账户,用来核算企业按照企业应该向国家缴纳的各种税费,如增值税、消费税、所得税、城市维护建设税及教育费附加等。其借方登记实际缴纳的税费数额,贷方登记各种应交税费的增加数,期末贷方余额表示企业尚未缴纳的税费,如果期末余额在借方,则表示企业多交或尚未抵扣的税费。该账户应按应交税费种类设置明细账。其账户结构和资金运动如图5-38所示。

图5-38 应交税费账户的结构与资金运动

拓展阅读

我国的增值税

我国增值税实行税款抵扣制度,凭增值税发票认证抵扣形成完整链条。比如,图5-39中,厂家以10元价格购进原材料,加工成商品以100元价格销售给批发商,批发商以130元价格销售给零售商,零售商以200元价格销售给最终消费者。在这个过程中,针对零售商这个会计主体,在采购付款时,多支付了应由销售方承担的税费。这个税费,在会计上以"应交税费——应交增值税——进项税额"科目记录;零售商将商品销售给消费者,同时向消费者收取一定比例的税费,在会计上以"应交税费——应交增值税——销项税额"科目记录,零售商需要缴纳的税费就等于销项减去进项后的金额,即零售商应交的增值税为"销项-进项"。

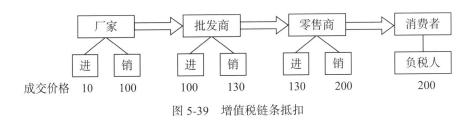

图5-39 增值税链条抵扣

假设适用 16% 的增值税税率，则零售商此笔业务应该缴纳的增值税为：$200 \times 16\% - 130 \times 16\% = (200-130) \times 16\% = 11.2$（元）。

从整个增值税链条分析，所缴纳的增值税是对商品从无到有的增值额所征收的税，本例中各级企业共同缴纳 $(10+90+30+70) \times 16\% = 200 \times 16\% = 32$（元），由最终的消费者承担。

需要说明的是，我国的增值税税款抵扣制，只适用于增值税一般纳税人企业，对于小规模纳税人不适用。

在会计核算上，我国《增值税会计处理》规定，"应交税费"总账科目下有 10 个明细科目，"应交增值税"是其中一个二级明细科目，在"应交增值税"明细账内再设置"进项税额""转出未交增值税""销项税额""进项税额转出"等 10 个专栏，用以核算企业增值税的发生、抵扣、缴纳、退税及转出等各种情况。

在会计学基础课程中，我们先学习"应交税费——应交增值税"和"应交税费——未交增值税"两个二级明细科目和"进项税额""销项税额""转出未交增值税"3 个明细专栏。这 3 个明细专栏，在应交增值税明细账中的位置如图 5-40 所示。

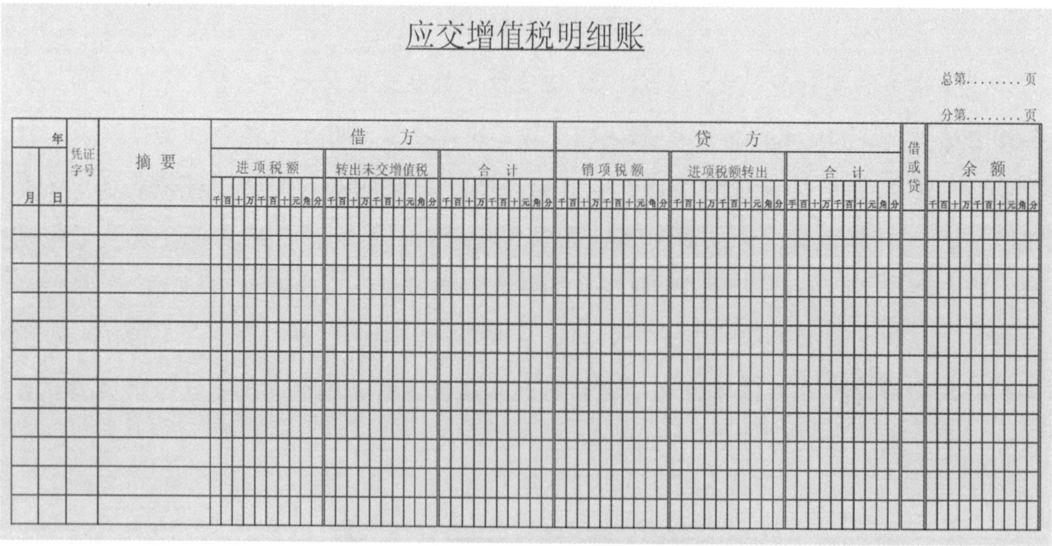

图 5-40 简易的应交增值税明细账

"应交增值税"在会计沙盘中如何体现呢？在上述明细账中，我们看到，进项税借方登记是可以从销售环节产生的销项税额中扣除的，具有资产的属性，进项税额增加，就会使应缴纳的税费减少，所以在会计沙盘中，进项税额以沙堆"▲"的形式存在于平面之外；销项税产生于企业的销售过程，是应该缴纳的税费，是企业的一项负债，所以在沙盘中以沙坑"⊕"的形式存在，如图 5-41 所示。二者之差，如果表现为沙坑，则代表应缴未缴的税费；如果表现为沙堆，则代表可抵扣的一种权利。

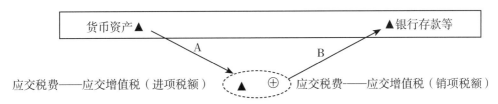

图 5-41　应交增值税在会计沙盘中的描述

（三）供应环节资金运动分析

综合上述分析，供应环节资金运动的整体流程如图 5-42 所示。其会计处理如下。

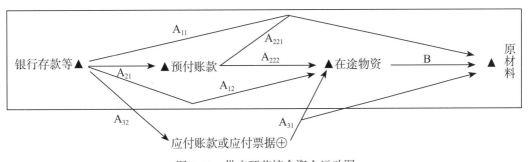

图 5-42　供应环节综合资金运动图

注：A_1——所失与所得同时发生（即钱货两清）
　　　　A_{11}——所得为"原材料"　A_{12}——所得为"在途物资"
　　A_2——通过预付款购买材料等
　　　　A_{21}——预付货款
　　　　A_{221}——所得为"原材料"；　A_{222}——所得为"在途物资"
　　A_3——通过赊购方式进行
　　　　A_{31}——赊购的产生（同样根据所得分两种情况处理）　A_{32}——偿还赊购款
　　B——"在途物资"转化为"原材料"

以上分析没有考虑增值税进项税额。如果考虑增值税，供应环节基本的资金运动则如图 5-43 所示。

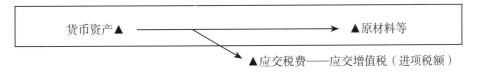

图 5-43　考虑增值税的供应环节基本资金运动

拓展阅读

我国增值税的变革

增值税是我国最主要的税种之一，由国家税务局负责征收，税收收入中央与地方共享，其中75%为中央财政收入，25%为地方收入。进口环节的增值税由海关负责征收，税收收入全部为中央财政收入。

我国自1979年开始试行增值税，于1984年和1993年进行了两次重要改革，于2016年5月1日将建筑业、房地产业、金融业和生活服务业四大行业的营业税改为增值税，到此，我国经历了产品税、营业税、增值税三税并存到增值税实现大一统的过程，有"三税归增"之说。随着税种的调整，税率也在不断调整和完善：从2017年7月1日起，增值税税率由4档减至3档，取消13%的增值税税率，并将农产品、天然气等增值税税率从13%降至11%；自2018年5月1日起，制造业等行业的增值税税率从17%降至16%，交通运输、建筑和基础电信服务等行业以及农产品等货物的增值税税率从11%降至10%。

小规模纳税人一律采用简易计税方法计税，征收率为3%，只在销售时征收销项税，不能进行进项的抵扣，其应纳税额＝销售额×征收率。

（四）供应环节资金运动与会计处理举例

【例5-3】 利民工贸发生的下列业务，请进行确认与计量，并编制会计分录。（运输费和装卸搬运费按材料重量比例分配，保险费按买价分配）

（1）向河北艺丰购进三层瓦楞纸板100张，每张310元；五层瓦楞纸板120张，每张470元。货款银行电汇方式支付，纸板已运达企业，并验收入库。会计收到的原始凭证有增值税专用发票、电汇凭证、采购入库单，如图5-27所示。根据原始凭证，会计做如下账务处理。

借：原材料——三层瓦楞纸板　　　　　　　　　　31 000
　　　　　——五层瓦楞纸板　　　　　　　　　　56 400
　　应交税费——应交增值税——进项税额　　　　13 984
　　贷：银行存款　　　　　　　　　　　　　　　　　　101 384

（2）接上题，以网银转账支付上述材料的运费660元（不含税）。按数量分摊运费。

三层瓦楞纸板应该承担：660×（100÷220）＝300（元）

五层瓦楞纸板应该承担：660×（120÷220）＝360（元）

借：原材料——三层瓦楞纸板　　　　　　　　　　300
　　　　——五层瓦楞纸板　　　　　　　　　　360
　　应交税费——应交增值税——进项税额　　　 66
　　贷：银行存款　　　　　　　　　　　　　　　　　　　726

（3）以现金支付上述材料运达仓库的装卸搬运费220元。

甲应该承担：220×（100÷220）=100（元）

乙应该承担：220×（120÷220）=120（元）

借：原材料——三层瓦楞纸板　　　　　　　　　　100
　　　　——五层瓦楞纸板　　　　　　　　　　120
　　贷：银行存款　　　　　　　　　　　　　　　　　　　220

（4）向内蒙古旭阳纸业预付材料购货款30 000元，以转账支票支付。

借：预付账款　　　　　　　　　　　　　　　　30 000
　　贷：银行存款　　　　　　　　　　　　　　　　　　30 000

拓展阅读

熟悉企业业务，合法税收筹划

税收筹划指的是在不违反法律、法规的前提下，通过规划纳税时点、剥离和组合混合业务等手段，从而控制税收风险和经营风险。据测算，企业一般拥有15%～20%的节税空间，如果会计人员切实做好了税收筹划，省出来的税款就是企业的利润，相当于为企业创造了价值。

税收伴随着交易而产生，一旦交易发生，纳税义务就产生，企业必须依法履行义务，但交易的方法不同，产生的税负将有所偏差。税收筹划是在纳税义务产生前，合理地规划业务，而不是等业务发生后想方设法逃税。

比如，A房地产公司开发了一片独立的厂房，作为自持物业对外出租。由于所处地理位置相对偏远，A公司为了吸引客户，推出第一年免租的营销政策，从第二年开始计算租金。以下是厂房对外出租的情况：A房地产公司将其中一栋价值1 500万元的厂房出租给B公司，出租条件为：2017年免租金，2018年租金100万元，2019年租金100万元，合同3年签订一次。

这笔业务涉及出租房屋的房产税，根据我国《房产税暂行条例》等相关规定，房产出租的，以房产租金收入为房产税的计税依据；租赁双方签订的租赁合同约定有免收租金期限的，免收租金期间房产税依照房产原值一次减除10%～30%后的余值计算缴纳（假设当地房产税按房产原值减除比例为20%）。房产税的税率，依照房产余值计算缴纳的，税率为1.2%；依照房产租金收入计算缴纳的，税率为12%。A公司对B公司出租厂房的合同，可以有两种签订的方法，第一种合同签订方式为第一年免租，此时应缴纳房产税：

2017年应缴房产税=1 500×（1－20%）×1.2% = 14.4（万元）

2018年应缴房产税=100×12% = 12（万元）

2019年应缴房产税=100×12% = 12（万元）

2017～2019年应缴房产税=14.4 + 12 + 12 = 38.4（万元）

第二种合同签订方式为3年共缴纳房屋租金200万元，此时应缴纳房产税：

2017～2019年应缴房产税：200×12%=24（万元）

很明显，A公司按第二种形式签合同，可以减少14.4万元的房产税税负。这种合理合法的节税行为，国家是鼓励的。所以，在经济活动发生之前，会计人员就要参与进来，要从降低税收风险的角度，参与业务和合同的设计，定义业务、优化业务，甚至在公司成立之前，就要先进行节税筹划，比如在低税区的地区和行业进行注册，因为这些地方有很大力度的税收扶持政策，比如高新技术企业和小微企业。所以会计人员要熟悉税法和税收政策，在合理合法且国家法规提倡的基础上实行有效的节税调整，从而达到合理规避税务风险的目的。

案例来源：马昌尧.新浪微博：《昌尧讲税》。

第三节　企业投资环节业务与会计处理

企业投资包括对内投资和对外投资。对内投资主要是指固定资产投资和无形资产的投资；对外投资根据其投资目的的不同，可以分为股权投资和债权投资。投资环节的所得是固定资产、无形资产、交易性金融资产等资产，所失是货币资产。其基本资金运动如图5-44所示。

图5-44　投资环节基本资金运动

一、企业对内投资环节业务和会计处理

我们以对内的固定资产投资为例,讲解企业对内投资的资金运动和会计处理。

(一)固定资产的界定

固定资产是指同时具有以下特征的有形资产:

(1)为生产商品、提供劳务、出租或经营管理而持有。

(2)使用寿命超过一个会计年度。

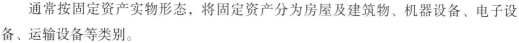

确认是否为固定资产,还需要满足两个条件:与该固定资产有关的经济利益很可能流入企业;该固定资产的成本能够可靠地计量。

通常按固定资产实物形态,将固定资产分为房屋及建筑物、机器设备、电子设备、运输设备等类别。

(二)固定资产的初始计量

1. 外购的固定资产

外购的固定资产分两类:一类需要安装;一类不需要安装。购买不需要安装的固定资产在设备运达企业,办理完相关的产权转移手续后即确认为一项资产;购买需要安装的固定资产,通常是在资产安装调试完毕达到预定可使用状态后才确认为企业的资产,其资产的初始确认价值中包括相关的安装调试费用、运输费、装卸费和专业人员服务费等,购买固定资产的进项税额可以抵扣,不计入固定资产的成本。

2. 自行建造的固定资产

自行建造的固定资产,按建造该项资产达到预定可使用状态前所发生的必要支出,作为入账价值,包括工程用物资成本、人工成本、缴纳的相关税费、应予资本化的借款费用以及应分摊的间接费用等。

另外,以融资租赁租入的和以非货币性交换取得的固定资产,有专门的成本确认方法,我们将在中级财务会计课程中学习。

(三)固定资产的后续计量

固定资产的后续支出是指固定资产使用过程中发生的折旧、更新改造和修理费用等,本课程以固定资产折旧为例进行讲解,其他的后续支出在中级财务会计中学习。

固定资产折旧,是指固定资产在使用过程中逐渐损耗而转移到商品或费用中去的

那部分价值,也是企业在生产经营过程中由于使用固定资产而在其使用年限内分摊的固定资产耗费。

企业计提固定资产折旧的方法有多种,基本上可以分为两类,即直线法(包括年限平均法和工作量法)和加速折旧法(包括年数总和法和双倍余额递减法),企业应当根据固定资产所含经济利益预期实现方式选择不同的方法。

年限平均法是指将固定资产的应计折旧额均衡地分摊到固定资产预定使用寿命内的一种方法,其折旧的计算公式如下:

$$年折旧率 = \frac{(1-预计净残值率)}{预计使用寿命(年)} \times 100\%$$

$$月折旧率 = 年折旧率 / 12$$

$$月折旧额 = 固定资产原值 \times 月折旧率$$

拓展阅读

固定资产折旧方法

固定资产一般价值很大,在较长时间内使企业受益,需要通过折旧逐步得到补偿,将固定资产的价值逐步分摊,用逐月计提折旧的方法转移到产品制造成本(最后通过销售产品来实现)或当期费用中。常用的固定资产折旧方法有以下几种。

1. 年限平均法

年限平均法是指将固定资产的应计折旧额均衡地分摊到固定资产预计使用寿命内,采用这种方法计算的每期的折旧额是相等的,这种方法计算相对来说比较简单。

2. 加速折旧法

加速折旧法也称为快速折旧法,其特点是在固定资产有效使用年限的前期多提折旧,后期少提折旧,从而相对加快折旧的速度,以使固定资产成本在有效使用年限中加快得到补偿。常用的加速折旧方法有双倍余额递减法和年度总和法。

(1)双倍余额递减法折旧的计算。

$$年折旧额 = \frac{2}{预计使用年限} \times 每年年初固定资产折余价值$$

$$年折旧率 = \frac{2}{预计使用年限} \times 100\%,折余价值 = 原值 - 折旧$$

固定资产折旧年限到期的前两年(倒数两年)内,将固定资产账面折余价值扣除预计净残值后的剩余价值在两年间平均摊销。

（2）年度总和法折旧的计算：将逐年递减分数的分子代表固定资产尚可使用的年数；分母代表使用年数的逐年数字之总和，假定使用年限为 n 年，分母即为 $1+2+3+\cdots+n=n(n+1)\div2$。相关计算公式如下：

$$年折旧率 = \frac{尚可使用年数}{年数总和} \times 100\%$$

年折旧额 = (固定资产原值 - 预计残值) × 年折旧率

例如，有一台设备，原值 78 000 元，预计残值 2 000 元，预计可用 4 年。使用 3 种折旧方法的比较，如表 5-2 所示。

表 5-2　不同折旧方法的比较

年折旧额	年限平均法	双倍余额递减法	年度总和法
第一年	=（78 000-2 000）/4 = 19 000	=2/4×（78 000-2 000） = 38 000	=（78 000-2 000）× $\frac{4}{10}$ =30 400
第一年	同上	=2/4×（78 000-2 000-38 000） = 19 000	=（78 000-2 000）× $\frac{3}{10}$ =22 800
第一年	同上	=（78 000-2 000-38 000-19 000）/2 = 9 500	=（78 000-2 000）× $\frac{2}{10}$ =15 200
第一年	同上	同上	=（78 000-2 000）× $\frac{1}{10}$ =7 600

3. 工作量法

工作量法是根据实际工作量计算每期应计提折旧额的一种方法，适用于那些在使用期间负担程度差异很大，提供的经济效益很不均衡的固定资产。计算方法如下：

单位工作量折旧额 =[固定资产原值 ×（1- 预计净残值率）]/ 预计总工作量

某项固定资产月折旧额 = 该项固定资产当月工作量 × 单位工作量折旧额

比如某企业的运输汽车 1 辆，原值为 300 000 元，预计净残值率为 4%，预计行使总里程为 800 000 公里。该汽车采用工作量法计提折旧。某月该汽车行驶 6 000 公里，则

该汽车的单位工作量折旧额 =[300 000×（1- 4%）]/800 000=0.36（元 / 公里）

该月折旧额 = 0.36×6 000 = 2 160（元）

从上述案例看出，企业固定资产折旧方法不同，计提折旧额相差会很大，对财务报表列示也会产生影响：资产负债表中列示的固定资产是净值，累计折旧科目作为固定资产的抵减科目，会影响其净值；固定资产折旧是计入费用或成本的，所以会影响利润表中的利润总额。

职业道德和公司管理

利用折旧调节利润

固定资产是企业一项很重要的资产，其折旧作为成本会影响企业的所得税费用，进而影响企业的收益，同时折旧作为一种非付现成本，也会影响企业的现金流转。选择合理的固定资产折旧方法，是企业税收筹划的重要组成部分，但也成为企业修饰利润的一种惯用手段。比如，2017 年 8 月，亚泰集团发布了一则公告，《关于吉林亚泰（集团）股份有限公司所属水泥生产行业子公司固定资产折旧年限会计估计变更的专项说明》，从中可以了解到亚泰集团调整了折旧年限，并对当期利润造成了重大影响。因为亚泰集团是重资产企业，据 2016 年年报，固定资产总额 128 亿元，此次折旧年限调整，少提折旧 5 142 万元。相应地，在没有任何经营改善的前提下，就能增加本年净利润 5 142 万元。也有企业通过折旧来调低利润的，2017 年 6 月，牧原股份发布公告，将机械设备和办公设备的折旧年限缩短，公告表明，本次会计估计变更将会增加 2017 年折旧 262.13 万元，减少净利润 262.13 万元。虽然我国《我国企业会计准则》规定，折旧方法和固定资产的使用寿命、预计净残值一样，一经确定，不得随意变更，但会计准则同时又允许企业自行确定折旧政策，所以给了某些企业人为调节利润的空间。但随着大数据筛查的应用，那些偏离综合折旧率较多的企业，将会列入监管层重点监管的范围。

（四）购置固定资产业务及原始凭证

购置固定资产的业务流程与采购材料的流程相似，不同的是，固定资产购置回来后，要交验收部门验收并请使用部门接收，填写固定资产验收单。购置固定资产和付款的业务流程图与采购原材料的流程相似，此处不再赘述。

固定资产采购业务，增值税专用发票也是重要的原始凭证，随着营改增的全面推行，包括不动产在内的固定资产进项税金也是可以抵扣的。采购固定资产的增值税专用发票、采购材料的发票，此处不再赘述。

在固定资产采购业务中，还有一个重要的原始凭证：固定资产验收单，固定资产验收单属于企业自制单据，没有统一的格式，比如利民工贸的固定资产验收单一式三联，使用部门、管理部门、财务部各一份。其样式如图 5-45 所示。

（五）对内投资常用账户设置

1. 固定资产账户

固定资产账户结构和资金运动如图 5-7 所示，此处不再赘述。

固定资产验收单

2018 年 3 月 17 日　　　编号：

名称	规格型号	来源	数量	购（造）价	使用年限	预计残值
圆桶模块机	XT50	外购	1	121 500.00	10	7 500.00
安装费	月折旧费	建造单位		交工日期	附件	
	7.92	慧聪纸箱厂设备厂		2018 年 3 月 17 日		
验收部门	车间	验收人员	王昊	管理部门	行政部	管理人员	张三丰
备注							

审核：吴娟　　　制单：周石

教学专用

图 5-45　固定资产验收单

2. 累计折旧

为了更好地满足决策有用，外部关系人可能需要固定资产购进时的价值，据此大致推断和分析企业的生产能力与生产规模；也需要固定资产现在的价值，据此大致判断和分析固定资产的新旧程度。所以需要在"固定资产"账户之外，再设置一个账户"累计折旧"来反映固定资产的逐步损耗。

累计折旧属于资产类账户，用来核算企业固定资产的损耗价值，借方表示固定资产清理时冲回计提的折旧，贷方登记固定资产损耗价值增加，期末贷方余额表示累计已计提的折旧额。其账户结构如图 5-46 所示。

借方	累计折旧	贷方
固定资产清理时冲回的折旧		固定资产损耗价值增加
		累计已计提的折旧额

图 5-46　累计折旧账户的结构

在会计沙盘模型中，怎样描述累计折旧账户呢？我们对"固定资产"项目进行固化处理：首先将"固定资产"项目在模型上固化为一个不可分割的整体，然后其磨损转移的价值可以从固化的固定资产项目下面流出，相应地，固定资产项目就会等体积地下陷；随着价值磨损的不断发生，资金就不断地从固定资产项目下面流出，固定资产项目也就不断地、等体积地下陷。比如，固定资产原值 100 万元，本期发生折旧费 10 万元，在沙盘上看到的就是固定资产的净值 90 万元；固化的圆柱就是固定资产的原值 100 万元；拿起圆柱，看到下陷的是固定资产累计的折旧。固定资产、净值与累计折旧的关系如图 5-47 所示。

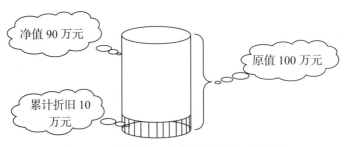

图 5-47　固定资产、净值与累计折旧的关系

在会计沙盘中，我们用一个固化的沙堆"▲"来描述固定资产，当把固定资产项目从下陷的地方搬出来时，就会在原来下陷的地方出现一个小沙坑"⊕"，这个沙坑"⊕"代表的就是固定资产已折旧转移的价值，即"累计折旧"项目，转移走的价值，体现在当期费用或生产成本中（在生产环节重点讲解）。累计折旧的资金运动如图 5-48 所示。

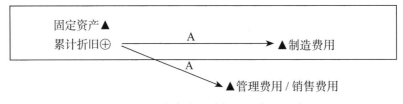

图 5-48　固定资产累计折旧的资金运动

从图 5-47 可知，A 段资金流量代表每一次固定资产的折旧费；"累计折旧"项目的余额代表截止某一时刻累计磨损转移的价值；固定资产项目与累计折旧项目之差，就是固定资产的净值。

从模型上看，累计折旧项目是通过沙坑模拟出来的，与资产不一样。但其仍然是资产项目，只不过是属于资产抵减项目。"累计折旧"抵减"固定资产"原值就可以得出"固定资产"现在的账面净值。

3. 在建工程

在建工程属于资产类账户，用来核算企业基建、技改等在建工程发生的成本，其借方登记投入在建工程的各项支出增加数；贷方登记工程竣工、固定资产交付使用的工程成本数及项目工程物资和退回工程款、退库材料的发生额；借方余额表示尚未竣工的在建工程的实际成本，该账户通常按工程项目和外购工程物资设置明细账户。本课程仅以需要安装的固定资产为例，其账户结构和资金运动如图 5-49 所示。

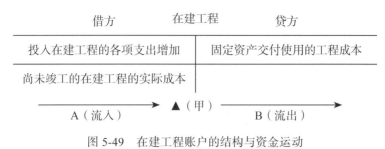

图 5-49 在建工程账户的结构与资金运动

(六)对内投资环节资金运动与会计处理举例

【例 5-4】2018 年 8 月 5 日,利民工贸购入一台不需要安装的圆桶模块机,发票价格 120 000 元,税额 19 200 元;发生的运费 1 500 元,税额 150 元。款项全部以银行存款付清,该设备增值税进项税额可以抵扣。

借:固定资产　　　　　　　　　　　　　　　　　　121 500
　　应交税费——应交增值税(进项税额)　　　　　　19 350
　　贷:银行存款　　　　　　　　　　　　　　　　　　　　　140 850

【例 5-5】2018 年 8 月 10 日,某企业购入一台需要安装的设备,取得的增值税专用票上注明的设备买价为 50 000 元,增值税额为 8 000 元,以银行存款支付。

初始确认时:
借:在建工程　　　　　　　　　　　　　　　　　　50 000
　　应交税费——应交增值税——进项税额　　　　　　8000
　　贷:银行存款　　　　　　　　　　　　　　　　　　　　　58 000

设备安装完毕交付使用:
借:固定资产　　　　　　　　　　　　　　　　　　50 000
　　贷:在建工程　　　　　　　　　　　　　　　　　　　　　50 000

二、企业对外投资环节业务和会计处理

企业对外投资的会计处理比较复杂,本课程仅以交易性金融资产为例,简单介绍购入时的资金运动。对外投资业务除设置"交易性金融资产"和"长期股权投资"项目外,为了反映因对外投资所可能会获取的收益或承担的损失,还需要设置"投资收益"项目。

（一）对外投资账户设置

1. 交易性金融资产

交易性金融资产是指企业打算通过积极管理和交易以获取利润的债权证券和权益证券。企业通常会频繁买卖这类证券以期在短期价格波动中获取利润。交易性金融资产是资产类账户，其借方登记交易性金融资产取得成本和资产负债表日其公允价值高于账面余额的差额，贷方登记资产负债表日其公允价值低于账面余额的差额、企业出售交易性金融资产时结转的成本。该账户一般按照交易性金融资产的类别和品种，分别设置"成本""公允价值变动"等明细科目进行核算。其账户结构和资金运动如图 5-50 所示。

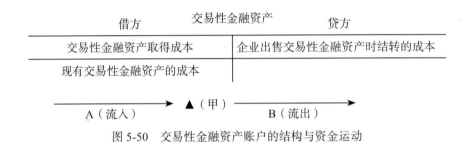

图 5-50　交易性金融资产账户的结构与资金运动

2. 投资收益

投资收益属于损益类科目，用来核算企业处置交易性金融资产等实现的损益，贷方登记投资得到的"收益"，借方登记投资的损失或期末转入本年利润的数额，期末结转后无余额。取得收益时，发生 A 段运动，资金流入企业；期末结转时，资金由"本年利润"项目流入"投资收益"项目，填平"⊕"。其账户结构和资金运动如图 5-51 所示。

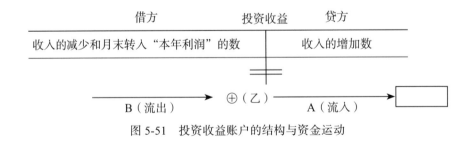

图 5-51　投资收益账户的结构与资金运动

（二）对外投资的资金运动

企业投资交易性金融资产项目资金运动如图 5-52 所示。

企业购买交易性金融资产项目，其资金运动如图 5-52 中的 A 段运动；以后出售该交易性金融资产项目,售价与原成本之间的差额确认为投资收益,其资金运动如图 5-52 中的 B 段运动。

图 5-52 交易性金融资产资金运动分析

(三)企业对外投资的会计处理

交易性金融资产包括企业以交易为目的而持有的债券、股票和基金。其核算包括三个步骤:取得、持有期间和处置。本课程以一个例题简单介绍,后续在中级财务会计课程中还将深入讲述。

【例 5-6】对甲公司下列业务进行确认与计量,并编制会计分录。

(1)企业从股票交易市场购得股票 30 万元,以赚取差价。

借:交易性金融资产　　　300 000
　　贷:其他货币资金——存出投资款　300 000

(2)企业将上期购入的以交易为目的的股票抛售,获得价款 40 万元,其成本为 30 万元。钱款已存入银行。

借:其他货币资金
　　——存出投资款　　400 000
　　贷:交易性金融资产　　300 000
　　　　投资收益　　　　100 000

(3)根据投资协议,企业以货币资金 100 万元向彩虹公司投资,企业准备长期持有该股权。

借:长期股权投资　　　1 000 000
　　贷:其他货币资金——存出投资款　1 000 000

拓展阅读

其他货币资金

证券账户是由证券登记结算公司开立的,记录着投资者的资金、股票清算和结算业务，是专门用于证券买卖的账户。在会计核算上，这个账户的业务用"其他货币资金——存出投资款"账户核算。买卖股票之前，投资者要把钱先转入证券资金账户，借记"其他货币资金——存出投资款"，贷记"银行存款"；购买股票时，借记"交易性金融资产"，贷记"其他货币资金——存出投资款"。因与银行存款存放地点和用途不同，我国《企业会计准则》规定，银行汇票存款、银行本票存款、信用卡存款、信用证保证金存款、存出投资款、外埠存款等需要通过"其他货币资金"账户核算。

第四节 企业生产环节业务与会计处理

在生产过程中，生产工人需要借助机器设备对各种原材料进行加工，制造出各种产品，这个阶段产生材料的消耗、固定资产的磨损和生产工人的薪资等费用，将计入产品的生产成本。在价值形态上，生产过程实际上就是劳动者（员工）运用劳动资料（机器、厂房等）对劳动对象（原材料等）进行加工改造的过程。生产环节的阶段所得是完工产品（库存商品），所失是原材料等储备资产。其基本的资金运动如图 5-53 所示。

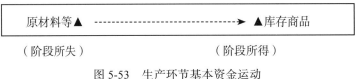

图 5-53 生产环节基本资金运动

一、产品成本的组成和计算

（一）产品成本的概念

产品成本是指企业为了生产产品而发生的各种耗费，可以指一定时期为生产一定数量产品而发生的成本总额，也可以指一定时期生产产品单位成本。

产品成本有狭义和广义之分，广义的产品成本包括生产发生的各项管理费用和销售费用等，也称完全成本。狭义的产品成本是企业在生产单位（车间、分厂）内为生产和管理而支出的各种耗费，也称制造成本，只包括直接材料、直接人工和制造费用。生产过程各种费用的归属如图 5-54 所示。

某企业在某一期间的总费用 200 万元，期初、期末都没有余额，产品 1 万件全部生产完工。这两种成本计算方法的比较如表 5-3 所示。

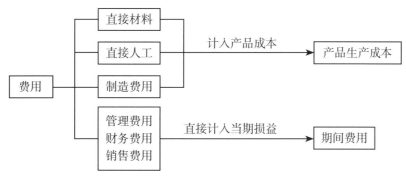

图 5-54 生产过程各种费用的归属

表 5-3 制造成本与完全成本的比较

	企业费用（200万元）		产品成本（产量 1 万件）	
	生产车间里（120 万元）	生产车间外（80 万元）	总成本	单位成本
完全成本法	√	√	200 万元	200 元/件
制造成本法	√	×	120 万元	120 元/件

在财务会计课程的学习中，产品成本的确认与计量采用的是制造成本法，即产品成本只考虑企业生产车间所发生的全部支出，相应地，产品生产过程分析也就只考虑生产车间所发生的经济业务及其所引起的资金运动。以后，同学们将在管理会计课程中学习完全成本的核算。

产品成本是反映企业经营管理水平的一项综合性指标，企业生产过程中各项耗费是否得到有效控制，设备利用是否充分，劳动生产率的高低、产品质量的优劣都可以通过产品成本这一指标呈现出来。

（二）产品成本的构成

成本项目一般可以分为直接材料、直接人工和制造费用。

1. 直接材料

直接材料是指用于产品生产，构成产品实体的原材料、主要材料、燃料以及有助于产品形成的辅助材料。

2. 直接人工

直接人工是指从事产品生产人员的工资及其他职工薪酬。

3. 制造费用

制造费用是指企业各生产单位为组织和管理生产所发生的各项间接费用，包括各生产单位管理人员工资和福利费、折旧费、机物料消耗、办公费、水电费、保险费、劳动保护费、季节性和修理期间的停工损失等。

(三)产品成本核算的一般程序

产品成本核算的一般程序是指对企业在生产经营过程中发生的各项生产费用和期间费用,按照成本核算的要求,逐步进行归集和分配,最后计算出各种产品的生产成本和各项期间费用的过程。其核算步骤如图 5-55 所示。

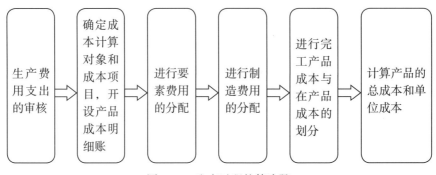

图 5-55　生产过程核算步骤

(1)生产费用支出的审核。对发生的各项生产费用支出,相关人员应根据有关规定严格审核,以便对各种浪费和损失加以制止。

(2)根据企业生产类型的特点和对成本管理的要求,财务人员确定成本计算对象和成本项目,开设产品成本明细账。

(3)进行要素费用的分配。对发生的各项要素费用进行汇总,编制各种要素费用分配表,按其用途分配计入有关的生产成本明细账。对能确认某一成本计算对象耗用的直接计入费用,如直接材料、直接工资,应直接记入"生产成本"账户及其有关的产品成本明细账;对于不能确认的某一费用,则应先归集分别记入"制造费用"账户。

(4)进行制造费用的分配。对计入"制造费用"的项目,月末采用一定的分配方法进行分配,计入相应产品的成本。

(5)进行完工产品成本与在产品成本的划分。在没有在产品的情况下,产品成本明细账所归集的生产费用即为完工产品总成本;在有在产品的情况下,就需将产品成本明细账所归集的生产费用按一定的划分方法在完工产品和月末在产品之间进行划分,从而计算出完工产品成本和月末在产品成本,比如约当产量法,根据在产品的完工程度,将在产品折合成产品的数量。

(6)计算产品的总成本和单位成本。产品成本的计算方法有品种法、分批法、分步法等。本期完工产品的成本计算方法为

本期完工产品成本 = 期初在产品成本 + 本期发生的生产费用 − 期末在产品成本

(四)制造费用的分配

在计算产品生产成本时,一般将生产过程中发生的各项生产费用按产品名称或类别分别进行归集和分配,以分别计算各种产品总成本和单位成本。

由于直接材料和直接人工是直接作用于产品生产的费用,因而可以直接计入各种产品的生产成本,而制造费用在其发生时,一般难以分清应由哪种产品承担,因而应先归集,然后按照一定的标准分配后再计入各种产品成本中。

制造费用分配的计算公式如下:

$$制造费用分配率 = \frac{制造费用总额}{生产工人工资(或工时)总额}$$

某产品应分摊的制造费用 = 该产品生产工人工资(或工时)× 制造费用分配率

拓展阅读

产品生产成本的计算方法

不同的企业,由于生产的工艺过程、生产组织,以及成本管理要求的不同,成本计算的方法也不一样。常用的成本计算方法主要有品种法、分批法和分步法。

1. 品种法

品种法是以产品品种作为成本计算对象来归集生产费用、计算产品成本的一种方法。由于品种法不需要按批计算成本,也不需要按步骤来计算半成品成本,因而这种成本计算方法比较简单。品种法主要适用于大批量单步骤生产的企业,如发电、采掘等或者虽属于多步骤生产,但不要求计算半成品成本的小型企业,如小水泥、制砖等。本书案例利民工贸有限公司的成本核算,采用的就是品种法。

2. 分批法

分批法是以产品的批次或订单作为成本计算对象来归集生产费用、计算产品成本的一种方法。分批法主要适用于单件和小批的多步骤生产,如重型机床、船舶、精密仪器和专用设备等,分批法的成本计算期是不固定的,一般把一个生产周期(即从投产到完工的整个时期)作为成本计算期定期计算产品成本。由于在未完工时没有产成品,完工后又没有在产品,产成品和在产品不会同时并存,因而也不需要把生产费用在产成品和在成品之间进行分配。

3. 分步法

分步法是按产品的生产步骤归集生产费用、计算产品成本的一种方法。分步法适用于大量或大批的多步骤生产,如机械、纺织、造纸等。分步法由于生产的数量大,在某一时间上往往既有已完工的产成品,又有未完工的在产品和半成品,不可能等全部产品完工后再计算成本。因而分步法一般是按月定期计算成本,并且要把生产费用在产成品和半成品之间进行分配。

二、生产过程的资金运动和会计处理

(一)生产环节业务及原始凭证

生产环节的业务主要包括车间领料、产品完工入库和生产成本的核算。

1. 车间领料

物料领用是制造企业生产部门的基本工作。生产部门根据生产计划和物料需求计划,填写领料单,并到仓库领取物料。领料单是企业自制单据,仓库发料后,在领料单上签字,更新物料卡片和库存台账。领料单可以一式三联,分别保存在生产车间、仓库和财务部门成本会计处。手工核算时,通常采用月末统一计算领料汇总额,进而计算领用材料的成本。不同的企业,领料的流程不尽相同,利民工贸车间领料的业务流程如图 5-56 所示,领料单格式如图 5-57 所示。

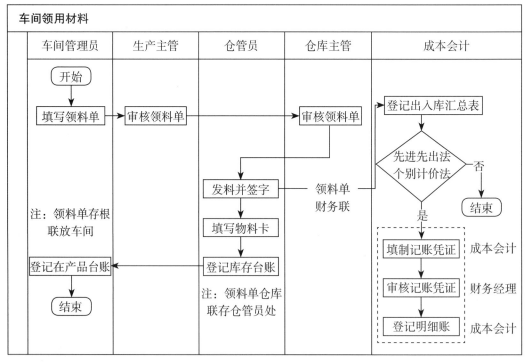

图 5-56 车间领料的业务流程

领　料　单

领用部门：车间
仓库：材料仓库　　　2018 年 8 月 15 日　　　编号：886

编号	类别	材料名称	规格	单位	数量 请领	数量 实发	实际成本 单价	实际成本 金额
01	瓦楞纸	三层瓦楞纸板		张	240	240		0.00
		五层瓦楞纸板		张	310	310		0.00
用途	生产				领料部门		发料部门	
					负责人	领料人	核准人	发料人
					王宏伟	张丹	张红军	李袁承

第三联　记账联

图 5-57　利民工贸领料单

注意：

（1）利民工贸领用材料的成本采用月末一次加权平均法，平时领用材料，只记数量不计单价。

（2）为方便期末汇总，可建立 Excel 表格，登记日常材料的收发情况，表格结构如图 5-58 所示。为简化处理，本案例只设计了一笔材料采购入库和一笔领用材料的业务，实务中学生可以把每天的材料收发业务全部记录下来。

品名及型号	8月11日出入			8月15日出入			8月XX日出入		
	出	入	入库单价	出	入	入库单价	出	入	入库单价
三层瓦楞纸板		100	331	240					
五层瓦楞纸板		120	474	310					

图 5-58　利民工贸材料收发汇总表

假设领用的三层瓦楞纸板只用于生产普通纸箱，五层瓦楞纸板只生产彩色纸箱。则在月末，汇总本月领料单，编制领料汇总表和领用材料计算表，此处也用 Excel 进行编制计算，以提高计算的效率和准确性。Excel 格式的领用材料汇总表如图 5-59 所示，据此编制记账凭证并登记材料明细账。

根据此表编制的结转完工产品材料费的分录为

借：生产成本
　　贷：原材料

领用材料成本计算表												
材料成本 原材料	期初库存额		本期购进额		（全月一次加权） 期初+入库			出库成本核算		月末结存		生产产品
	数量	单价	金额	数量	金额	数量	金额	单价	数量	金额	数量	金额	
三层瓦楞纸板	250	300	75 000	100	33 100	350	108 100	308.86	240	74 126.4	110	33 974.6	普通纸箱
五层瓦楞纸板	220	450	99 000	120	56 880	340	155 880	458.47	310	142 125.7	30	13 754.1	彩色纸箱

图 5-59　利民工贸领用材料计算表

注：
1. 期初库存数量和单价手工录入，期初库存金额＝期初库存数量×期初库存单价。
2. 本期购进数量，取自"材料收发汇总表"中每次购进的数量合计。
3. 本期购进金额＝本期购进数量×本期购进单价。
4. 全月一次加权的数量＝期初数量＋本期购进数量。
5. 全月一次加权的金额＝期初金额＋本期购进金额。
6. 全月一次加权的单价＝全月一次加权的金额／全月一次加权的数量。
7. 出库数量取自"材料收发汇总表"中每次领用的数量合计。
8. 出库成本（金额）＝出库数量×全月一次加权的单价。
9. 期末结余数量＝全月一次加权的数量－出库数量。
10. 期末结余金额＝期末结余数量×全月一次加权的单价。
11. 以上公式，均可设计成 Excel 表格公式，只在表格"三层瓦楞纸板"一行录入，可通过自动填充功能向下复制。对于材料品种多、收发业务频繁的业务，使用 Excel 表格辅助计算，更为方便。

拓展阅读

发出材料的核算方法

发出材料可以采用实际成本法核算，也可以采用计划成本法核算。采用实际成本法核算，则发出存货成本的计算方法有先进先出法、月末一次加权平均法、移动加权平均法和个别计价法。如果采用计划成本法，会计期末要对存货计划成本和实际成本之间的差异单独核算，最终将计划成本调整为实际成本。本书中的案例，采用实际成本法中的月末一次加权平均法进行核算发出材料和商品的成本。

月末一次加权平均法是以本月全部进货数量加上月初材料数量作为权数，去除本月全部进货成本加上月初材料成本，计算出材料的加权平均单位成本，以此为基础计算本月发出材料的成本和期末材料的成本的一种方法。

个别计价法是按照各种材料逐一辨认发出材料和期末材料，分别按其购入的单位成本计算各批发出材料和期末材料成本。先进先出法按先进先出的假定流转顺序来确定发出材料的成本及期末结存材料的成本。

2. 产品完工入库

产品完工，车间将完工产品送到仓库；仓管人员对完工的产品进行检验，填写产成品入库单，更新物料卡片，并将产成品入库单传递给成本会计，根据生产入库单登记产品完工汇总表（此表也可用 Excel 记录，此处略）。产成品入库单一式三联，分别由生产车间、仓库和成本会计保管。完工入库的流程和产成品入库单的格式如图 5-60 和图 5-61 所示。

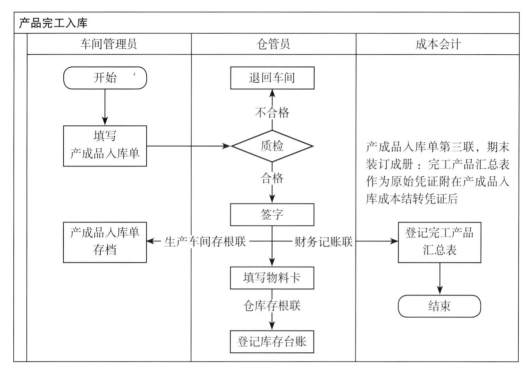

图 5-60　利民工贸产品完工入库流程

注意：此时的产成品入库单上只有数量没有单位成本和总成本的金额，单位成本需要在月末成本计算完成后方可确认。

教学专用

产成品入库单

仓库：

交库单位：　　　　2018 年 8 月 30 日　　　　编号：689

产品编号	产品名称	规格	计量单位	数量		单位成本	总成本	备注
				送检	实收			
01001	普通纸箱		个	15 000	15 000		0.00	
01002	彩色纸箱		个	12 000	12 000		0.00	

仓库主管：刘凯心　　保管员：王丽　　记账：周石　　制单：王丽

图 5-61　利民工贸产成品入库单

3. 职工薪酬分配汇总

月末，需要结算本月应付职工薪酬，假设本月生产普通纸箱和彩色纸箱的生产工人工资分别为 30 000 元和 40 000 元，车间管理人员工资 9 800 元，行政人员工资 30 000 元，编制工资分配汇总表，如表 5-4 所示，据此编制记账凭证并登记生产成本、制造费用和管理费用明细账。

表 5-4 职工薪酬分配表

项目	工资	应计科目
生产普通纸箱人工费	30 000	生产成本——普通纸箱
生产彩色纸箱人工费	40 000	生产成本——彩色纸箱
车间管理人员	9 800	制造费用
行政管理人员	30 000	管理费用

4. 计提固定资产折旧

月末，计提固定资产折旧，编制固定资产折旧计算表，如表 5-5 所示，据此编制记账凭证并登记制造费用、管理费用明细账。

表 5-5 固定资产折旧计算表

固定资产类别	使用部门	月折旧额	应计科目
房屋及建筑物	生产车间	10 000	制造费用
房屋及建筑物	行政管理部	500	管理费用
设备	生产车间	7 500	制造费用
设备	行政管理部	1 000	管理费用

5. 制造费用分配汇总

将本月发生的所有制造费用汇总，按一定比例分配，比如按工人工资比例进行分配，计算分配到每个产品上的制造费用。假设本月共发生制造费用 35 000 元，编制的分配汇总表如表 5-6 所示，据此编制记账凭证并登记生产成本和制造费用明细账。

表 5-6 制造费用分配汇总表

产品名称	生产工人工资	分配率	分配金额
普通纸箱	30 000		15 000
彩色纸箱	40 000		20 000
合计	70 000	0.5	35 000

6. 生产成本计算

假设本期共生产普通纸箱 15 000 个，彩色纸箱 12 000 个。月末，会计人员根据产品明细账，编制产品成本计算表，假设本期期初和期末均没有在产品，则本期投入的生产费用就是本期完工的产品的成本。利民工贸本期成本计算表如表 5-7 和表 5-8 所示。

表 5-7 普通纸箱成本计算表

成本项目	总成本	单位成本
直接材料	74 126.4	
直接人工	30 000	
制造费用	15 000	
产品生产成本	119 126.4	7.94

表 5-8 彩色纸箱成本计算表

成本项目	总成本	单位成本
直接材料	142 125.7	
直接人工	40 000	
制造费用	20 000	
产品生产成本	202 125.7	16.84

薪酬分配、计提折旧、制造费用分配、产品成本计算表，均可设计成 Excel 表格，方便保存和计算。

（二）生产过程账户设置

生产过程常用账户包括生产成本、制造费用、库存商品、累计折旧、应付职工薪酬等。

1. 生产成本

生产成本属于成本类账户，用来核算企业进行工业性生产而发生的各种生产费用，包括直接材料费、直接人工费和分配转入的制造费用。其借方登记生产产品领用材料、生产工人的工资薪酬及分配转入的制造费用，贷方登记验收入库的完工产品的实际成本，期末借方余额表示期末尚未完工在产品的成本。该账户应按产品品种设置明细账。其账户结构和资金运动如图 5-62 所示。

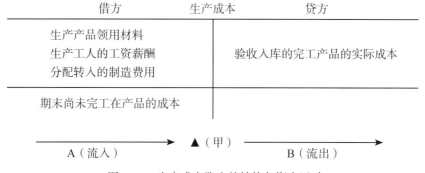

图 5-62 生产成本账户的结构与资金运动

2. 制造费用

制造费用属于成本类账户，用来核算企业基本生产车间为生产产品、提供劳务发生的各项间接费用。其借方登记发生的各种间接费用，贷方登记月末分配转入生产成本的制造费用。该账户应按生产车间设置明细账。其账户结构和资金运动如图5-63所示。

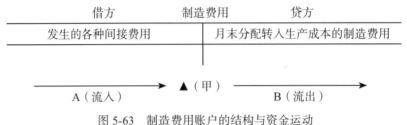

图5-63 制造费用账户的结构与资金运动

3.库存商品

库存商品属于资产类账户，用来核算企业库存的各种商品的实际成本。其借方登记本期完工入库商品的成本，贷方登记本期已经销售的库存商品的成本，期末借方余额表示期末库存商品的成本。该账户应按商品种类、品种和规格设置明细账。其账户结构和资金运动如图5-64所示。

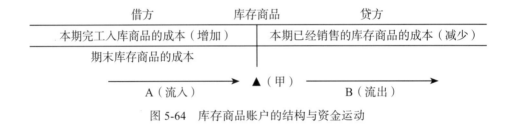

图5-64 库存商品账户的结构与资金运动

4.累计折旧

累计折旧账户及其在会计沙盘中的表现形式，在本章第三节中详细介绍过，此处不再赘述。

5.应付职工薪酬

应付职工薪酬属于负债类账户，用来核算企业根据有关规定应支付给职工的劳动报酬。其借方登记实际支付职工的劳动报酬，贷方登记应付给职工的劳动报酬，期末贷方余额表示期末尚未支付的劳动报酬。该账户应按薪酬类设置明细账。其账户结构和资金运动如图5-65所示。

（三）生产过程的资金运动

1.车间的费用类型

对于生产环节而言，企业只有先发生了支出，经过一段时间的加工，才可能获得完工产品。正因为如此，企业需要设置"生产成本"项目，一方面可以管控整个生产过程；另一方面可以通过该项目汇集整个生产费用，借此确定产品生产的总成本和单位成本。生产环节的阶段所得与所失在时间上的配比如表 5-9 所示。

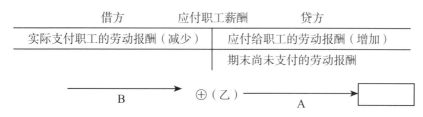

图 5-65　应付职工薪酬账户的结构与资金运动

表 5-9　生产环节的阶段所得与所失在时间上的配比

种类	具体内容	项目与账户设置
先失后得模式	先有投入、耗费，最后才有产品	生产成本

企业生产车间还会发生各种各样的费用。在制造成本法下，虽然这些费用最终都计入产品成本，但其计入产品成本的具体路径可能存在差异，具体情况如表 5-10 所示。

表 5-10　生产车间费用计入产品成本的路径分析

划分依据	判断标准	界定	具体内容	项目与账户设置		
				设置	结转	主次
生产费用是否与产品有明确的对应关系	有	直接费用	服务于某一产品的直接材料、直接人工、其他直接费用等	生产成本	产品完工，转为库存商品	主要地位
	没有	间接费用	车间的一般性、共同性耗费，包括车间管理人员薪酬、办公费、水电费、折旧费、机物料消耗、劳动保护费等	制造费用	通过人为分配，最终转为生产成本	从属于生产成本

所以，生产成本项目对整个生产过程的控制是分三步进行的：

（1）直接生产费用在发生时直接计入生产成本项目，其所引起的资金运动如图 5-66 中的 A_1 段所示。

（2）间接生产费用先归集后分配计入生产成本。间接费用在发生时先计入制造费用项目进行汇集，其所引起的资金运动如图 5-66 中的 A_2 段所示；然后，在会计期末或某一特定日期将制造费用项目采用合理的标准在各种产品之间进行分配，从而将其转入生产成本，其所引起的资金运动如图 5-66 中的 B 段所示。

（3）当产品完工验收入库时，生产成本项目最终转为库存商品项目，其引起的资金运动如图 5-66 中的 C 段所示。

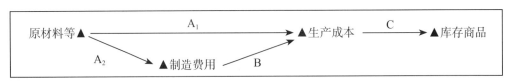

图 5-66 先失后得模式下生产环节的资金运动

📚 问题与讨论

只生产一种产品还需要设置"制造费用"科目吗

如果企业只生产一种产品,还需要区分直接费用和间接费用吗?还需要设置制造费用项目吗?有人认为,企业只生产一种产品,制造费用应在其发生时直接计入该产品的生产成本,无须分配;也有人说,需要设置制造费用项目,因为从直接费用和间接费用的划分中可以看出,这两类支出的内涵有很大的区别,相应的成本管理与控制手段也是不一样的。一般来说,直接生产费用的降低主要通过企业的技术创新来进行;而间接生产费用的降低主要通过企业的管理制度创新来进行。你更倾向于哪种说法?讲讲你的道理。

2. 生产过程中的职工薪酬

职工薪酬是企业支付给职工的劳动报酬,包括基本工资、经常性奖金及各种津贴、职工福利费、社保费等。不同工作岗位的员工,其薪酬的承担对象是不一样的,其具体情况如表 5-11 所示。

表 5-11 薪酬费用的分配对象与项目设置

薪酬受益对象	项目与账户设置
生产车间生产人员薪酬	生产成本
生产车间管理人员薪酬	制造费用
企业销售部门人员薪酬	销售费用
企业管理部门人员薪酬	管理费用
从事其他业务人员薪酬	其他业务成本
从事在建工程人员薪酬	在建工程

实务中,职工薪酬的发放通常采用"下月发放制",即当月发放的工资是上个月的,而权责发生制要求当月发生的费用要记在当月,所以在会计处理上要先计提本月的工资入账,从而形成企业对所有员工的债务"应付职工薪酬",并同时计入当期的成本或者费用,便于成本费用的归集和计算。

企业薪酬引起的资金运动如图 5-67 所示。薪酬业务主要包括两项业务:一是确认并分配薪酬费用,同时确认对职工的应付薪酬债务,其所引起的资金运动为图 5-67

中的 A 段所示。二是薪酬的发放，企业在下个月发放职工薪酬时，首先需要从工资中扣除相关的代扣款项（比如个人应承担的社保费），其所引起的资金运动为图 5-67 中的 B_1 段运动；然后再以货币资金的形式发放给职工，其所引起的资金运动为图 5-67 中的 B_2 段运动。

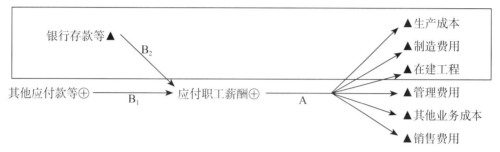

图 5-67　职工薪酬引起的资金运动分析

拓展阅读

社保、五险一金和统筹

生活中，我们经常听说"社保""五险一金"和"统筹"这几个词，你能说出它们的区别和联系吗？会进行相关的会计处理吗？

"五险"指的是五种保险，包括养老保险、医疗保险、失业保险、工伤保险和生育保险；"一金"指的是住房公积金，其中养老保险、医疗保险和失业保险，这 3 种保险由企业和个人共同缴纳保费，工伤保险和生育保险完全是由企业承担的，个人不需要缴纳；"五险"是法定的，而"一金"不是法定的。

我们通常所说的"社保"，全称是"社会保险"，也就是上面所说的"五险"，其中，养老保险是负责退休之后的养老金问题；工伤保险是负责发生工伤事故的待遇问题；生育保险是负责怀孕和分娩的妇女劳动者暂时中断劳动时的产假工资和医疗费用报销；医疗保险负责生病时报销医疗费用的；失业保险是负责失业时维持最多 24 个月的基本生活。所以，"社保"是我们未来生活的一种保障，但在我们工作期间，就是一种义务，我国《劳动法》规定，"用人单位和劳动者必须依法参加社会保险，缴纳社会保险费"。

企业和个人缴纳的"社保"，其中一部分钱会进入社会保险账户，一部分会进入个人账户。进入社会保险账户的，作为统筹基金，由国家支付给每个人，实现贫富的调剂，这就是大家通常所说的"社会统筹"。比如，目前北京的养老保险费，单位缴纳工资的20%，个人缴纳工资的8%；单位缴纳的有17%划入统筹基金，3%划入个人账户，个人缴纳的全部划入个人账户。

企业要为员工缴纳社保和住房公积金，这项费用也需要先计提，次月缴纳，所以也需要将费用确认在本期。计提时，与计提工资的会计处理相似，但记入的"应付职工薪酬"明细科目不同，为"应付职工薪酬——社保公积金"。

所以，每月末计提工资和五险一金时，确认相关的成本费用，分录如下：

借：生产成本
　　制造费用
　　管理费用
　　销售费用
　贷：应付职工薪酬——工资（含个人应承担的社保和住房公积金）
　　　应付职工薪酬——社保公积金（企业承担的）

下月发放工资时，扣除个人应该承担的个人所得税、社保和公积金后，以银行存款支付，做如下会计处理：

借：应付职工薪酬——工资
　贷：其他应付款——社保公积金（个人承担部分）
　　　应交税费——应交个人所得税
　　　银行存款

缴纳社保时，将企业应缴和代扣个人的，一同缴纳，做如下分录：

借：应付职工薪酬——社保公积金（企业承担的）
　　其他应付款——社保公积金（个人承担的）
　贷：银行存款

注意：为方便核算和管理，可以将社保费和住房公积金设置成不同的明细科目。

3. 车间发生的受益期长的费用

生产车间发生的其他支出，如果金额比较大、受益期较长，企业可以通过待摊或预提的方式进行。在采用待摊方式时，企业所发生的支出先计入"预付账款"等，其所引起的资金运动如图5-68中的A_{41}段所示，以后按受益期分摊时，再将其分期分量地转为制造费用，其所引起的资金运动如图5-68中的A_{42}段所示；在采用预提方式时，先形成其他应付款等，其所引起的资金运动如图5-68中的A_{51}段所示，以后企业实际支出时再冲销其他应付款等，其所引起的资金运动如图5-68中的A_{52}段所示。

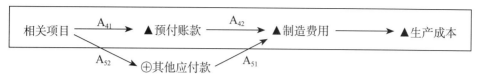

图 5-68 车间发生的待摊和预提资金运动分析

4. 生产过程整体资金运动

综合以上分析,企业生产环节整体资金运动流程如图 5-69 所示。

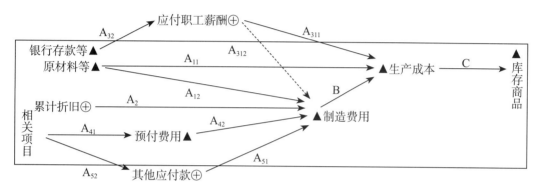

图 5-69 企业生产环节资金运动流程全貌

📖 拓展阅读

会计核算中的预提和待摊费用

"预提费用"和"待摊费用"是在权责发生制和配比性原则的要求下而形成的跨期项目。"预提费用"属于本期负担但不是在本期付款,而是在以后付款的费用,是预先提取的,可以通过"其他应付款"科目核算和列示;"待摊费用"(预付费用)的款项在本期支付但不属于本期负担的费用,不能直接计入本期的损益,通过"预付账款"科目核算和列示。

如 5 月 2 日支付前 3 个月的车间设备维修费,此时因付款时间滞后,需要在受益期内先计提费用,确认负债。预提费用的受益期和支付期如图 5-70 所示。

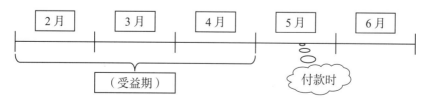

图 5-70 预提费用的受益期和支付期

预提费用引起的资金运动和会计处理如图 5-71 所示。预提修理费时,发生 A 段运动，确认费用和负债；付款时，发生 B 段资金运动，冲销负债。计提利息、计提折旧等也属于类似情况，只是所记入的科目不同。

图 5-71 预提费用时的资金运动和会计处理

又如，2月预付第二季度车间机器设备的维修费，付款期在2月，受益期却是4月、5月和6月，此时因付款期提前，形成预付费用。预付费用的支付期和受益期如图 5-72 所示。

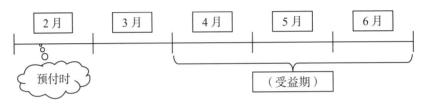

图 5-72 预付费用的支付期和受益期

预付费用引起的资金运动和会计处理如图 5-73 所示。预付修理费时，发生 A 段运动；第二季度每个月末分摊费用时，发生 B 段资金运动。此时，预付费用（待摊费用）作为一种临时的资金存在形态，起到类似桥梁的沟通作用，它是因管理的需要而主动设计的一道资金运动关卡。预付房屋租金和预付保险费，也属于类似情形。

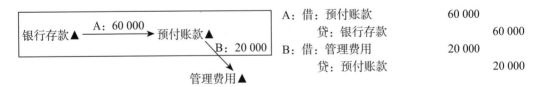

图 5-73 预付费用受益时的资金运动和会计处理

（四）生产环节资金运动与会计处理举例

【例 5-7】利民工贸在 2018 年 8 月生产普通纸箱和彩色纸箱两种产品，发生下列经济交易。对其进行确认与计量，编制会计分录。

（1）根据图 5-59 所示的领用材料计算表，结转本期完工产品的材料费用，其资金运动和会计分录如下。

	借：生产成本——普通纸箱 74 126.4
	——彩色纸箱 142 125.7
	贷：原材料 216 252.1

（2）根据表 5-4 所示的职工薪酬分配表，分配本期完工产品的人工费，其资金运动和会计分录如下。

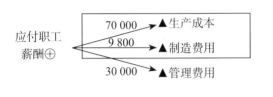

借：生产成本——普通纸箱 30 000
    　　　　——彩色纸箱 40 000
    制造费用 9 800
    管理费用 30 000
    贷：应付职工薪酬 109 800

（3）30 日，以银行存款支付本月生产车间水电费 7 700 元。

借：制造费用 7 700
    贷：银行存款 7 700

（4）根据表 5-5 所示的固定资产折旧计算表，计提分配当月折旧，其资金运动和会计分录如下。

借：制造费用 17 500
    管理费用 1 500
    贷：累计折旧 19 000

（5）根据表 5-6 所示的制造费用分配表，结转本月制造费用。

借：生产成本——普通纸箱 15 000
    　　　　——彩色纸箱 20 000
    贷：制造费用 35 000

（6）根据表 5-7 和表 5-8 所示的完工产品成本计算表，结转本月完工产品的生产成本。

借：库存商品——普通纸箱 119 126.4
    　　　　——彩色纸箱 202 125.7
    贷：生产成本——普通纸箱 119 126.4
    　　　　——彩色纸箱 202 125.7

第五节　企业销售环节业务与会计处理

产品销售过程是企业产品价值和经营成果的实现过程，在产品销售过程中，企业要将所生产的产品对外销售，同时办理结算并及时收回货款。资金形态由成品资金形态又转化为货币资金形态，完成了一次资金循环。在这一过程中，企业在取得商品销售收入的同时，还会发生销售成本和销售费用，产品销售后要按照国家税法规定依法缴纳税费。其基本的资金运动分为两段，如图 5-74 所示，A 段运动取得收入，B 段运动提供货物。

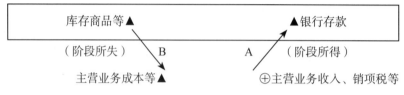

图 5-74 销售环节基本资金运动

一、收入和费用的拓展

为降低经营风险，很多企业都实现了多元化经营，从而导致企业的收入构成多元化和费用构成多样化。从决策有用的角度来看，企业既然是多元化经营的，就不能只提供一个收入和费用的总额信息，而应该提供收入与费用的明细构成，因为结构化信息比总量信息更具有信息含量。

一般来说，企业业务有主业和其他业务之分，其划分的标准一般是以其营业执照上注明的业务范围为准。不同行业企业主业和其他业务的划分有所不同，其具体情况如表 5-12 所示。

表 5-12 企业业务界定与收入项目设置

种类	业务内容	业务构成比例	账户设置
主业	工业企业：销售商品、自制半成品、提供工业性作业等	在企业全部营业活动中所占的比重较大	主营业务收入
	商品流通企业：销售商品		
	旅游服务企业：提供客房、餐饮等		
其他业务	销售材料、包装物出租、提供技术咨询、技术服务等	在全部业务活动中所占的比重相对较小	其他业务收入

企业的费用也是多样化的，其具体的构成情况如表 5-13 所示。

表 5-13 企业业务界定与费用项目设置

种类	内容	账户设置
主业费用	已售产品成本等	主营业务成本
其他业务费用	已售材料成本、出租资产的磨损费和折旧费等	其他业务成本
营销费用	销售人员薪酬、广告费、展览费、销售过程中的各种杂费和售后服务费等	销售费用

（续）

种类	内容	账户设置
税费	根据销售行为所确定的税费，如资源税、消费税、城市维护建设税、教育费附加等	税金及附加
	根据企业经营成果所缴纳的所得税	所得税费用

除销售环节外，企业其他环节或部门也会产生一些收入和费用项目，这些项目同样影响到企业的净利润。为了更集中、更方便地分析影响企业净利润的各个因素，在这里对其一并进行讲解。这些损益类项目的具体情况如表5-14所示。

表5-14 收入和费用项目扩展分析

种类	内容	项目与账户
管理部门发生的支出	行政管理人员的薪酬、差旅费、业务招待费、折旧费、办公经费等	管理费用
负债筹资发生的支出	借款利息、银行手续费等	财务费用
偶发支出	对外捐赠、罚没支出、非正常损失、固定资产无形资产处置净损失等	营业外支出
对外投资获得的收入	投资利得、投资损失、投资相关手续费等	投资收益
偶发所得	接受捐赠、罚没收入、固定资产无形资产处置净收益	营业外收入

收入和费用外延的扩展，使企业的收入类增加了投资收益和营业外收入，企业的费用类增加了管理费用、财务费用和营业外支出。综合以上分析，为提供结构化的收入和费用信息以及外延的收入和费用，企业的资金运动流程如图5-75所示。

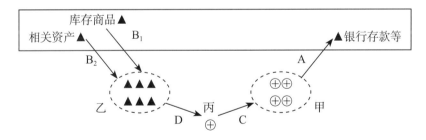

图5-75 收入和费用拓展后销售环节的资金运动

注：收入、费用和利润项目分别包括以下内容。
甲：主营业务收入、其他业务收入、投资收益、营业外收入、应交增值税——销项税额。
乙：主营（其他）业务成本、税金及附加、销售费用、管理费用、财务费用、所得税费用和营业外支出。
丙：本年利润。

拓展阅读

我国企业会计准则——收入准则的修订

随着世界经济一体化和资本流动全球化，企业会计准则的国际趋同成为全球趋势。我国企业会计准则建设经历了1992年发布"两则两制"和2006年建成的企业会计准则，形成了企业会计准则体系。2014年国际会计准则理事会和美国财务会计准则委员会联合发布了《国际财务报告准则第15号——与客户之间的合同产生的收入》，我国随即于2017年正式发布了《关于修订印发〈企业会计准则第14号——收入〉的通知》，将收入确认的条件做了修订。新的规定在境内外同时上市的企业以及在境外上市并采用国际财务报告准则或企业会计准则编制财务报表的企业，自2018年1月1日起施行；其他境内上市企业，自2020年1月1日起施行；执行企业会计准则的非上市企业，自2021年1月1日起施行。该准则的核心原则是，主体确认收入的方式应当反映其向客户转让商品和服务的模式，确认金额应当反映主体预计因交付该商品和服务而有权获得的金额，并设定了统一的收入确认计量的五步法模型，即识别与客户订立的合同、识别合同中的单项履约义务、确定交易价格、将交易价格分摊至各单项履约义务、履行每一单项履约义务时确认收入。

二、不同销售模式的资金运动

阶段性配比原则是指本环节的阶段所得与其对应的所失两者在时间上是什么关系。对于销售环节而言，货币资金与库存商品在时间上存在3种关系，其具体情况如表5-15所示。

表5-15 销售环节阶段性配比原则与销售模式

阶段性配比原则	商业销售模式	项目与账户设置
所得与所失同时发生	钱货两清模式	—
先失后得	赊销模式	应收账款、应收票据
先得后失	预收款模式	预收账款

1. 阶段所得与阶段所失同时发生（钱货两清模式）

销售环节阶段所得与阶段所失同时发生所引起的资金运动如图5-76所示。通过学习第三章中的"动态会计要素在会计沙盘中的表现形式"，我们知道，主营业务费用和其他的期间费用，是通过人为的干预暂时在收入项目的附近停留下来的一个小沙堆；收的款项中，除企业的商品收入外，还包括应交给国家的增值税。钱货两清模式，即A_1段"收款运动"和B_1段"供货运动"同时发生。

2. 先有阶段所失，后才有阶段所得（赊销模式）

销售环节"先失后得"所引起的资金运动如图5-77所示。在这种销售模式下，企业已经把商品卖给了买方，货款尚未收到，但企业获得了收取货款的权利，这种权利以"应收账款"或"应收票据"等项目的形式存在。其所引起的资金运动为图 5-77 中的 B_1 和 A_{21} 段运动。当企业以后收到货款时，资金再由这种临时的资金存在形态转化为阶段所得货币资金；其所引起的资金运动为图 5-77 中的 A_{22} 段运动。

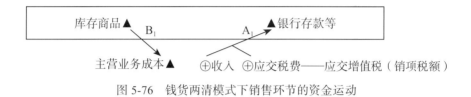

图 5-76　钱货两清模式下销售环节的资金运动

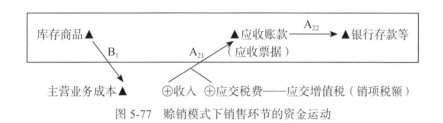

图 5-77　赊销模式下销售环节的资金运动

应收账款、应收票据都是企业因商品销售或劳务提供但尚未收取的货款，其表现为企业的一种收款的权利，是企业的资产。应收票据是债务人的一种书面还款承诺，还有担保人担保等。相对于应收账款而言，应收票据的信用级别更高，对于债权人来说风险更小。

3. 先有阶段所得，后才有阶段所失（预收款模式）

销售环节"先得后失"引起的资金运动如图 5-78 所示。在这种销售模式下，企业预收了买方的购货款，虽然没有给对方提供商品，但产生了一个需要在未来向对方提供商品或劳务的义务，这个义务就是一项新的负债——预收账款；其所引起的资金运动为图 5-78 中的 A_{31} 段运动。企业以后将商品发货给买方时，才能确认收入来冲销这个负债；其所引起的资金运动为图 5-78 中的 B_1 和 A_{32} 段运动。

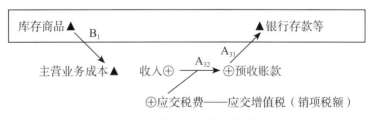

图 5-78　预收款模式下销售环节的资金运动

预收账款是指企业按照销售合同的约定，预先收取的购货单位的订货款所形成的一种债务，企业日后需要用商品或劳务来偿还这种债务。比如预收的租金，也属于这种情况。

假设企业 2 月 12 日收到 H 公司预先支付的第二季度房屋租金 120 000 元，则其收款期和服务期如图 5-79 所示。

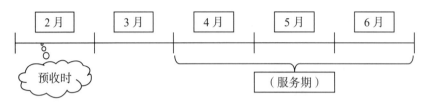

图 5-79　递延收益的收款期和服务期

收到预付款时，并不能确认为当期的收入，而是形成了一项后期出租服务的负债"预收账款"，待以后服务期逐月确认收入。其资金运动和会计处理如图 5-80 所示。

图 5-80　收到预收款时的资金运动和会计处理

在提供出租服务期间，如 4 月、5 月和 6 月末，出租服务转化为当期的收入，发生如图 5-81 所示的 B 段资金运动和会计处理。

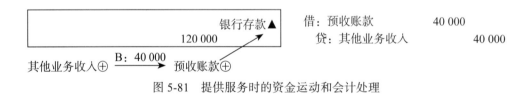

图 5-81　提供服务时的资金运动和会计处理

拓展阅读

皇家加勒比游轮公司的预收账款

皇家加勒比游轮公司成立于 1968 年，是一个备受赞誉的全球性游轮品牌，开创了诸多行业先河，旗下拥有六大品牌，40 多艘创新性游轮，其公司股票 2015 年在纽约证券交易所与奥斯陆证券交易所上市。乘游轮环游世界是很多人的梦想，因其所提供的不凡的海上之旅，皇家加勒比游轮的船票需要提前 6 个月预订。那么游轮公司何时确认票款的收入呢？皇家加勒比游轮公司的资产负债表给出了答案。根据 2016 年皇家加勒比游轮公司的财务报告，公司拥有 15 亿美元的客户保证金负债。当客户提前购票时，公司就将其作为负债贷记"预收账款——保证金"账户，只有当乘客启用船票时，公司才减记该负债账户，并记录在利润表中的收入里。在诸如房地产、航空、保险公司等行业，客户保证金及其他形式的预付款项，是企业经营活动现金流的主要来源，就如皇家加勒比游轮公司，80%以上的收入来自预付款。对相当一部分企业来说，收入并非在收到现金时就确认，比如预收的3个月的租金；费用也不一定是在支出现金时就发生，比如在费用的受益期之前预先支付的费用。

问题与讨论

过山车似的收入波动有可能是什么原因

收入确认在会计中是个敏感的问题，该不该确认，什么时间确认和确认多少，是会计实务处理的难点，也是会计舞弊的重点区域。比如，有的企业为达到上市的业绩标准，想方设法地营造高速增长的业绩，"寅吃卯粮，提前确认收入"就是常用的手段。表5-16中某公司上市前后业绩过山车似地波动，就与收入的提前确认存在很大关系。

表 5-16　某公司上市前后的业绩对比

时间	2014 年	2015 年 12 月	2015 年	2016 年 3 月	2016 年半年报
利润	57.63%	成功上市	295%	定向增发股票，募集资金 1 260 万元	-88%
收入增长	107%		291%		-14.38%

所以我国财政部于2017年7月5日，重新修订了《企业会计准则第14号——收入》准则，对收入的确认进行了更为详细的界定。随着"金税三期"功能的完善，再通过虚开商品销售发票虚增收入（将货款挂在应收账款中，在以后期间计提坏账准备或在期后冲销）、利用与未披露关联方之间的资金循环虚构交易、凭出库单和运输单据为依据记录销售收入、随意变更所选择的会计政策或会计估计方法等行为，将很容易进入金税系统的重点监控范围。请同学们讨论一下，可以通过什么手段识别企业在销售收入上的造假行为？

三、销售环节的会计处理

（一）销售环节业务及原始凭证

销售环节的业务主要是销售开票、销售发货和销售成本的计算与结转。普通的销售业务，销售部门与客户签订销售合同或者框架协议，双方意见达成一致后，下达销售订单；销售部根据销售订单填制销售单，根据客户送货要求安排发货；仓储部门根据销售部门传递过来的销售单安排装车出库；财务部门根据销售单开具销售发票，并进行收入的确认，月底结转销售成本。其业务流程如图 5-82 所示。

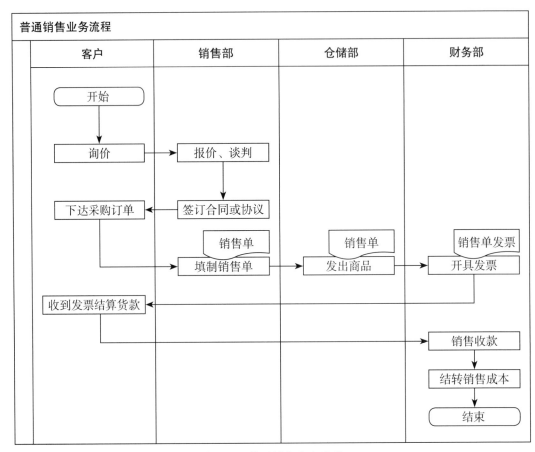

图 5-82　普通销售业务流程

销售业务的重要原始凭证有销售发票、收款凭证、销售单和主营业务成本计算表，分别介绍如下。

1. 销售发票

销售发票是一种用来表明已销售商品的规格、数量、价格、销售金额等内容的凭证，是证明销售交易的基本凭证。企业可在营销部门中专门设置开票岗位，也可由财务部门兼任。增值税专用发票一式三联，第一联销货方记账联，可以不用盖章；第二联和第三联要交给购货方，其中第二联为购货方进项税抵扣用。增值税专用发票第一联如图 5-83 所示。

图 5-83 增值税专用发票第一联

2. 销售单

销售单是销售业务中的核心单据,是销售发货的信息载体,通过销售单向仓库和财务传递信息。利民工贸的销售单样式如图 5-84 所示。

图 5-84 利民工贸的销售单样式

3. 销售结算:银行承兑汇票

企业之间的收付结算,除了供应过程介绍的转账支票和汇兑方式,企业经常使用的还有商业汇票和委托收款等形式。

商业汇票是指出票人签发的，委托付款人在指定日期无条件支付确定金额给收款人或者持票人的票据。根据承兑人不同，商业汇票分为商业承兑汇票和银行承兑汇票两种，银行承兑是银行承诺和担保，到期支付给收款人；商业承兑是企业承诺和担保，根据信用级别，企业更愿意接受银行承兑这种方式。利民工贸收到宝利拍卖行的银行承兑汇票如图 5-85 所示。

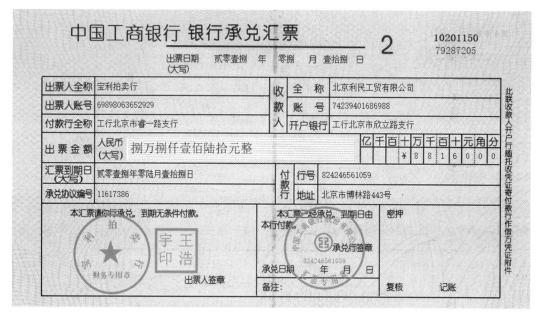

图 5-85　银行承兑汇票

出纳收到银行承兑汇票后，先把票面含背书页复印存档，然后根据票面的内容登记汇票登记簿，记录票据号码、签发行、付款单位、收款单位、签发日期、到期日期、金额等关键因素，以提醒到期日办理收款、贴现或背书转让等业务，再给付款单位开收据。出纳将汇票复印件和收据一起传递给会计，会计据此编制记账凭证，并根据收款性质登记应收票据明细账、应收账款明细账或主营业务收入明细账等。收到银行承兑汇票的业务流程如图 5-86 所示。

汇票的后续处理有很多种情况，可以在到期日到银行办理托收，也可以在汇票到期之前提前到银行贴现，还可以背书转让给自己的供货方。比如，利民工贸于 8 月 28 日将 8 月 18 日收到的银行承兑汇票背书转让给艺丰纸业，用于应付账款的结算，如图 5-87 所示。

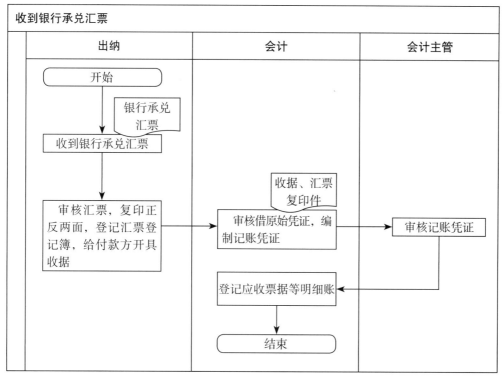

图 5-86 收到银行承兑汇票的业务流程

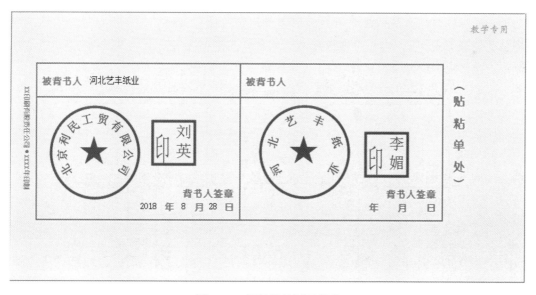

图 5-87 银行承兑汇票背书

拓展阅读

云南铜业的虚假贸易融资

商业汇票的承兑期限一般为 3～6 个月，对于付款方，在获得一定的银行授信额度之后，单位只要存入相应百分比的保证金就可以开具大于或等于保证金数额的银行承兑汇票，这在一定程度上缓解了资金的周转问题；而针对销售方，一方面可以促进销售，另一方面也可以将收到的汇票银行贴现变现资金或背书转让。所以，银行承兑汇票在企业经营贸易中发挥着越来越重要的作用，成为有效缓解中小企业融资难的重要融资工具之一，倍受企业青睐。但是也有使用银行承兑进行虚假贸易融资，鲸吞国家和公司财产的行为发生，比如云南铜业的虚假贸易融资。

2007年年初，云南铜业与云南昌立明经贸有限公司（以下简称"昌立明公司"）签订合同，购买后者10亿元铜精矿，随后向昌立明公司开出3亿元和7亿元银行承兑汇票。此后两个月内，因"昌立明公司未能按合同约定提供原料"，云南铜业又先后从昌立明公司收回0.95亿元现金、1亿元银行承兑汇票和8.05亿元商业承兑汇票。至此，云南铜业与昌立明公司所有业务全部结清，并且至今也未有新增业务发生。事实上，昌立明公司收到10亿元银行承兑汇票后立即贴现，用于购买云铜业增发的股票，成为云南铜业十大股东之一。这一出一进的资本运作，让昌立明公司获利不少，云南铜业与昌立明之间的贸易关系如图5-88所示。为了让行为更加隐蔽，昌立明公司还专门利用没有股权关系的第三方碧海缘公司来转移公众视线：云南铜业从昌立明公司购买铜精矿，昌立明公司从碧海缘公司购买铜精矿，碧海缘再向云南铜业购买铜精矿。2009年事发，相关责任人均获刑事处罚，云铜集团原副总经理、总会计师、董事会秘书陈某挪用公款7.6亿元，内外勾结做虚假贸易融资，操纵股票，获刑20年；昌立明总经理郑某和副总经理戴某分别获刑10年和2年，没收11亿余元的巨额非法利益。

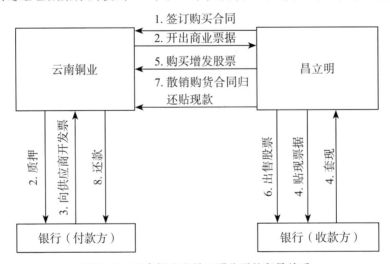

图5-88 云南铜业和昌立明公司的贸易关系

4. 销售成本计算表

通过上述分析，我们知道销售业务体现在两个方面：一是销售收入的增加；二是库存商品的减少。所以每个会计期末,都需要将已经销售商品的生产成本从"库存商品"项目转出,因为很可能存在期初的库存,所以本期待售商品数量就等于"期初库存数量+本期完工入库的产品数量",随着商品不断售出,其成本作为销售成本,通过"主营业务成本"或"其他业务成本"项目转入利润表,期末未售出的商品作为"存货"的一部分列示在资产负债表,如图 5-89 所示。

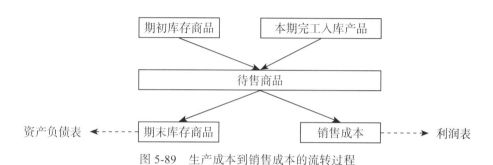

图 5-89　生产成本到销售成本的流转过程

产品完工入库时,以本月发生的料、工、费和为本期产品的生产成本,借记"库存商品",贷记"生产成本";销售商品时,按发出存货的成本乘以发出数量,借记"主营业务成本",贷记"库存商品"。

因为存在期初库存,且每批次完工入库的产品成本也可能不一样,所以发出商品的成本,需要经过计算才能确认。销售成本的计算,其实是发出商品成本的计算,计算方法与发出材料的计算方法相同,也有先进先出法、个别计价法、全月一次加权平均法和移动加权平均法等。

利民工贸采用全月一次加权平均法,即在期末按加权平均的单价计算销售成本,其计算公式为:销售成本=本期销售数量 × 加权平均单价。本期产品销售数量可以借助 Excel 来统计,也可以直接在"库存商品明细账"上取得;加权平均单价通过成本计算的方法获得。假设本书案例利民工贸,关于产品成本的数据如表 5-17 所示。

表 5-17　利民工贸本月产品数量及单价

	本期完工产品的单位成本（元/个）	本期完工数量（个）	期初单价（元/个）	期初数量（个）
普通纸箱	7.94	15 000	5.2	2 000
彩色纸箱	16.84	12 000	10.5	1 200

则本期加权平均后的销售成本为

$$发出的普通纸箱的成本 = \frac{7.94 \times 15\,000 + 5.2 \times 2\,000}{15\,000 + 2\,000} = 7.62（元）$$

$$发出的彩色纸箱的成本 = \frac{16.84 \times 12\,000 + 10.5 \times 1\,200}{12\,000 + 1\,200} = 16.26（元）$$

当销售商品的品种比较多时,就要借助表格,尤其是 Excel 表格完成销售数量的汇总和发出商品成本的计算了。

如图 5-90 为某小家电销售商日常所做的销售明细表,期末,汇总每一种商品的销售数量(可用 Excel 透视功能),再使用加权平均的方法,计算出销售出库产品的单价,进而计算销售出库产品的成本,如图 5-91 所示。

	A	B	C	D	E	F	G
1	日期	商品名称	规格型号	销售数量	销售单价(无税)	销售金额	购货单位
2	9月6日	轻巧型不锈钢电热水壶	SH-Q	2000	85.00	170000.00	山东万益
3	9月6日	经典型不锈钢电热水壶	SH-J	1000	120.00	120000.00	山东万益
4	9月6日	豪华型不锈钢电热水壶	SH-H	300	255.00	76500.00	山东万益
5	9月6日	经典型电饭煲	FB-J	1000	153.00	153000.00	山东万益
6	9月6日	智能型电饭煲	FB-Z	400	263.00	105200.00	山东万益
7	9月6日	精磨型豆浆机	DJ-J	300	325.00	97500.00	山东万益
8	9月6日	时尚型豆浆机	DJ-S	1000	220.00	220000.00	山东万益
9	9月12日	轻巧型不锈钢电热水壶	SH-Q	4000	85.00	340000.00	福建银海
10	9月12日	经典型不锈钢电热水壶	SH-J	1970	120.00	236400.00	福建银海
11	9月12日	豪华型不锈钢电热水壶	SH-H	408	255.00	104040.00	福建银海
12	9月12日	经典型电饭煲	FB-J	1200	153.00	183600.00	福建银海
13	9月12日	智能型电饭煲	FB-Z	440	263.00	115720.00	福建银海
14	9月12日	精磨型豆浆机	DJ-J	300	325.00	97500.00	福建银海
15	9月12日	时尚型豆浆机	DJ-S	500	220.00	110000.00	福建银海
16	9月28日	轻巧型不锈钢电热水壶	SH-Q	14364	85.00	1220940.00	昆明经贸
17	9月28日	经典型不锈钢电热水壶	SH-J	9572	120.00	1148640.00	昆明经贸
18	9月28日	豪华型不锈钢电热水壶	SH-H	2952	255.00	752760.00	昆明经贸
19	9月28日	经典型电饭煲	FB-J	4808	153.00	735624.00	昆明经贸
20	9月28日	智能型电饭煲	FB-Z	1374	263.00	361362.00	昆明经贸
21	9月28日	精磨型豆浆机	DJ-J	1062	325.00	345150.00	昆明经贸

图 5-90 某小家电销售商的日常销售明细表

	A	B	C	D	E
1			销售成本计算表		
2		数据			
3	商品名称	求和项:销售数量	求和项:销售金额	出库单价	出库成本
4	豪华型不锈钢电热水壶	3660	933300	152.86	559479.05
5	经典型不锈钢电热水壶	12542	1505040	92.01	1154049.36
6	经典型电饭煲	7008	1072224	119.00	833952.00
7	精磨型豆浆机	1662	540150	253.79	421794.38
8	轻巧型不锈钢电热水壶	20364	1730940	76.86	1565096.93
9	时尚型豆浆机	3834	843480	170.41	653338.04
10	智能型电饭煲	2214	582282	203.59	450757.57
11	总计	51284	7207416		5638467.32

图 5-91 某小家电销售商的销售成本计算表

(二)销售过程常用账户设置

为核算和监督销售过程的经济内容,企业应设置的账户主要有"主营业务收入""主营业务成本""其他业务收入""其他业务成本""税金及附加""销售费用""应收账款""预收账款""应收票据"等账户。有些账户的作用,前面已经介绍得很详细了,此处只在收入类和成本费用类中选择两个科目进行陈述。

1. 主营业务收入

主营业务收入账户属于损益类账户，核算企业在销售商品、提供劳务等主营业务中所实现的收入。其贷方登记确认实现在主营业务收入，借方登记期末结转到"本年利润"账户的数额，期末结转后无余额。该账户可按业务类别或产品设置明细账。其账户结构和资金运动如图 5-92 所示。取得收入时，资金进入企业，发生 A 段运动；期末结转损益时，发生 B 段运动，将收入转至"本年利润"项目。

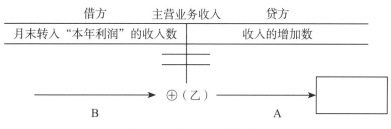

图 5-92　主营业务收入账户的结构与资金运动

2. 主营业务成本

主营业务成本账户属于损益类账户，核算企业在销售商品、提供服务等主营业务中应该结转的成本。其借方登记已经实现销售的商品成本，贷方登记期末结转到"本年利润"账户的数额，期末结转后无余额。该账户可按业务类别或产品设置明细账。其账户结构和资金运动如图 5-93 所示。销售发货时，发生 A 段运动，资金流出企业；期末结转损益时，发生 B 段运动，将销货成本转至"本年利润"项目。

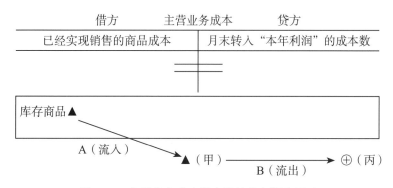

图 5-93　主营业务成本账户的结构与资金运动

（三）销售过程资金运动分析

将多元化经营、收入费用的拓展以及阶段性配比原则对销售环节的影响，分析与前面基本销售过程的资金运动结合在一起，就构成了一幅完整的企业销售环节资金运动图，如图 5-94 所示。其中，甲项目代表多元化的各种收入，乙项目代表营业成本和本期的各种费用，丁表示应收账款，戊表示预收的账款，丙则表示当期的利润。

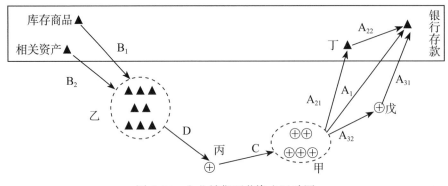

图 5-94　企业销售环节资金运动图

（四）销售环节资金运动与会计处理举例

【例 5-8】 对利民工贸下述经济交易与事项进行确认与计量，并编制会计分录。

（1）向宝利拍卖行售出彩色纸箱，开具的发票、销售单和银行承兑汇票如图 5-83～图 5-85 所示，根据这些原始凭证，绘制资金运动图和会计分录如下。

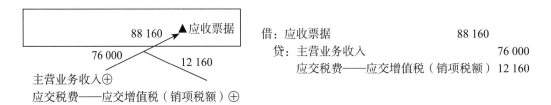

（2）向中粮集团售出普通纸箱 600 个，每个售价 15 元，发票已开，货物已发，货款尚未收到，其资金运动和分录如下。

（3）期末，结转上述销售业务的成本，普通纸箱 600 个，彩色纸箱 2 000 个，利用加权平均计算的两种产品出库成本分别为 7.62 元和 16.26 元，则销售成本结转的资金运动和分录如下。

借：主营业务成本——普通纸箱	4 572	
——彩色纸箱	32 520	
贷：库存商品——普通纸箱		4 572
——彩色纸箱		32 520

（4）以库存现金支付上述两种产品的运输费用，合计400元，增值税40元。

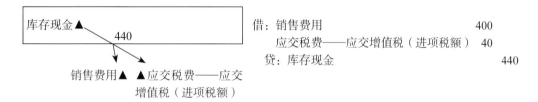

借：销售费用　　　　　　　　　　　　　400
　　应交税费——应交增值税（进项税额）　40
　贷：库存现金　　　　　　　　　　　　　　440

（5）厂部李军出差预借差旅费800元，出纳以现金支票支付。

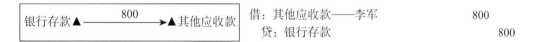

借：其他应收款——李军　　　　800
　贷：银行存款　　　　　　　　　　800

（6）本月出租仓库收入现金2 200元。其中：一般纳税人出租金不动产，需要按10%的税率缴纳增值税。

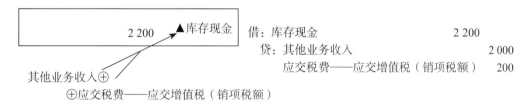

借：库存现金　　　　　　　　　　　　　2 200
　贷：其他业务收入　　　　　　　　　　　2 000
　　　应交税费——应交增值税（销项税额）　200

（7）企业以银行存款支付厂部本月水费3 000元，以现金支付厂部办公费用1 800元，以现金支票支付厂部业务招待费2 400元，假设不考虑增值税。

借：管理费用　　　　7 200
　贷：银行存款　　　　　5 400
　　　库存现金　　　　　1 800

（8）出售材料售价2 000元，货款收存入银行；材料实际成本1 600元。

1)收入的取得。
借：银行存款　　　　　　　　　2 320
　　贷：其他业务收入　　　　　　　　　2 000
　　　　应交税费——应交增值税（销项税额）　320

2)成本的结转。
借：其他业务成本　　　　　　　1 600
　　贷：原材料　　　　　　　　　　　　1 600

（9）企业收到华纳公司支付的所欠上月的购货款60 000元，款已存入银行。

借：银行存款　　　　　　　　　60 000
　　贷：应收账款　　　　　　　　　　　60 000

（10）企业收到大宇公司包装物押金2 000元，款已存入银行。

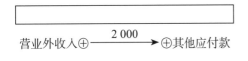

借：银行存款　　　　　　　　　2 000
　　贷：其他应付款　　　　　　　　　　2 000

（11）因大宇公司违约，企业没收大宇公司押金2 000元，全部作为营业外收入处理。

借：其他应付款　　　　　　　　2 000
　　贷：营业外收入　　　　　　　　　　2 000

（12）企业预收永利达公司购货款20 000元。

借：银行存款　　　　　　　　　20 000
　　贷：预收账款　　　　　　　　　　　20 000

拓展阅读

营业外收入需要缴纳什么税

营业外收入是指企业确认与企业生产经营活动没有直接关系的各种收入。通俗地讲，除企业营业执照中规定的主营业务以及附属的其他业务之外的所有收入增多均视为营业外收入，主要包括：非流动资产处置利得、非货币性资产交换利得、出售无形资产收益、债务重组利得、企业合并损益、盘盈利得、因债权人原因确实无法支付的应付款项、教育费附加返还款、罚款收入、捐赠利得等。营业外收入是否缴税，要缴纳什么税，需要根据具体情况来定：如果营业外收入是租金、卖废品、卖旧房屋旧设备等收入，需要缴纳所得税和增值税；如果营业外收入是盘盈或收取职工的罚款等，需要缴纳所得税；如果营业外收入是代扣代缴税款收入，比如税局返还的手续费，则不需要缴纳任何税费。

职业道德和公司管理

金税三期

金税三期系统是基于互联网的，覆盖税务总局、地税国税各级机关以及与其他政府部门网络的纳税服务平台。过去，有的企业通过虚增资产和收入、虚减负债和费用（虚减资产和收入）、虚增负债和费用的方法来粉饰报表，以达到融资、完成上级部门指标或是避税等目的；有的企业以账外收入的形式隐匿收入，从而少缴税款；有的企业购置虚假发票多抵进项税、虚列人头、增加成本等。这些常用的财务造假手段，在金税三期面前将暴露无遗。税务机关通过大数据预警系统，对企业提供的资产负债表、利润表、增值税纳税申报表、企业所得税预缴申报表以及企业所得税汇算清缴报告和发票等信息进行全方位的监控和分析，对各项指标进行比对，将比对异常的列为重点稽查对象。

能力提升

利民工贸 2018 年 8 月期初余额如表 5-18 所示。

表 5-18 利民工贸 2018 年 8 月各科目的期初余额

科目名称	期初借方	期初贷方	数量	单价
库存现金	3 000.00			
银行存款	162 000.00			
建行	162 000.00			
中行				
应收账款	63 200.00			
中粮集团	63 200.00			
预付账款	20 000.00			
其他应收款	5 000.00			
梁兰	5 000.00			
坏账准备		800.00		
原材料	174 000.00			
三层瓦楞纸板	75 000.00		250.00	300.00
三层瓦楞纸板	99 000.00		220.00	450.00
库存商品	23 000.00			
普通纸箱	10 400.00		5.20	2 000.00

（续）

科目名称	期初借方	期初贷方	数量	单价
彩色纸箱	12 600.00		10.50	1 200.00
固定资产	692 875.00			
累计折旧		82 300.00		
无形资产	83 000.00			
应付账款		31 500.00		
内蒙古旭阳		31 500.00		
应付职工薪酬		98 464.00		
工资		68 000.00		
社保费		22 304.00		
公积金		8 160.00		
应交税费		27 208.00		
城建税		1 470.00		
教育费附加		630.00		
地方教育费附加		420.00		
个人所得税		3 688.00		
未交增值税		21 000.00		
其他应付款		15 096.00		
个人社保费		6 936.00		
个人公积金		8 160.00		
实收资本		800 000.00		
资本公积				
盈余公积		20 000.00		
本年利润		150 707.00		
利润分配				
合计	1 226 075.00	1 226 075.00		

2018年7月发生以下经济业务，请画出每笔经济业务的资金运动图，并填制记账凭证。

1.3日，向银行借入贷款200 000元，期限为6个月，年利率8%，借入款项存入银行。

2.5日，收到大华公司投资100 000元存入银行，占注册资本1 000 000元的10%，款已存入银行。

3.8日，从河北艺丰纸业购进五层瓦楞纸板100张，收到增值税专用发票，发票注明单价455元，材料款45 500元，税款为7 280元。上述款项已用银行存款支付，材料尚未到达。

4.10日，从艺丰公司购进的五层瓦楞纸板如数验收入库，实际成本为45 500元。

5. 10日，以银行存款代发上月工资49 216元，代扣职工个人应承担的社保费6 936元，代扣个人承担住房公积金8 160元，代扣个人所得税3 688元。

6. 11日，向内蒙古旭阳纸业购买三层瓦楞纸板，预付定金12 000元。

7. 13日，生产车间领用材料一批，其中：生产普通纸箱领用三层瓦楞纸板200张；生产彩色纸箱领用五层瓦楞纸板120张；车间一般耗用三层瓦楞板纸2张。

8. 14日，购进一台不需要安装的生产用设备，增值税专用发票显示购买价300 000元，税款为48 000元；另发生运输费1 000元，运费增值税税率10%；包装费200元。该设备已运达利民公司并已达到预定可使用状态，所有款项以银行存款支付。

9. 15日，网上银行缴纳上月税费，其中增值税21 000元，代缴个人所得税3 688元，城市维护建设税1 470元，教育费附加630元，地方教育费附加420元，可合并填制一张凭证。

10. 15日，网上银行缴纳社保29 240元，其中单位承担的社保22 304元；住房公积金16 320元，其中单位承担的8 160元。

11. 16日，向内蒙古旭阳纸业购买的200张三层瓦楞纸板到货，增值税专用发票注明单价310元，货款62 000元，税额9 920元，以预付订金转货款，余款以银行存款补足。

12. 17日，生产车间领用材料一批，其中：生产普通纸箱领用三层瓦楞纸板150张；生产彩色纸箱领用五层瓦楞纸板130张。

13. 17日，销售给永利达食品厂普通纸箱4 000件，单价15元，价款60 000元，增值税销项税额9 600元，以库存现金垫付运费120元，货款及代垫运费暂未收到。

14. 从河北艺丰纸业购进三层瓦楞纸板200张，单价320元；五层瓦楞纸板300张，单价452元。收到增值税专用发票，税款为31 936元。上述款项已用银行存款支付，材料验收入库。

15. 18日，向宝利拍卖行销售彩色纸箱2 000件，单价32元，价款64 000元，增值税销项税额10 240元，款项收存银行。

16. 20日，以现金支付车间机器维修费500元。

17. 21日，销售给中粮集团普通纸箱3 200件，单价14元；彩色纸箱1 000个，单价31元，已开具增值税专用发票，货已发，款未收。

18. 23日，销售主管梁兰出差归来，报销差旅费4 600元，同时交回现金400元。

19. 27日，计提本月工资，其中：普通纸箱生产工人工资40 000元，彩色纸箱生产工人工资50 000元，车间管理人员工资8 000元，行政管理人员工资12 000元。

20. 30日，计提本月短期借款利息。

21. 30日，计提固定资产折旧，其中车间使用设备当月折旧3 140元，行政办公部门设备折旧970元。

22. 30日，本月共完工入库普通纸箱20 000个，彩色纸箱1 200个，假设领用材料全部用于本月产品加工，月末没有在产品。按全月一次平均法结转本月材料费、按车间工人工资分配制造费用，并结转本月完工产品成本。

23. 30日，按全月一次平均法结转本月销售成本。

Chapter 6 第六章

企业期末会计事项的处理

本章概览

我国企业会计核算的基础是权责发生制,所以每到月末,要进行后期支付费用的计提和预先支付费用的摊销,要进行生产成本和销售成本的结转,还要结清损益类账户以便计算出当期净利润。年末需要将本年实现的利润计提盈余公积,再向投资者进行合理的分配,比如派发现金股利或股票股利,未分配完的利润留存在企业,形成未分配利润。

学习目标

1. 熟悉会计月末工作内容和工作流程。
2. 掌握利润形成的核算方法和资金运动的方式。
3. 掌握理解利润分配的过程和资金运动的方式。
4. 能够进行期末业务的会计处理。
5. 能够进行利润分配的会计处理。

引导案例

分红还是送转

对于两市的投资者而言,有两类公司最让投资者担心:一种是不分红的铁公鸡;另一种是"假慷慨"的高送转企业。前者在回报投资者方面吝啬,后者看似慷慨,但结合过往的公开信息可知,慷慨背后还会有种种"剪韭菜"的陷阱,例如大股东、实际控制人、重要股东趁机减持套现。针对这种情况,近年来监管层对此加大了监督力度,表示会重拳出击,治理乱象。

2017年4月,有数十家公司发布公告,称变更《2016年度利润分配预案》,此前一些让投资者"目眩"的高送转方案,如10送30的方案,大幅缩水,还有一些上市公司,在缩水送转股份数额的同时,增加了现金分红方案。比如,金利科技于2017年4月12日发布公告称,"基于高度重视监管部门的监管理念和监管导向,为切实维护广大股东利益",

将公司此前的"以资本公积向全体股东每 10 股转增 30 股，不进行现金分红，不送红股"的利润分配预案修改为"以资本公积向全体股东每 10 股转增 6 股"。在会计核算上，企业利润的形成和分配是怎样的？现金股利、股票股利的实质是什么？

为及时提供决策有用的会计信息，会计分期假设将企业的经营过程分为不同的期间，如月度、季度、半年度和年度，在每一个会计期末，结清收入、费用和利润，编制财务报告，及时反映当期的财务状况和经营成果。我们将月末结账、结账前的准备和年末利润的分配，统称为会计期末工作。会计期末工作，综合性强，充分体现了会计人员的综合能力，即便是使用会计软件做账的企业，也需要会计人员做出专业的判断。所以，本书把月末和年末业务的会计处理单列一章进行讲解。

第一节　企业月末会计事项的会计处理

每到月末和下月初是会计人员最忙碌的时候，需要处理的事情很多，但业务内容比较固定，一般包括计提税费、核对凭证和账簿、存货成本核算、费用的摊销和计提、结转损益、结账和编制财务报表。

一、会计月末工作的内容

（一）计提税费

计提税费指的是各种税费的计算和提取。月末，会计人员计算当月应该缴纳的各种税费，并将其提取结转至"应交税费"的明细科目，形成对国家的一种负债，次月初向税务局申报缴纳。

月末计提的税费包括：增值税、地税、印花税和个人所得税；季末计提的税费一般指的是企业所得税和印花税中的购销合同（也可以月末计提）；房产税、土地使用税一般半年度计提；车辆购置税、车船税、契税、土地增值税，在实际发生时，确定缴纳和申报。

计提时，增值税借记"应交税费——应交增值税（转出未交增值税）"，贷记"应交税费——未交增值税"；所得税借记"所得税费用"，贷记"应交税费——企业所得税"，其他的税费计提借记"税金及附加"，贷记"应交税费"下的相应明细。

（二）核对凭证和账簿

财务人员应核对凭证和账簿，检查本期发生的经济业务是否全部登记入账，比如，查看是否有已经入库但尚未取得采购发票的材料，如果有，做暂估处理，借记

"原材料"，贷记"应付账款——暂估应付款"。

针对某些项目，每个月末均要进行账实核对。比如货币资金项目，财务人员每个月都应认真核对每笔款项的进出记录，月底打印出银行对账单同企业银行存款日记账认真核对，发现问题及时处理；对于往来账，月底要将本月入账的进项和销项发票仔细核对，确定每张发票的结算方式，是现金结算的索要收据证明，是银行结算的应取得对应的银行结算凭据，是往来挂账的按号入座认真入账；其他的资产可在年末或不确定的某一天进行账实核对，这部分内容称"财产清查"，将在第七章详细介绍。

（三）存货成本核算

财务人员应根据当月生产和销售情况，及时收集存货出入库单据，选择合适的成本计算方法，计算产品成本或销售成本，编制结转生产成本和销售成本的凭证并入账。结转生产成本时，借记"库存商品"，贷记"生产成本"；结转销售成本时，借记"主营业务成本"，贷记"库存商品"。成本核算的资金运动和计算方法，详见第五章。

（四）费用的摊销和计提

在日常业务全部正确登记入账的基础上，按权责任发生制原则，将收入和费用归属于各个相应的会计期间。比如，计提应属于本期的费用：固定资产计提折旧、无形资产摊销、分配水电费、职工薪酬以及以职工薪酬为基数计提的社保费等，做到不漏提也不多提；对存在需要摊销的费用，如开办费、材料成本差异等每月摊销的费用，及时做好摊销分配凭证。

（五）结转损益

财务人员应归集当月损益类科目发生金额，分别结转到"本年利润"科目，以便在账簿上重新记录下一个会计期间的业务。结转损益的分录也需要登记到相应的账簿中去。

（六）结账

结账是每月工作的结束和下月工作开始的衔接，财务人员在账簿上结出各账户的本期发生额合计和期末余额，通过画线表示"本月记录到此结束"，将期末余额结转至下期，作为下一会计期间的期初余额。关于结账的方法，在第四章有介绍，此处不再赘述。

（七）编制财务报表

月末要编制的报表有月资产负债表、月利润表和月现金流量表，这部分内容将在第八章中详细介绍。

月末会计工作的主要内容如图6-1所示。在信息化工作环境下，期末的摊销、计提和结转,以及财务报表,均可以通过取数公式自动生成。

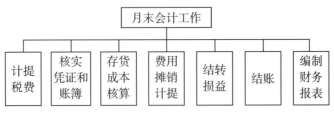

图 6-1　月末会计工作的主要内容

二、摊提业务的资金运动

(一)预提费用

我们把费用本期负担但款项未在本期支付的方法叫计提。以应交税费为例,企业需要确认本期的消费税、资源税、城市维护建设税、教育费附加等,也可能需要根据本期的利润确认所得税。这些税费的确认会引起企业利润的减少,从而形成企业的费用,前者称为"税金及附加"项目,后者称为"所得税费用"项目。但这些税费的实际缴纳发生在以后的会计期间,从而形成企业对国家的债务"应交税费",其所引起的资金运动为图 6-2 中的 B_{31} 段运动。以后实际缴纳时,冲掉"应交税费"这笔债务,其所引起的资金运动为图 6-2 中的 B_{32} 段运动。

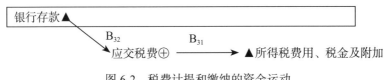

图 6-2　税费计提和缴纳的资金运动

常见的计提业务还包括计提短期借款利息、计提工资、预提的租金和保险费、预提固定资产修理费用以及各种资产减值准备等。这类业务的资金运动如图 6-3 所示。计提费用时,发生在 B_{21}、B_{31}、B_{41} 和 B_{51} 的资金运动;后期支付时,发生在 B_{22}、B_{32}、B_{42} 和 B_{52} 的资金运动。

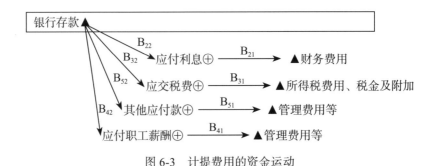

图 6-3　计提费用的资金运动

(二)待摊费用

待摊费用是指已经支出但应由本期和以后各期分别负担的各项费用,如一次性支出数额较大的财产保险费、技术转让费、固定资产经常修理费、预付租金等。待摊费用作为可能的未来经济利益,或是随着时间的推移而消逝,可以使用"预付账款"账户进行核算。待摊费用在第五章第四节中有详细介绍。会计人员在期末应检查所有跨期摊提业务是否全部入账。

三、税费业务的会计处理

目前,我国企业会计纳税主要依据会计账簿记录和会计报表,很多企业的税费申报和缴纳是由会计人员完成的,所以本书将期末税费的处理,视为会计人员期末的固定工作事项。期末需要结转和计提的税费包括以下几项。

(一)增值税

月底,会计人员应当积极核对销售业务,核实当月开票税额,尽快填开销项发票,确定当月销项税额。一笔购销业务从合同签订,到公司发货、对方验收确认、发票填开需要一段时间,这段时间又因为客户的大小、业务往来的频率、各公司验收程序的不同存在差异。销售企业的财务人员,必须对企业日常销售的处理业务相当明确,熟悉主要客户的开票要求,做好与客户的沟通工作,在满足客户要求的同时,又不耽误本公司正常的工作处理。

进项税发票的认证,既可以通过网上认证系统自行认证,也可以去税务机关认证。通常商品要比发票提前到达企业,企业在收好货物的同时还应确认发票的开具情况,在规定时间未收到发票时应与对方联系,索要或催开发票。增值税发票认证的期限为从开票之日起180天,目前当月认证的发票必须在当月抵扣。

月末,会计人员计算当月应该缴纳的增值税,并将其结转至"应交税费——未交增值税"科目。本课程只涉及应交增值税的"销项"和"进项"两个专栏,且销项税额大于进项税额。此时,应交增值税计提和缴纳的资金运动如图6-4所示。

其中,A段运动是企业购进业务时的资金运动;B段运动是企业销售业务时的资金运动;C段运动就是期末进行结转未交增值税的资金运动,其会计处理为

借:应交税费——应交增值税(转出未交增值税)
    贷:应交税费——未交增值税

我国增值税按月申报,申报时间是次月15日前,所以增值税就形成了先行确认和后期支付,缴纳时的资金运动为图6-4中D段运动,其会计处理为

借：应交税费——未交增值税
  贷：银行存款

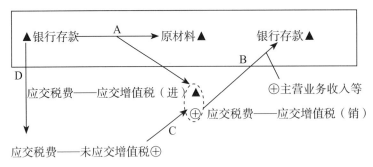

图 6-4 增值税的计提与缴纳

注：A——进项税额的发生
B——销项税额的发生
C——期末将"应交税费——应交增值税"的余额转入"应交税费——未交增值税"
D——缴纳上期应付未付的增值税

问题与讨论

增值税影响利润吗

有人说"增值税不影响本期利润"，因为在会计科目的设计上，增值税是负债类科目，通过"应交税费——应交增值税"科目核算，而不像所得税费用，是损益类科目。但是也有人认为，企业实实在在地支付了增值税，难道不是成本的一部分吗？成本不应该从本期实现的收益中扣除吗？再比如，如果增值税不影响企业利润，为何有企业通过虚开增值税发票调节利润？请同学们查阅相关增值税的文献，了解增值税的本质，讨论增值税对企业利润的间接影响。

（二）地税税金

月末，在计提应缴增值税的同时，企业还应计提应缴纳的归属地方税收的税金（简称地税税金），主要包括城市维护建设税、教育费附加和地方教育费附加。计提的基数是当月应缴增值税和消费税之和（本书不涉及消费税），计提比率分别为 7%、3% 和 2%。计提地税税金的资金运动为图 6-3 中的 B_{31} 段运动，缴纳时发生 B32 段运动。月末计提地税税金的会计处理为

借：税金及附加
  贷：应交税费——城市维护建设税
          ——教育费附加
          ——地方教育费附加

(三) 其他税种的计提

正常月份，企业只需考虑计算增值税及计提的地税税金，但个别月份，如季度需要计提应缴纳的企业所得税（通过"所得税费用"核算，按季预缴，年终汇算清缴，但企业也可以选择每个月都缴纳和清算，此部分内容将在本节"利润的形成与核算"中详细介绍）；半年度需要计提应缴纳房产税、土地使用税等；印花税中的购销合同通常是按季度缴纳；车辆购置税、车船税、契税、土地增值税，在实际发生时，确定缴纳和申报，以上税种通过"税金及附加"核算。

计提时：

借：税金及附加

  贷：应交税费——应交消费税/资源税/土地增值税/车船税/印花税等

次月 15 日前缴纳，缴纳时根据完税凭证，做以下会计处理：

借：应交税费——应交×××税

  贷：银行存款

拓展阅读

一辆售价 20 万元的汽车要交多少税

我国不同行业的服务项目，征收的税目和税率是不同的。除大家熟知的增值税以外，还有消费税、城市维护建设税、教育费附加、土地增值税、车辆购置税、车船税、契税等。以汽车销售为例，假设一台售价 20 万元的家用小轿车，应承担的税费如表 6-1 所示，如果是合资或进口的汽车，还要给汽车品牌所属国家缴纳一定比例的相关税款。

表 6-1 一辆售价 20 万元的汽车要交的税

项目	税种	征收基数	适用税率	税额（元）	备注
流转税	增值税	销售价格	17%	34 000.00	消费税：不同排量消费税不同，以 2.0 排量为例，为销售价格的 9% 应交增值税 = 销项税额 - 进项税额，为简便计算应交增值税，按估计的毛利的 17% 计算（行业经验值）
	消费税	销售价格	9%	18 000.00	
	城建税	消费税+（增值税销项-进项）	7%	1 665.00	
	教育费附加	消费税+（增值税销项-进项）	3%	713.00	
	地方教育费附加	消费税+（增值税销项-进项）	2%	476.00	
	车辆购置税	销售价格	10%	20 000.00	
	印花税	购销合同	0.03%	140.00	
直接税	所得税	税前利润	25%	6 200.00	
合计				81 194.00	

（四）税费的申报和缴纳

目前我国国家税务局主要征收的项目有增值税、消费税和企业所得税，地方税务局主要征收的项目有城市维护建设税、教育费附加、个人所得税、土地增值税、房产税等。随着金税三期工程和防伪税控系统的不断升级，我国已经建成基于互联网的纳税服务平台，企业不用去税务局就可以完成各种税种的申报和缴纳。

申报的大致流程为：在金税三期系统中填写财务报表和增值税纳税申报表后，单击"申报"；在防伪税控开票系统中，执行"抄税"和"扣款"，即可完成自动申报和缴纳。企业也可自行打印完税凭证作为附件，编制缴纳税费的凭证，冲减上月计提税金。

拓展阅读

企业的税务会计

会计人员如果缺乏相关税务会计系统知识，就无法准确地计算税金并进行申报纳税，更谈不上进行所谓的税收筹划，只能机械地接受税务机关的指示或处理。所以，现在越来越多的企业设置了"税务会计"岗位，配备了既懂税法、税制，又精通会计业务的专门税务会计人员，使企业在履行纳税义务的同时，也能充分享受纳税人的权利，如申请减税、免税、退税；对税务处罚要求举行听证、向上一级税务机关提出复议；在税收规定允许的前提下综合权衡各种投资方案、经营方案与纳税方案，使其形成最佳组合（即进行税务筹划），从而达到既合法纳税，又可使税收负担最低化、降低纳税风险，实现利润最大化的目的。企业税务会计，不仅可以帮助企业及时、正确地履行纳税义务，还能对企业税务活动进行研究，有助于税务机关发现税收征管的薄弱环节及税制的不完善之处，从而促进税收征管走上法制化、规范化的轨道。

四、结转分录编制的步骤

企业日常的经济业务，发生时多数有业务部门的通知和外来的原始凭证，如购货发票、支票存根、货运单据等，所以日常业务的会计处理是在取得原始凭证的基础上开展的，会计人员见到原始凭证进行账务处理，一般情况下不会有遗漏。但期末业务的会计处理，没有外来原始凭证，有些需要会计人员自制计算表作为附件，有些甚至不需要附件，所以期末结转，需要会计人员有一定的专业判断，同时要耐心且细心地进行账务处理。

月末编制计提、摊销和结转的凭证，前提是日常经济业务已经全部登记入账，所编制的转账凭证及先后顺序如图6-5所示。

值得说明的是，使用会计软件做账的单位，图 6-5 中每一批记账凭证完成以后，都要审核、记账，因为上一批凭证记账是下一批凭证的数据来源。比如，计提地税税金是在未交增值税的基础上，所以结转未交增值税的凭证需要先记账。同一批的记账凭证之间，没有数据传递关系，可以同时记账。

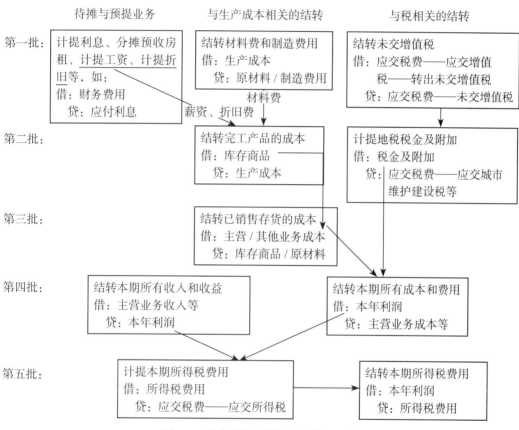

图 6-5　月末计提、摊销和结转的顺序

五、利润的形成与核算

（一）利润的类型

本章根据利润表列示内容，介绍企业的营业利润、利润总额和净利润的概念，我国企业利润表格式如表 6-2 所示。

1. 营业利润

企业的营业利润是企业营业收入扣除营业成本、税金及附加、期间费用等之后的余额。其中，营业收入是企业经营业务所确认的收入总额，包括主营业务收入和其他业务收入；营业成本是指企业经营业务所发生的实际成本总额，包括主营业务成本和其他业务成本。

表 6-2　利润表

编制单位：　　　　　　　　　年　　月　　　　　　　　　　单位：元

项　　目	本年累计数	本期金额
一、营业收入		
减：营业成本		
税金及附加		
销售费用		
管理费用		
研发费用		
财务费用		
其中：利息费用		
利息收入		
资产减值损失		
信用减值损失		
加：其他收益		
投资收益（损失以"-"号填列）		
其中：对联营企业和合营企业的投资收益		
净敞口套期收益（损失以"-"号填列）		
公允价值变动收益（损失以"-"号填列）		
资产处置收益（损失以"-"号填列）		
二、营业利润（亏损以"-"号填列）		
加：营业外收入		
减：营业外支出		
三、利润总额（亏损总额以"-"号填列）		
减：所得税费用		
四、净利润（净亏损以"-"号填列）		
（一）持续经营净利润（净亏损以"-"号填列）		
（二）终止经营净利润（净亏损以"-"号填列）		
五、其他综合收益的税后净额		
（一）以后不能重分类进损益的其他综合收益		
1. 重新计量设定受益计划净负债或净资产的变动		
2. 权益法下在被投资单位不能重分类进损益的其他综合收益		
……		
（二）以后将重分类进损益的其他综合收益		
1. 权益法下在被投资单位以后将重分类进损益的其他综合收益		
2. 其他债权投资公允价值变动损益		
3. 金融资产重分类转入损益的累计得利或损失		
4. 现金流量套期损益的有效部分		
5. 外币财务报表折算差额		
……		

（续）

项　　目	本年累计数	本期金额
六、综合收益总额		
七、每股收益：		
（一）基本每股收益		
（二）稀释每股收益		

注：1. 利润表的年度报表与月度报表存在一定区别，表中两列为"本年累计数"和"上一年累计数"，强调的是整个年度的发生数，可以明显地看出与上一年的对比。本表为月度报表。

2. 净利润下的"（一）持续经营净利润"和"（二）终止经营净利润"项目，分别反映净利润中与持续经营相关的净利润和与终止经营相关的净利润；如为净亏损，以"-"号填列。本课程关于利润的探讨，只到净利润为止，其他内容将在后续课程中学习。

我们将发生直接计入当期损益的各种费用称为期间费用，包括管理费用、销售费用和财务费用。这样，营业利润的计算公式为

营业利润 = 营业收入 - 营业成本 - 税金及附加 - 期间费用 - 资产减值损失 - 公允价值变动收益 + 投资收益 + 资产处置收益 + 其他收益

营业利润是企业最基本经营活动的成果，也是企业一定时期获得利润中最主要、最稳定的来源。

2. 利润总额

营业利润加上营业外收入，减去营业外支出后便是利润总额。其中，"营业外收入"是与企业业务经营无直接关系的各种收入，如债务重组利得、盘盈利得、捐赠利得等，"营业外支出"是指企业发生的与企业经营业务无直接关系的各种支出，如债务重组损失、公益性捐赠支出、非常损失、盘亏损失等。

利润总额是企业生产经营各方面的最终成果，是企业主营业务、其他业务、对外投资、营业外业务各环节经济效益的综合反映，也是我们对企业获利能力和投资效益、利润分配等进行分析的主要依据。

3. 净利润

净利润是指企业当期利润总额减去所得税费用后的余额，即企业的税后利润。其中：

$$所得税费用 = 应纳税所得额 \times 适用税率$$

$$净利润 = 利润总额 - 所得税费用$$

拓展阅读

毛利和毛利率

在利润表直接显示之外，有一些"利润"也是我们经常谈到的，比如毛利。毛利

是提供产品或服务的销售收入减去直接创造销售收入有关的费用，比如商品流通企业的毛利，就是商品销售收入（售价）减去商品原进价后的余额；毛利率是指毛利与销售收入（或营业收入）的百分比，是衡量企业盈利能力的一个重要指标，毛利率甚至比净利率更准确，因为净利率可以通过投资收益、营业外收入或支出等进行调整，而毛利率项目少，基本上很难调整。通过对毛利率进行分析，企业可以预测自身的核心竞争力、预测企业的成长性，毛利率也是投资活动决策参考的主要指标。一般来说，如果毛利率非常低，企业不可能有资金进行营销，也就无法形成品牌，产业的发展受限甚至经营业绩会下滑。但也不能单纯地拿毛利率来评价企业的经营业绩，而要分析行业间、行业领先企业以及企业自身毛利率的变化，透视企业的经营问题。

（二）利润形成的账户设置

用于核算利润形成的账户很多，比如"主营业务收入""其他业务收入""投资收益""营业外收入""主营业务成本""其他业务成本""管理费用""财务费用""销售费用""营业外支出""本年利润""所得税费用"等，有些账户，在第五章中已经介绍过，本章从账户结构的角度选取收入类、费用类、本年利润和所得税费用4个账户进行分析。

1. 营业外收入

营业外收入账户属于损益类账户，核算企业发生的与其生产经营无直接关系的各项收入。其贷方登记企业发生的与其生产经营无直接关系的各项收入，借方登记期末结转到"本年利润"账户的数额，期末结转后无余额。该账户可按收入项目设置明细账。取得收益时，发生A段运动，资金流入企业；期末结转时，资金由"本年利润"项目流入"营业外收入"项目，填平"⊕"。其账户结构和资金如图6-6所示。

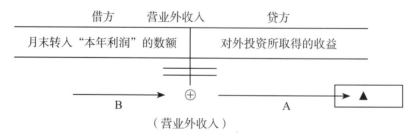

图6-6 营业外收入账户的结构与资金运动

2. 营业外支出

营业外支出账户属于损益类账户，用来核算企业发生的与其生产经营活动无直接关系的各项支出。其借方登记企业发生的与其生产经营无直接关系的各项支出，比如盘亏损失、公益性捐赠支出，贷方登记期末结转到"本年利润"账户的数额，期末结转后无余额。其账户结构如图 6-7 所示。有支出时，发生 A 段运动，资金流出企业；期末结转时，发生 B 段运动，资金流入"本年利润"项目。

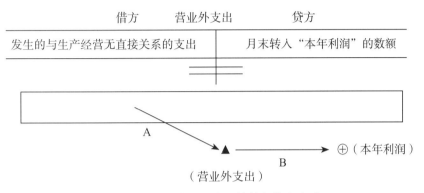

图 6-7　营业外支出账户的结构与资金变动

3. 本年利润

本年利润属于所有者权益账户，用于核算企业年度内实现的利润和发生的亏损。其贷方登记期末"主营业务收入""其他业务收入""投资收益""营业外收入"等收入类账户转入的数额，借方登记"主营业务成本""其他业务成本""管理费用""财务费用""销售费用""营业外支出"等费用类账户转入的数额。期末结转时，资金由本项目流向收入类项目，成本费用类项目的资金流向本项目，余额如果在贷方，表示企业自年初至本期期末累计实现的净利润数额，在会计沙盘中表现为"⊕"；如果余额在借方，表示企业自年初至本期期末累计发生的净亏损数额，在会计沙盘中表现为"▲"。其账户结构和资金运动如图 6-8 所示。注意账户中的"所得税费用"，需要通过计算得到。

年度终了，企业应将本年实现的净利润全部转入"未分配利润"账户的贷方，与过去形成的尚未分配的利润一起，等待分配。如果为净亏损，则转入"未分配利润"账户的借方，冲减过去形成的尚未分配的利润。

4. 所得税费用

所得税费用属于损益类账户，用来核算企业确认的从当期利润总额中扣除的所得税费用。其借方登记企业按税法规定的应纳税所得额计算的应纳税额，贷方登记转入"本年利润"的数额，期末无余额。其账户结构如图 6-9 所示。

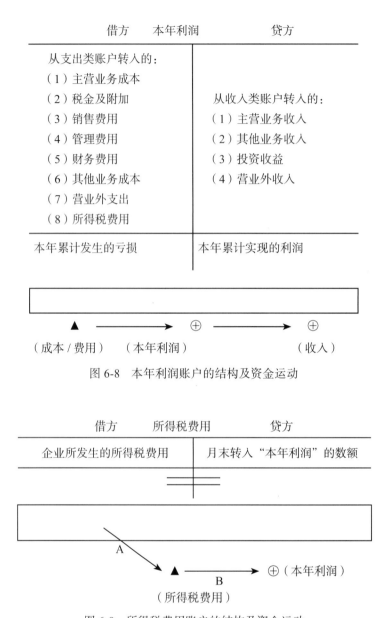

图 6-8 本年利润账户的结构及资金运动

图 6-9 所得税费用账户的结构及资金运动

拓展阅读

企业所得税的预缴

《中华人民共和国企业所得税法》规定，我国企业所得税可以按月或者按季预缴，企业应当自月份或者季度终了之日起 15 日内，向税务机关报送预缴企业所得税纳税申报表，预缴税款，"分月或者分季预缴企业所得税时，应当按照月度或者季度的实际利润额预缴；按照月度或者季度的实际利润额预缴有困难的，可以按照上一纳税年度应纳税所得额的月度或者季度平均额预缴，或者按照经税务机关认可的其他方法预缴"。所以，企业所得税的计提，可以按月也可以按季，按季预缴的按季计提，按月预缴的按月预提。

预提时，借记"所得税费用"，贷记"应交税费——应交企业所得税"，预缴时，借记"应交税费——应交企业所得税"，贷记"银行存款"。

按实际利润预缴的计算方法为：月（季）度预缴企业所得税额＝净利润×税率。我国现行税制中的企业所得税基本税率为25%；非居民企业适用税率为20%；符合条件的小型微利企业适用税率为20%；国家需要重点扶持的高新技术企业适用税率为15%。

（三）净利润的计算

我们通过一个例子，来看一看利润的计算过程。

【例6-1】假设，12月31日，某企业损益类账户的余额如下（单位：元）：

主营业务收入	3 000 000
其他业务收入	600 000
营业外收入	150 000
投资收益	450 000
公允价值变动损益	300 000
主营业务成本	2 200 000
税金及附加	120 000
其他业务成本	200 000
销售费用	200 000
财务费用	80 000
管理费用	500 000
营业外支出	60 000
资产减值损失	140 000

计算本年利润的步骤如下。

1. 结转损益类账户

将损益类账户余额，分别结转至"本年利润"账户中，计算出本期借方和本期贷方发生额合计，如图6-10所示。

本年利润

（1）主营业务成本	2 200 000		
（2）税金及附加	120 000	（1）主营业务收入	3 000 000
（3）销售费用	200 000	（2）其他业务收入	600 000
（4）管理费用	500 000	（3）投资收益	450 000
（5）财务费用	80 000	（4）营业外收入	150 000
（6）其他业务支出	200 000	（5）公允价值变动损益	300 000
（7）营业外支出	60 000		
（8）资产减值损失	140 000		
借方本期发生额：	3 500 000	贷方本期发生额：	4 500 000
		贷方余额：	1 000 000

图 6-10 损益类账户的结转

2. 计算利润总额，并计提所得税费用（见图 6-11）

利润总额 = "本年利润"账户的贷方发生额 − "本年利润"账户的借方发生额。本课程假设不存在纳税调整，直接将利润总额作为应纳税所得额，则

所得税费用 = 应纳税所得额 × 所得税率（25%）= 1 000 000 × 25% = 250 000（元）。

计提所得税的会计处理为

借：所得税费用　　　　　　　　　　　　　　　　　250 000
　　贷：应交税费——应交所得税　　　　　　　　　　　　　　250 000

本年利润

（1）主营业务成本	2 200 000		
（2）税金及附加	120 000	（1）主营业务收入	3 000 000
（3）销售费用	200 000	（2）其他业务收入	600 000
（4）管理费用	500 000	（3）投资收益	450 000
（5）财务费用	80 000	（4）营业外收入	150 000
（6）其他业务支出	200 000	（5）公允价值变动损益	300 000
（7）营业外支出	60 000		
（8）资产减值损失	140 000		
借方本期发生额：	3 500 000	贷方本期发生额：	4 500 000
		贷方余额：	1 000 000
（8）所得税费用	250 000		
		余额：	750 000

图 6-11 本年利润账户的结构图

3. 结转所得税费用

将所得税费用账户借方余额，转入"本年利润"账户借方。

借：本年利润　　　　　　　　　　　　　　　　250 000
　　贷：所得税费用　　　　　　　　　　　　　　　　250 000

4. 计算净利润

净利润 = 利润总额 − 所得税费用 = 1 000 000−250 000 = 750 000（元）

（四）利润形成的资金运动

对于上述案例，利润形成的资金运动，在会计沙盘上描述如下。

1. 结转损益类账户

结转收入类账户时，资金流向收入类账户，将其清空，其资金运动如图6-12所示。

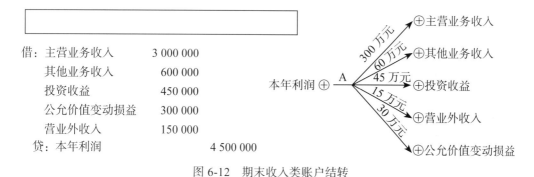

图 6-12　期末收入类账户结转

结转成本和费用类账户时，资金流向"本年利润"项目，其资金运动如图6-13所示。

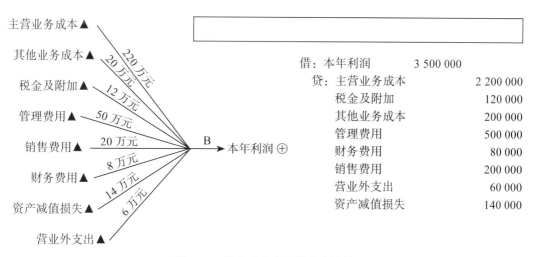

图 6-13　期末成本费用类账户结转

2. 计提所得税费用

计提所得税费用时，资金从"应交税费"项目流向"所得税费用"项目，其资金运动如图 6-14 所示。

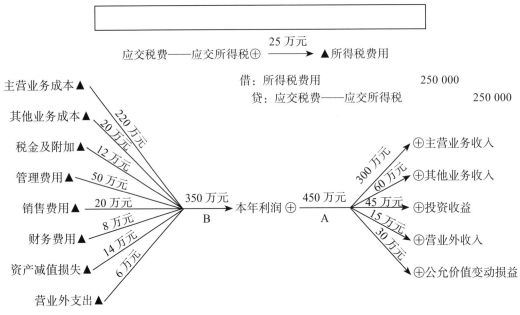

图 6-14 计提所得税费用的资金运动

3. 结转所得税费

资金从"所得税费用"流向"本年利润",其资金运动如图 6-15 所示。至此,"本年利润"项目就代表了当期实现的净利润。

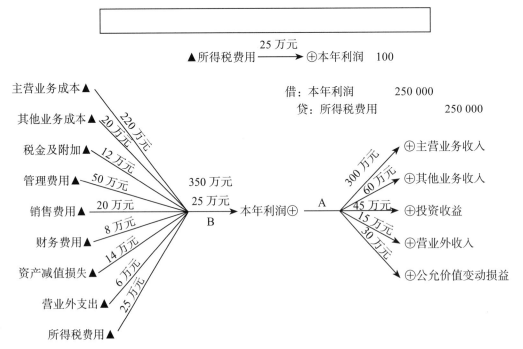

图 6-15 结转所得税费用

4. 利润的积累

我国企业所得税实行预缴制度，平时计提、预缴，在次年的 5 个月内汇算清缴。是否每个月都计提所得税，企业可以灵活选择。比如，有的企业按季计提，那么利润的积累过程就如图 6-16 所示。

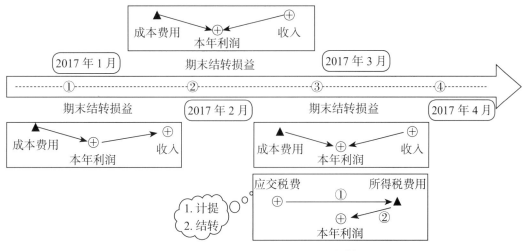

图 6-16　利润的积累过程图（按季计提）

也有的企业每个月都计提和缴纳，利润的积累过程如图 6-17 所示。

这样，本年利润项目就沉淀了全年所实现的利润，它有可能表现为沙坑，代表有资金进入企业，坑的容积代表利润的大小，表明本年度企业盈利；也可能表现为沙堆，代表资金流出企业，表明企业本年度亏损。

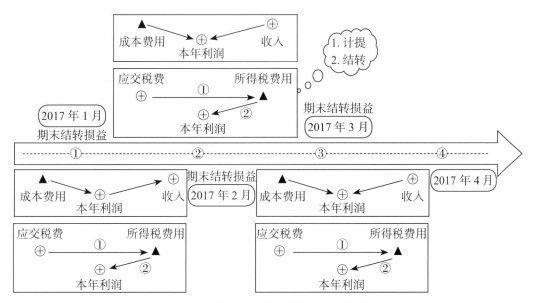

图 6-17　利润的积累过程图（按月计提）

📚 问题与讨论

账结法和表结法

账结法是每个会计期间期末将损益类科目期末净余额结转到"本年利润"科目中，损益类科目月末不留余额。表结法是每月月末只结出损益类科目的月末余额，但不结转到"本年利润"科目，只有在年末结转时才使用"本年利润"科目。我国企业一般采用账结法。

但有人说："营业收入"等收入类科目，只在贷方有发生额；"销售成本"和"销售费用"等支出类科目，只在借方有发生额，但是在账结法下，期末却把贷方发生额和借方发生额合计抄写在"本年利润"借方和贷方，让借方与贷方平衡。借方与贷方互相抄袭，是多此一举；另外，企业每月都出利润表，编制利润表就可以得出本期利润情况，只要再改动资产负债表上的"未分配利润"这一个数字，会计信息就完全表达了，没有必要再来一次账结法。关于这两种结转利润方法，你更倾向于哪一种？和同学们谈谈你的理由。

第二节 企业年末会计事项的处理

年末岁初是会计工作最繁忙的时候，其工作包括财产清查、年末结转、年终结账、年度财务报表编制、会计档案的整理、所得税汇算清缴、工商年报等，并开启下一年度会计工作。

一、企业年末会计工作内容

（一）财产清查

一年终了，财务人员不但要盘点现金、核对银行存款，还要进行实物的盘点、核实固定资产，进行往来账项的核对、确认、催收和清理。这部分内容称"财产清查"，将在第七章详细介绍。

（二）年末结转

年度终了，也要像其他月份一样，保证所有经济业务全部入账并结转损益。年末，企业还要对本年利润进行结转，完成利润的分配。

（三）年终结账

年度终了，财务人员要把各账户的余额结转到下一会计年度，如果是手工账簿，需要将本期余额"结转下年",并开启新的账簿,承接"上年结转"。目前大多数企业使用会计软件做账,只需在软件中执行年度结转,系统会自动完成结账及下年度账的开立。

(四)年度财务报表编制

年度财务报表是全面反映企业整个会计年度的经营成果、现金流量情况及年末财务状况的财务报表,所以年度终了,财务人员除了需要编制12月的月报以外,还需要编制年度财务报表,并报送年度财务报告。通常情况下,月报只需编制资产负债表、利润表和相关纳税申报表即可,年报还要编制现金流量表、所有者权益变动表和报表附注。另外,年度利润表反映的是本年和上年数,而月度利润表是本期和本年累计。

(五)会计档案的整理

财务人员应将会计凭证按顺序装订成册,不断号、不跳号;检查会计账簿齐全,画双红线结出年度余额和发生额;将会计报表、纳税申报表、抵扣票据、完税凭证等按规定打印装订。信息化环境下的电子档案,财务人员应做好档案资料的备份工作。

(六)所得税汇算清缴

年度终了,企业检查当年的税费缴纳情况。针对所得税查账征收的企业,要进行所得税的年终汇算清缴,按税法要求调整应纳税所得额,计算并清缴企业所得税,完成上一年度全年预缴税款的多退少补。

(七)工商年报

年度终了,财务人员需要到工商局网站上进行营业执照的"年报"。我国2014年将营业执照年检制度改为"年度报告"制度,企业自行通过信用信息公示平台填报各项资料,工商部门不再对其进行审查,企业对年报公示内容的真实性和有效性负法律责任。

企业年末会计相关工作如图6-18所示。本书主要侧重于会计年末结转。

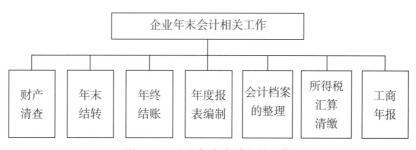

图6-18 企业年末会计相关工作

拓展阅读

企业所得税的计算、汇算清缴和纳税调整

我国的企业所得税采取"按年计算，按月或季度预缴，年度汇算清缴"制度。所谓汇算清缴是指纳税人在纳税年度终了后规定时期内（目前我国规定是 5 个月内），依照税收法律、法规、规章及其他规定，自行计算全年应纳税所得额和应纳所得税额，根据月度或季度预缴的所得税数额，确定该年度应补或者应退税额，并填写年度企业所得税纳税申报表，向主管税务机关办理年度企业所得税纳税申报、结清全年企业所得税税款的行为。

按会计法规计算确定的会计利润与按税收法规计算确定的应税利润，在计算口径和确认时间方面存在一定的差异，所以对同一个企业的同一个会计期间来说，其计算的结果往往不一致。所以，企业所得税要以利润表中的"利润总额"为起点，调整会计准则与税法的差异来计算，即应纳税所得额＝利润总额 ± 所得税前利润中予以调整的项目。比如，税收滞纳金、政府部门的罚款，会计上计入"营业外支出"，但税收上是不允许税前扣除的，所以需要调整增加应纳税所得额，征收企业所得税；而财政拨款，依法收取并纳入财政管理的行政事业性收费、政府性基金和国债利息收入，会计上计入"收入"，但税法规定不计入应纳所得税额，所以要调整减少应纳税所得额。在会计学基础阶段，为简化计算，我们假设不存在会计制度和税法上的差异。

二、利润分配的顺序

要弄清利润分配的顺序，首先要了解以下几个概念。

1. 利润分配

利润分配是指企业净利润的分配。企业实现的净利润，要按照国家有关的法律、法规以及企业章程的规定，在企业和投资者之间进行分配。企业可供分配的利润，是企业当期实现的净利润加上年初未分配利润（或减去年初未弥补的亏损）和其他转入后的余额。

2. 盈余公积

盈余公积是企业从税后利润中提取形成的、存留于企业内部、具有特定用途的收益积累。本年实现的利润，要先提取盈余公积，才可以分配。

3. 未分配利润

未分配利润是企业留待以后年度分配或待分配的利润。从数量上来看，期末的未分配利润是期初未分配利润加上本期实现的净利润，减去提取的各种盈余公积和分出

利润后的余额。

4. 留存收益

留存收益是企业从历年实现的净利润中提取或形成的，留存于企业的内部积累，是企业在经营过程中已实现但由于企业经营发展的需要或由于法定的原因等而没有分配给所有者所积累的盈利或亏损。留存收益主要包括两部分：盈余公积和未分配利润。

利润分配的顺序和分配依据，以及相关的项目设置如表 6-3 所示。

表 6-3　利润分配相关信息表

顺序	分配内容		分配依据	项目与账户设置		分配基数
①	提取盈余公积金	法定的	股东大会决议（不得低于10%；当其累计金额达到注册资本50%以上时，可以不再提取）	利润分配——提取法定盈余公积	盈余公积——法定盈余公积金	本年实现的净利润
②		任意的	股东大会决议	利润分配——提取任意盈余公积	盈余公积——任意盈余公积金	
③	分配给股东	现金股利	股东大会决议	利润分配——分配现金股利	应付股利	留存收益
		股票股利	股东大会决议	利润分配——分配股票股利	股本	
④	未分配完的		—	—	未分配利润或利润分配——未分配利润	依然作为留存收益

🎓 职业道德和公司管理

未分配利润转增资本

北京市地税局第一稽查局检查组按照工作要求对 A 公司进行日常检查，该公司的一笔会计分录引起了稽查人员的注意。该公司将上一年度形成的税后利润 5 000 万元由"未分配利润"科目转入了"资本公积"科目。稽查人员发现上述行为后当即做出判断，根据现行的《公司法》等规定，该公司将税后利润从"未分配利润"转出到"资本公积"科目的行为应视同发生了两步操作，首先将税后利润从"未分配利润"科目转出，等同于对个人股东进行了利润分配，在此环节就应按照"股息、红利所得"计算缴纳个人股东的个人所得税；其次转入"资本公积"应视为个人股东对公司的捐赠。该公司的个人股东张某在该公司占股 50%，因此视同张某分得了税后利润 2 500 万元，按照 20% 计算缴纳个人所得税 500 万元。

三、利润分配的资金运动分析

(一)利润分配账户设置

为核算和监督财务成果的分配,企业应设置的账户主要有"利润分配""盈余公积""应付股利"等。

1. 利润分配

利润分配属于所有者权益账户,用来核算企业利润的分配(或亏损的弥补)和历年分配(或弥补)后的结存余额。其账户结构如图6-19所示。该账户可以设置"未分配利润""提取盈余公积""提取法定盈余公积""应付股利"或"应付利润"等明细科目。年末,应将"利润分配"账户所属其他明细科目的余额,转入本账户"未分配利润"明细科目中。结转后,利润分配科目除"未分配利润"明细科目以外,其他明细科目应无余额。

借方 利润分配	贷方
提取盈余公积向投资者分配利润	年末由本年利润账户转来的本年累计净利润
尚未弥补的亏损	尚未支付的利润

图6-19 利润分配账户的结构

2. 盈余公积

盈余公积是所有者权益类账户,核算企业从净利润中提取的盈余公积,其贷方登记从净利润中提取的盈余公积,借方登记企业按规定弥补亏损或转增资本的盈余公积,期末贷方余额表示盈余公积的结余数额。其账户结构如图6-20所示。

借方 盈余公积	贷方
盈余公积的使用数	从税后利润中提取的盈余公积
	盈余公积的结余数额

图6-20 盈余公积账户的结构

3. 应付股利(应付利润)

应付股利是负债类账户,用来核算企业应付给投资者的现金股利或利润。其借方登记实际支付给投资者的利润,贷方登记企业应付给投资者的利润增加,余额在贷方,表示尚未支付的利润。其账户结构如图6-21所示。

图 6-21　应付股利账户的结构图

（二）利润分配的资金运动

背景资料：甲企业本期净利润 100 万元。在未进行利润分配之前，企业的所有者权益总额为 1 500 万元，其中股本 1 000 万元，资本公积 500 万元。该公司有一位股东孙先生，占本公司注册资本的 10%。利润分配情况：现金股利 30 万元，盈余公积金 40 万元，股票股利 20 万元。

1. 现金股利分配资金运动分析

（1）现金股利分配基本资金运动。企业本期净利润为 100 万元。企业以银行存款 30 万元支付现金股利，其资金运动为图 6-22 中的 A 段运动。

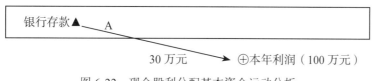

图 6-22　现金股利分配基本资金运动分析

（2）相关性原则对现金股利分配基本资金运动的影响。从图 6-22 可知，在未进行现金股利分配时，本年利润项目 100 万元代表本期的净利润；现金股利分配之后，本年利润项目就剩下 70 万元，代表尚未分配完的利润。这样，本年利润就具有了双重含义。为了让本年利润项目代表其自身的本色，同时又能提供本期已实现利润、已分配利润和未分完的利润 3 个指标，从而满足更好的决策有用性，需要对图 6-22 进行人为干预，从而导致图 6-22 转换为图 6-23，即 30 万元的银行存款并没有直接流入"本年利润"项目之中，而是在该项目附近停留下来，从而形成一个新项目——"利润分配"。

图 6-23　相关性原则对现金股利分配资金运动的影响分析

这样，通过本年利润项目就可得知企业本期已实现利润，通过利润分配项目就可得知企业本期已分配利润；通过两者之差就可以得出本期末分配完的利润。

虽然利润分配项目在模型上与资产费用一样，都是以沙堆（▲）形态存在的；但利润分配项目是所有者权益项目，是属于所有者权益的抵减项目；"利润分配"抵减"本年利润"就可得出企业本期未分配完的利润。

（3）现金股利实际支付的滞后性对其资金运动的影响分析。一般来说，企业从宣布分配现金股利到实际支付现金股利会有一段时间间隔。一旦宣布分配现金股利，企业就形成了对所有股东应付未付的债务——应付股利，其资金运动为图 6-24 中的 A_1 段运动；以后实际支付时，再用银行存款冲销这笔应付股利，其资金运动见图 6-24 中的 A_2 段运动。

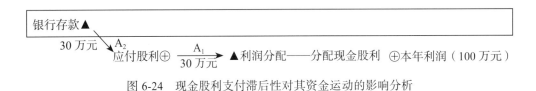

图 6-24　现金股利支付滞后性对其资金运动的影响分析

2. 股票股利分配的资金运动分析

企业每 10 股分配 0.2 股，总股本 1 000 万股，共分配股票股利 20 万股；该股票每股面值 1 元，共分配 20 万元。其引起的资金运动如图 6-25 所示。

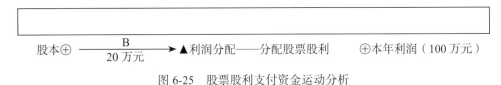

图 6-25　股票股利支付资金运动分析

对于图 6-25 的具体解释可见图 6-26。股票股利的分配可以理解为两笔业务：首先，企业将 20 万元的货币资金分配给股东，其引起的资金运动为图 6-26 中 B_1 段运动；然后股东马上再将这笔货币资金通过购买企业股票的方式又全部投入企业之中，其所引起的资金运动为图 6-26 中 B_2 段运动；最后，将 B_1 与 B_2 两段运动简化为一段，即 B 段运动。

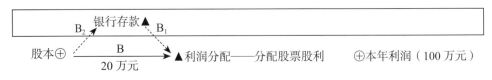

图 6-26　股票股利支付资金运动的解释分析

3. 提取盈余公积金

企业提取盈余公积金 40 万元，包括法定盈余公积金和任意盈余公积金。其所引起的资金运动如图 6-27 所示。

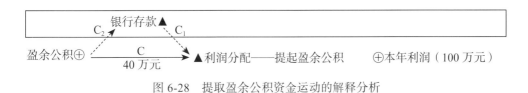

图 6-27　提取盈余公积资金运动分析

对于图 6-27 的具体解释可见图 6-28。盈余公积金提取可以理解为两笔业务：首先，企业将 40 万元的货币资金分配给股东，其引起的资金运动见图 6-28 中 C_1 段运动；然后股东马上再将这笔资金又全部投入企业之中，其所引起的资金运动见图 6-28 中的 C_2 段运动；最后，将 C_1 与 C_2 两段运动简化为一段，即 C 段运动。

图 6-28　提取盈余公积资金运动的解释分析

需要注意的是，C_2 与 B_2 的处理有细微的差异。在股票股利分配中，对于 B_2 段股东所投入的资金是通过"股本"项目来反映的。而在提取盈余公积金中，对于 C_2 段股东投入的资金并没有通过"股本"，而是通过"盈余公积"项目来反映的；但股东的权益没有受到任何损害，每个股东还是按其在注册资本中的持股比例分享盈余公积金。

4. 会计分期假设对利润分配资金运动的影响分析

会计分期假设要求企业期末将其已实现利润总额和已分配利润总额结合起来，得出企业期末未分配的利润总额，从而为下一期的利润实现和利润分配打下基础。

本处的分析借助于一个新项目"未分配利润"来把已分配的利润和已实现的利润连接起来，其资金运动如图 6-29 所示。通过 D 段运动，将本年已实现的利润 100 万元全部结转到"未分配利润"项目；通过 E 段运动，将本年已分配的利润 90 万元全部结转到"未分配利润"项目。这样，未分配完的利润 10 万元就通过"未分配利润"项目沉淀下来。

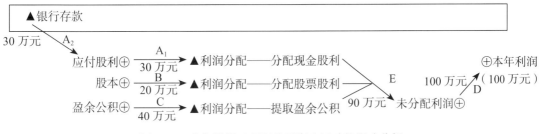

图 6-29　分期假设对利润分配资金运动的影响分析

从余额角度来看,"未分配利润"项目金额反映截至目前累计未分配完的利润或累计尚未弥补的亏损,其在模型上的形态是变化的。当"未分配利润"项目在模型上以沙坑的形态存在时,其金额代表截至目前累计尚未分配完的利润,相应的"未分配利润"账户的余额应该在贷方;当"未分配利润"项目在模型上以沙堆的形态存在时,其金额代表截至目前累计的、留待以后弥补的亏损,相应的"未分配利润"账户的余额应该在借方。

未分配利润项目属于所有者权益性质。当未分配利润为负数时,该项目属于所有者权益抵减项目。

企业也可以不设置"未分配利润"项目,而是在"利润分配"项目下设"未分配利润"明细项目。在这种情况下,企业期末"利润分配"项目的余额就是企业未分配的利润余额。在这种情况下,图 6-29 中的 E 段资金运动,实际上只是在"利润分配"项目所属的几个明细项目之间进行转换。

图 6-29 中各个资金运动的编号只是为了推演的方便。在实际工作中,由于法律法规的要求,各段资金运动发生的时点有先有后,其具体情况如表 6-4 所示。

表 6-4 利润分配各段资金运动发生时点分析

案例资料	资金运动段落		经济业务	发生时点	
				时点	举例
甲企业 2017 年度的股东大会在 2018 年 3 月 13 日召开,现金股利支付是 4 月 27 日,办理好股票股利工商登记的时间为 6 月 21 日	A	A₁	确认现金股利	股利宣告日(股东大会决议日)	2018 年 3 月 13 日
		A₂	支付现金股利	股利支付日	2018 年 4 月 27 日
	B		确认股票股利	在工商行政管理部门办理好注册资本变更手续之日	2018 年 6 月 21 日
	C		提取盈余公积金	股东大会决议日	2018 年 3 月 13 日
	D		将本年已实现利润全部结转未分配利润	资产负债表日	2017 年 12 月 13 日
	E		将本年已分配利润全部结转未分配利润	利润分配结束日	2018 年 6 月 21 日之后

🎓 职业道德和公司管理

报表中过高的"未分配利润"导致的财务风险

我国《公司法》规定:公司分配当年税后利润时,要先提取利润的 10% 列入公司法定公积金(提取的累计额达注册资本的 50% 可以不再提取)。这么做,为企业保全了资本,也为企业履行社会责任提供了保障。但是有的企业账面上一直有很高的未分配利润,现金流却很差;有的上市公司年年盈利却不分红……比如,一家企业的账面常年挂的"未分配利润"金额很大,且"其他应收款"也很大,可能是股东假借别人的名义将钱借走了,实际上是用于股东分红,为了逃避个人所得税而不在账面显示,这种行为在金税三期系统中很容易被列为重点稽查对象。

5. 盈余公积转增资本的资金运动分析

企业提取的盈余公积金可以用于弥补亏损和转增资本金。

企业用盈余公积弥补亏损,在数量关系上并不影响所有者权益的总额,但改变了所有者权益的内部结构,其引起的资金运动为图 6-30 中的 A 段运动。

企业用盈余公积转增资本金,必须有股东大会或类似权力机构的决议,在转增资本金后,还必须向原登记机关办理变更登记。其所引起的资金运动为图 6-30 中的 B 段运动。

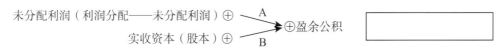

图 6-30　盈余公积使用所引起的资金运动分析

比如,企业将盈余公积金 100 万元转为企业的实收资本。

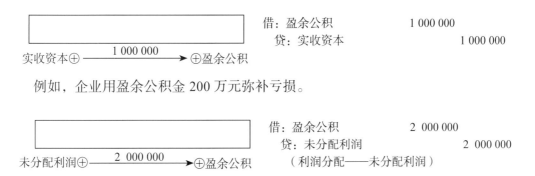

借:盈余公积　　　　　　　1 000 000
　　贷:实收资本　　　　　　　　　1 000 000

例如,企业用盈余公积金 200 万元弥补亏损。

借:盈余公积　　　　　　　2 000 000
　　贷:未分配利润　　　　　　　　2 000 000
　　　(利润分配——未分配利润)

(三)企业利润分配资金运动与会计处理举例

某企业本期实现净利润 1 000 万元,有关资金运动(见图 6-31)和利润分配业务如下:

(1)按净利润的 10% 计提法定盈余公积金,按 15% 计提任意盈余公积金。(C 段运动)

借:利润分配——提取盈余公积金　　　2 500 000
　　贷:盈余公积　　　　　　　　　　　　　2 500 000

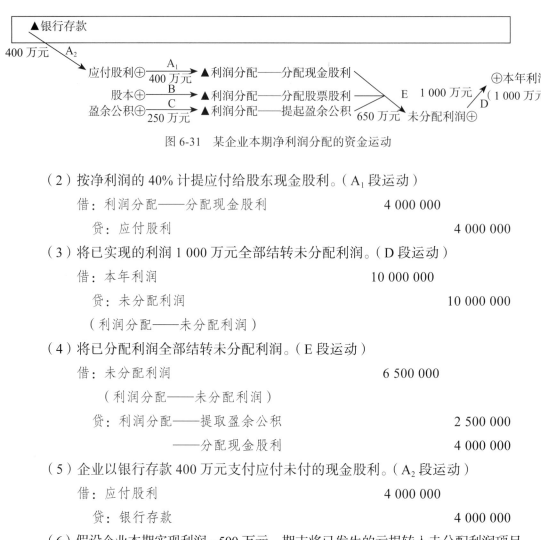

图 6-31　某企业本期净利润分配的资金运动

（2）按净利润的 40% 计提应付给股东现金股利。（A_1 段运动）

　　借：利润分配——分配现金股利　　　　　　　4 000 000
　　　贷：应付股利　　　　　　　　　　　　　　　　　　　4 000 000

（3）将已实现的利润 1 000 万元全部结转未分配利润。（D 段运动）

　　借：本年利润　　　　　　　　　　　　　　　10 000 000
　　　贷：未分配利润　　　　　　　　　　　　　　　　　　10 000 000
　　　　（利润分配——未分配利润）

（4）将已分配利润全部结转未分配利润。（E 段运动）

　　借：未分配利润　　　　　　　　　　　　　　　6 500 000
　　　　（利润分配——未分配利润）
　　　贷：利润分配——提取盈余公积　　　　　　　　　　　2 500 000
　　　　　　　——分配现金股利　　　　　　　　　　　　　4 000 000

（5）企业以银行存款 400 万元支付应付未付的现金股利。（A_2 段运动）

　　借：应付股利　　　　　　　　　　　　　　　　4 000 000
　　　贷：银行存款　　　　　　　　　　　　　　　　　　　4 000 000

（6）假设企业本期实现利润 -500 万元，期末将已发生的亏损转入未分配利润项目。

　　　　　　　　　　　　　　　　　　借：未分配利润　　　5 000 000
　　　　　　　　　　　　　　　　　　　（利润分配——未分配利润）
　　　　　　　　　　　　　　　　　　　贷：本年利润　　　　　　　5 000 000

能力提升

接第五章的【能力提升】，完成利民工贸 2018 年 7 月期末结转业务。

1. 按工资总额 110 000 元计提个人应该承担的社保费和住房公积金，计提比例为 10.20% 和 12.00%；计提单位应该承担的社保费和住房公积金，计提比例分别为 32.80% 和 12.00%。

2. 计提本月应交增值税和地税税金。

3. 结转本月期间损益，本年利润结转到"利润分配"，将按 5% 计提法定盈余公积。

Chapter 7 第七章

财产清查

本章概览

为保证会计信息的真实可靠和财产物资的安全完整,提高资产的使用效率,各单位应当按一定的方法和程序,对单位库存现金、银行存款、存货、固定资产、往来款项等资产进行定期或不定期的盘点和核对,确定实存数与账存数是否相符,并据以调整会计账簿,保证账实相符。

学习目标

1. 了解财产清查的概念、种类、方法和清查的步骤。
2. 理解实物资产的清查及其资金运动。
3. 理解库存现金的清查及其资金运动。
4. 理解银行存款的清查及其资金运动。
5. 理解往来款项的清查及其资金运动。
6. 掌握以上几种资产的清查方法和会计处理。

引导案例

小出纳大贪腐

2015年4月,杭州市某高校一名出纳黄某跳楼身亡,调查结果是"财务出现巨大缺口没法补救,畏罪自杀"。调查和审计结果显示,从2014年年底至2015年4月,出纳黄某通过单位网银、支票转账划转和现金支票套现等方式,将专项资金3 000余万元从学校账户转入个人的银行账户,有时候,一天甚至就达几十万上百万,而这些资金进入黄某账户后,大部分都是当天就被消费或者取出,最终都流向了期货交易公司。由于炒期货亏损,侵吞巨额公款的事实已经无法掩盖,黄某选择了自杀。

因为缺乏资金的监管,出纳既当操作员又当管理员,最终使银行账户的安全保障完全失控。事发后,学校相关责任人也受到了法律制裁。财务缺乏监管,没有健全的财产管理制度，是企业资产流失的主要原因。

第一节　财产清查概述

财产清查是根据账簿记录，对企业各项财产进行实地盘点和核对账目，查明各项财产的实存数，确定实存数与账存数是否相符，并据以调整会计账簿，保证账实相符的一种专门方法。

通过财产清查，企业可查明各项财产的实存数与账存数的差异，以及发生差异的原因及责任，及时按照规定把账存数调整为实存数，从而达到账实相符，保证会计资料的准确可靠；并能及时发现有无储备不足、积压、闲置等情况，以便采取措施，充分挖掘物资潜力，合理有效地利用企业的各项资源，对发现的问题应及时分析原因，追查责任，同时要吸取教训，改进管理工作，切实保证各项财产物资的安全与完整。

一、账实不符的原因

造成各种财产账实不符的原因可能有客观原因，也可能有主观原因。

1. 客观原因

（1）气候因素造成的财产物资的升溢。
（2）下料切割、计量误差等工艺技术造成的损耗。

2. 主观原因

（1）收发财产物资时，由于计量不准确，造成品种、数量或质量上的差错。
（2）管理不善或责任者的过失，造成财产物资的损失等。
（3）记账上的错误，如重计、漏计、错计。
（4）贪污盗窃、营私舞弊而发生的财产物资的损失。

二、财产清查的种类及方法

（一）财产清查的分类

1. 按照清查范围划分

财产清查按照清查的范围不同，可分为全部清查和局部清查。

全部清查是指对所有的财产进行全面的清查、盘点与核对。清查的内容主要是各种财产物资、货币资金和债权债务。全部清查，一般是在年终决算前、单位撤销、合并或改变隶属关系、联营和清产核资时进行，目的是保证会计报表信息的真实性和准确性。

局部清查是指对一部分财产进行的清查，具体清查对象应根据管理需要确定。一般限于流动性较大又易于损耗的物资和比较贵重的财产，如企业的原材料、在产品、库存商品等，除年终全部清查外，还应在年内轮流盘点或重点抽查。各种贵重财产每月至少要清查一次，库存现金要每日清查一次，银行存款至少每月同银行核对一次，债权债务每年至少要核对两次。

2. 按照清查时间划分

财产清查按照清查的时间不同，可分为定期清查和不定期清查。

定期清查是指按计划在规定的时间内对财产进行的清查，一般是在月末、季末或年终结账前进行。

不定期清查是指事前不规定清查日期而临时进行的财产清查，因此，也称临时清查。不定期清查一般在以下几种情况下进行：更换财产物资和现金保管人时；财产发生非常灾害或意外损失时；有关单位对企业进行审计查账时；企业关、停、并、转、清产核资、破产清算时。

定期清查和不定期清查的范围，可以是全部清查也可以是局部清查。

（二）财产清查的方法

由于企业财产种类较多，各有特点，因此在清查时要采用不同的方法。

1. 实物的清查方法

实物的清查可以使用实地盘点法和技术测定法。实地盘点法就是到实物保管现场，通过点数、过磅、量尺等方法来确定实物的实存数量的方法；技术推算法是将实物整理成近似某种几何体，然后测量出体积，据以计算出实物数量的方法。

2. 货币资金的清查方法

库存现金的清查方法应采用实地盘点法，先确定库存现金的实有数，再与现金日记账的结余额进行核对，以查明账实是否相符。

银行存款的清查方法与实物和库存现金的清查方法不同，它是采取与银行核对账目的方法进行的。核对前，会计人员应把截止到清查日所有银行存款的收付业务登记入账，然后与银行开具的记录本单位银行存款收、支、结余情况的对账单逐笔核对，如发生错账、漏账，应查清原因及时更正。

3. 债权债务的清查

对于债权、债务各项目的清查，应采取与双方核对账目的方法。在保证本单位所记账目正确完整的基础上，编制对账单，派人或发函与对方进行核对。

三、财产清查的步骤

财产清查既是会计核算的一种专门方法,又是财产物资管理的一项重要制度。企业必须有计划、有组织地进行财产清查。财产清查一般包括以下程序,如图 7-1 所示。

图 7-1 财产清查的程序

(一)成立财产清查机构并组织学习政策和制度

为了顺利进行财产清查工作,保证财产清查的质量,企业应该成立专门的清查工作领导小组,并配备数量充足、责任心强、工作认真负责、业务水平高的财产清查人员。财产清查领导小组应由单位负责人任组长,负责整个清查工作的组织协调,由总会计师或主管厂长任副组长,负责财产清查工作的具体落实,同时由财务部、设备、技术、生产等各有关部门参加,清查人员需要学习有关政策规定,掌握有关法律、法规和相关业务知识,以提高财产清查工作的质量。

(二)确定清查对象和范围,下达清查任务

财产清查小组应及时向被清查的各部门下达财产清查任务,一般以清查通知的形式下达。财产清查通知的内容一般包括:清查的意义、清查的目的和任务、清查的时点和范围、清查方式和时间安排以及清查工作的要求等。

(三)做好清查前的准备工作

会计部门应提供完整、正确的会计记录,先保证账证相符、账账相符,银行存款和结算款项的清查,还应取得对账单;业务部门或财产管理部门将各种手续办理齐全、实物整理整齐,并准备有关的衡量器具及清查所需的登记表。

(四)确定清查方法

资金清查、实物清查和往来款项的清查,有不同的方法。

现金的清查采用实地盘点的方法来确定库存现金的实存数,然后再与现金日记账的账面余额核对;银行存款的清查通过与开户银行转来的对账单进行核对,查明银行存款的实有数额;实物的清查方法可以选择实地盘点法和技术推算法;往来款项的清查一般采用发函询证的方法进行核对,即对账单法。

(五)开展实物资产的清查

清查人员按清查组的计划和要求,进行清查。在清查财产物资时,应有财产物资

的保管员在场，并登记盘点表；清查现金，应有出纳人员在场，并登记现金盘点报告表；清查银行存款，应将银行存款日记账和银行对账单核对，并记录"未达账项登记表"，必要时还可以到银行查证；清查债权债务，可通过询证、函证进行核实，并登记"结算款项核对登记表"。

（六）清查结果的处理

对于财产清查的结果，财务人员必须按国家有关财务制度的规定，严肃认真地给予处理。财产清查中发现的盘盈、盘亏、毁损和变质或超储、积压等问题，财务人员应认真核对数字，按规定的程序上报批准后再行处理；对于长期不清或有争执的债权、债务，也应核准数额上报，待批准后处理。

我们将财产清查账实不符分为两种情况，账面结存数 < 实际结存数，为盘盈；账面结存数 > 实际结存数，为盘亏。

出现了盘盈或盘亏情况，应按以下步骤处理。

1. 核准数字，查明原因

根据清查情况，清查人员编制全部清查结果的"实存账存对比表"（亦称"财产盈亏报告单"），对各项差异产生的原因进行分析，明确经济责任，据实提出处理意见，呈报有关领导和部门批准。对于债权债务在核对过程中出现的争议问题，应及时组织清理；对于超储积压物资应及时提出处理方案。

2. 调整账簿，做到账实相符

在核准数字、查明原因的基础上，清查人员根据"财产盈亏报告单"编制记账凭证，并据以登记账簿，使各项财产物资做到账实相符。在做好以上调整账簿工作后，即可将所编制的"财产盈亏报告单"和所撰写的文字说明，一并报送有关领导和部门批准。

3. 经批准，账务处理

当有关领导部门对所呈报的财产清查结果提出处理意见后，财务人员应严格按批复意见进行账务处理，编制记账凭证，登记有关账簿，并追回由于责任者个人原因造成的损失。

财产清查是一项既复杂又细致的工作，涉及面广，政策性强，工作量大。它不仅是会计部门的工作，还涉及诸多相关部门。因此，各相关部门应密切配合，通力协作，尤其是会计部门与生产部门、仓储部门等，要做好相关账实核对工作。

四、财产清查的资金运动

财产清查发现账实不符时的资金运动，包括两个主要环节：第一个环节，发现问题（发现盘盈盘亏时），此时记录盘盈或盘亏，同时调整财产物资的账面记录，确保账实相符;第二个环节,处理问题(盘盈或盘亏处理时),此时解决问题,并注销盘盈或盘亏记录。

一般来说,财产清查发现账实不符和进行处理之间存在一定的时间差,原因是处理要经过一定的程序,也有权限问题。在发现盘盈或盘亏时,不一定有处理权限;即便有处理权限,也可能需要等到全部清查结束后;在问题较为严重时,处理更需要一个严密的程序。因为从发现问题到处理问题有一个时间差,我们需要单独设置一个项目来对该过程进行管控。这个项目就是"待处理财产损溢"。

"待处理财产损溢"就是为了反映和监督企业在财产清查过程中查明的各种财产物资的盘盈、盘亏、毁损及其处理情况而设置的(固定资产盘盈通过"以前年度损益调整",本课程不涉及)。该账户属于双重性质的资产类账户,下设"待处理流动资产损溢"和"待处理非流动资产损溢"两个明细分类账户进行明细分类核算。

该账户的借方登记财产物资的盘亏数、毁损数和批准转销的财产物资盘盈数;贷方登记财产物资的盘盈数和批准转销的财产物资盘亏及毁损数。企业清查的各种财产的盘盈、盘亏和毁损应在期末结账前处理完毕,所以"待处理财产损溢"账户在期末结账后没有余额。其账户结构和基本的资金运动如图7-2所示。下面我们将分别介绍4种资产的盘盈或盘亏处理。

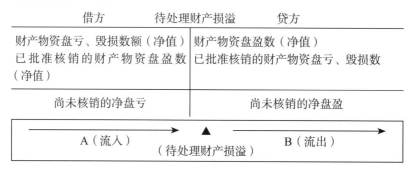

图 7-2 待处理财产损溢账户的结构与资金运动

第二节 实物资产的清查

企业的实物资产包括存货和固定资产。实物资产的清查方法和步骤如图7-3所示。实物资产清查应核对其账面数量与实际数量。

一、财产物资的盘存制度

会计实务中用以确定财产物资账面数量的盘存制度包括永续盘存制和实地盘存制两种。

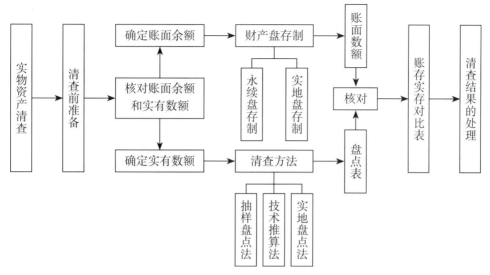

图 7-3 实物资产的清查方法和步骤

（一）永续盘存制

永续盘存制，又称账面盘存制，是指对各项财产物资的增减变动情况，都必须根据会计凭证在有关账簿中进行连续登记，并随时在账簿中结算出各项财产物资结存数的一种盘存制度。

采用永续盘存制，可以随时掌握和了解各项财产物资的增减变动和结存情况，尽管日常的核算工作比较复杂，但有利于加强财产物资的管理。这种盘存制度虽然能在账面上及时反映各项财产物资的结存数，但也可能因为上述种种原因发生账实不符的情况。所以采用永续盘存制的单位，仍然要对各项财产物资进行定期或不定期的清查盘点，以便查明账实是否相符，对于账实不符的，要及时查明原因，按照有关规定进行处理，以达到账实相符的目的。永续盘存制下明细账的登记，如图 7-4 所示。

原材料明细账

材料名称：A 材料　　　　　　　　　　　　　　　　　　　　　　　　　单位：千克

2004年		凭证号	摘要	借			贷			余额		
月	日			数量	单价	金额	数量	单价	金额	数量	单价	金额
6	1		期初余额							10	100	1 000
	2	1	购进	20	100	2 000				30		
	15	3	领用				5	100	500	25		
	30		本月合计	20	100	2 000	5	100	500	25	100	2 500

平时既登记增加又登记减少

期末账面数量 = 期初数量 + 本期增加数量 − 本期减少数量

图 7-4 永续盘存制下明细账的登记

(二)实地盘存制

实地盘存制,又称定期盘存制,是指对各种财产物资平时只在明细账簿中登记增加数,不登记减少数,月末根据对财产物资实地盘点的结存数倒挤出财产物资的减少数,并据以登记有关账簿的一种盘存制度。

采用实地盘存制,其优点是:由于平时不需要计算、记录财产物资的减少数和结存数,可以大大简化日常核算工作量,财产物资的收发手续也比较简便。其缺点是:正是平时不做存货的减少记录,使得日常财产物资的实体流转与账面变化并不完全一致,且发货手续不严密,不利于存货的控制和管理;期末所得的存货减少数是一个倒挤数,有可能把不正常的财产物资的损失数,如被盗、浪费、遗失或盘点遗漏等造成的损失都包括在发出成本中,这样就会影响日常核算的真实性,影响经营成果的核算;另外,由于每个会计期末都必须花费大量的人力、物力对财产物资进行盘点和计价,加大了期末会计核算的工作量,有时会影响正常的生产经营。

二、实物清查的方法

永续盘存制和实地盘存制是确定财产物资账面数量的方法,常用的确定实物数量的方法有以下3种,如表7-1所示。

表7-1 实物清查确定实物数量的方法

清查方法	概念及做法	适用范围
实地盘点法	对财产物资按其存放地点进行逐一清点,或用计量器具进行实地称量,以确定其实有数量	大多数可以进行逐一清查的实物资产
技术推算法	对于那些大堆、笨重,但存放有一定规则的财产物资,如露天堆放的原煤,不便于称量,可以在抽样盘点的基础上,通过量方、计尺等方法确定其实存数量	大量成堆、笨重的、难以逐一清点的财产物资
抽样盘点法	通过抽样的方法检查单位实物资产的质量与数量,以确定该项资产的总体质量与数量	单位价值较小,数量多,重量较均匀特别是包装好的实物资产

三、存货清查的资金运动和会计处理

(一)盘亏、盘盈的资金运动

企业进行存货清查盘点,应当编制"存货盘存报告单",并将其作为存货清查的原始凭证。

1. 存货盘亏

存货盘亏的资金运动如图7-5所示。

图 7-5 存货盘亏的资金运动

存货盘亏,即某一项资产少了,资金流到哪里去了,暂时不清楚,等待处理时,将减少的存货转入"待处理财产损溢",表现为图 7-5 中的 A 段运动;处理问题时,从"待处理财产损溢"转出,转入相关账户,发生 B 段运动。此时,"待处理财产的损失"反映了一种去向,所以以沙堆模拟。这里的相关项目要根据具体情况来确定。

属于自然损耗产生的定额内合理亏损或计量工具不准等原因产生的盘亏,计入管理费用;属于超定额短缺,以及存货毁损的亏损,能确定过失人的应由过失人负责赔偿;属于保险公司赔偿的,应向保险公司索赔,扣除过失人或保险公司赔款后,计入管理费用;属于非常损失(如自然灾害,因保管不善而被盗等)所造成的财产毁损,扣除保险公司赔款和残料价后,计入营业外支出。

拓展阅读

存货盘亏的税务处理

增值税方面:如果因非正常原因导致的存货盘亏,依据《中华人民共和国增值税暂行条例》规定,不能抵扣进项税额,会计处理应该做进项税额转出。所谓非正常损失,是指因管理不善造成被盗、丢失、霉烂变质的损失,因自然灾害而遭受的损失不需要进项税额转出。

企业所得税方面:存货盘亏损失,一般金额较小的盘亏、毁损可以以清单申报的方式向税务机关申报扣除,对于金额较大的应以专项申报的方式向税务机关申报扣除,具体如何操作需参考各地关于企业资产损失所得税税前扣除的有关规定。

《税法》规定对于盘盈的存货应按公允价值确定收入计入应该纳税所得额,与会计准则规定的按重置成本冲减管理费用的规定有所不同,税会产生差异,需要做纳税调整。如果重置成本与公允价值相同,则对应纳税所得额无影响。

2. 存货盘盈

存货发生盘盈,一般是因为存货的自然溢余或者是计量工具不准造成的,经批准后,冲减管理费用。

资产盘盈反映某一项资产多了,资金从哪里来的,是哪一个资产项目资金量少了,暂时不清楚,所以流出的项目称"待处理财产损溢",如图 7-6 中的 A 段运动所示。待查明原因审批后,冲减管理费用。

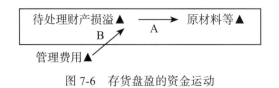

图 7-6　存货盘盈的资金运动

不管是盘盈还是盘亏,一旦处理完毕,"待处理财产损溢"项目的余额即清空为零。

(二)盘亏盘盈业务举例

【例 7-1】6 月 2 日清查发现甲材料短缺 10 千克,价值 1 600 元;6 月 5 日,根据调查认定,盘亏的原材料属于自然损耗,管理部门将其列作管理费用,如图 7-7 所示。

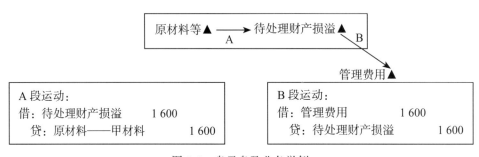

图 7-7　盘亏盘盈业务举例

四、固定资产盘亏的资金运动和会计处理

固定资产盘亏是指对固定资产清查时发现的,固定资产的盘点实物数少于账面应有数的情况。对盘亏固定资产,会计人员必须查明原因,并填制"固定资产盘亏报告单",在报告单内填列固定资产编号、名称、型号、数量、原值、已提折旧、短缺毁损原因等,按照规定程序上报。

固定资产盘亏的资金运动,分两个环节,如图 7-8 所示。发生盘亏报经批准前,资金从固定资产项目流向"待处理财产损溢",等待处理;按管理权限报经批准后处理后,发生 B 段运动,按可收回的保险赔偿或过失人赔偿,计入"其他应收款"项目,盘亏产生的净损失,计入"营业外支出"。

固定资产盘亏时,往往已经计提累计折旧,由于资产盘亏了,故已计提的累计折旧也要做相应的处理,故将其记在借方冲销为零,如果发生了减值,也要把"固定资产减值准备"账户冲销为零。

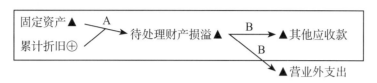

图 7-8　固定资产盘亏的资金运动

问题与讨论

固定资产盘亏可以计入管理费用吗

为什么存货的盘亏可以计入管理费用，而固定资产的盘亏不能计入管理费用？有人说，是因为存货和生产经营活动有一定的关系，但是固定资产的盘亏与生产经营并没有什么关系，如果计入管理费用会影响营业利润。你认可这个说法吗？谈谈你的看法。

我们以一个例子，来分析固定资产盘亏的资金运动。

【例 7-2】6 月 30 日，盘亏固定资产一台，原值 8 万元，已折旧 3 万元；7 月 5 日，根据盘亏报告单，全部做营业外支出处理。发生的资金运动和会计处理如图 7-9 所示。

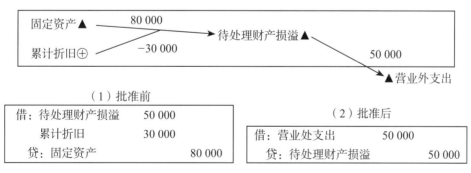

图 7-9　固定资产盘亏的资金运动和会计处理

第三节　库存现金的清查

为了确保现金的安全，企业除实行钱账分管制度外，还应建立现金清查制度。库存现金的清查方法和步骤如图 7-10 所示。

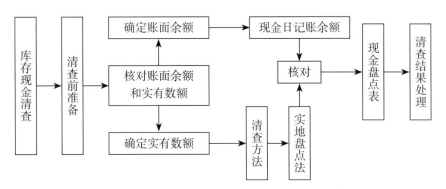

图 7-10 库存现金的清查方法和步骤

一、库存现金清查的分类

单位库存现金的清查,一般包括日常清查和专门清查,两种的区别如表 7-2 所示。

库存现金的盘点,现金实存数大于账存数,称为"现金长款";现金实存数小于账存数,称为"现金短款"。"长款""短款"实际上是库存现金的盘盈、盘亏。

表 7-2 两种不同的库存现金清查

	日常清查	专项清查
概念	每日终了,出纳人员登记现金日记账、结出余额,并与实有数额相互核对,以确定账实是否相符	专门清查是由专门的财产清查人员和出纳人员一起对库存现金所进行的清查
目的	1. 便于及时发现账实不符的情况 2. 便于及时发现账实不符的原因 3. 便于及时处理账实不符的情况	1. 有利于发现现金管理的问题 2. 有利于弥补日常清查的不足 3. 有利于提高现金管理的水平

出纳在日常清查时发现长短款情况,要先自行查找原因,并将长短款情况向机构负责人报告。对于出纳自身原因造成的短款情况,一般应由出纳人员赔偿,对于其他原因造成的长短款情况,应报请企业董事会或经理会议等类似的机构批准后进行处理。

🎓 职业道德和公司管理

长款自己收起,短款自己补齐

出纳人员长年与现金和银行存款打交道,出现长款或短款是在所难免的。但是要把差错率降至最低并彻底杜绝,这就要求出纳人员在日常结算时,要细心和认真,而千万不能"长了款便放一边了之,短了款自己掏腰包补齐"。因为有果必有因,当发现长款时,出纳人员千万不能沾沾自喜,以为是自己捡了便宜,长款中往往隐匿着短款的可能,应当认真查对账目,看是否记账、结账有误;如果发生了短款,应冷静地回忆发生过的现金收付业务，若查不出来，也不要瞒着不说，或者私自垫付。不管出现长款还是短款，出纳均应按照财务制度规定，报告会计主管，请会计人员帮助查找，若实在查找不出来，可暂做挂账处理。

二、库存现金清查的范围和方法

库存现金的清查，不仅包括账实数量一致（库存现金的实有数额与账面数额是否相符），还包括：有无以"白条"抵充现金；现金库存是否有超过银行核定的限额；有无坐支现金；有无私借公款；有无挪用公款；有无账外现金等。

问题与讨论

坐支现金

坐支现金是指单位用自己业务收入的现金直接支付业务支出的行为。《中华人民共和国现金管理暂行条例》规定，开户单位支付现金，可以从本单位库存现金限额中支付或者从开户银行提取，不得从本单位的现金收入中直接支付（即坐支）。因特殊情况需要坐支现金的，应当事先报经开户银行审查批准，由开户银行核定坐支范围和限额，坐支单位应当定期向开户银行报送坐支金额和使用情况。但也有人认为：规定开户银行不得"坐支现金"，是典型的计划经济的产物，在市场经济下，只要能保证资产安全完整，有权追求以最低的成本去获取最大的效益。实际工作中，常常发生"坐支"现象，开户银行不可能也无法进行监督。两种不同的说法，你更倾向于哪一种呢？

以库存现金的不定期盘点为例，现金清查的方法是实地盘点法，即出纳人员在专门盘点人员的监督下，清点保险柜内的现金，以确定库存现金的实有数，然后将现金的实有数额与现金日记账的账面结存余额相核对。

库存现金清查后，出纳人员需要填写"现金盘点表"，该表是对现金进行账项调整和对比分析的原始凭证，应由清查人员、出纳人员共同签名，并由会计机构负责人审核后签名或盖章。"现金盘点表"是企业内部自制单据，没有统一的格式，比如可以是图 7-11 所示样式。此样式的"现金盘点表"一式两联，一联作为调整现金账的依据，另一联为批复联，作为处理现金盘盈、盘亏的依据。

现金盘点表

实存金额	账存金额	对比结果		备注
		盘盈	盘亏	
3 500.00	3 000.00	500.00		少付康辉公司运输款项
现金使用情况	（1）库存现金限额：4 000 （2）白条抵库情况 （3）违反规定的现金支出情况 （4）其他违规行为			
处理决定：上述现金长款为康辉公司运输款，请予以支付。 总经理：				
会计机构负责人：	盘点人签章：		出纳员签章：	

（批复联）

单位名称：　　　　　　　　　　　　　　年　月　日

图 7-11　现金盘点表

三、库存现金清查的资金运动和会计处理

清查出现现金多余或短缺时，出纳人员应及时报告领导，并做账务处理。在查明原因前计入"待处理财产损溢——待处理流动资产损溢"；盘亏时，查明原因，属于由责任人赔偿或保险公司赔偿的部分，计入"其他应收款"，无法查明原因的现金损失计入"管理费用"。盘盈时，属于应支付给有关人员和单位的计入"其他应付款"，无法查明原因的现金溢余计入"营业外收入"。

发生现金短缺的资金运动如图 7-12 所示。发现问题，尚未批准时，发生 A 段运动；批准后，发生 B 段运动。

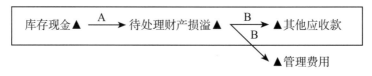

图 7-12　库存现金盘亏的资金

我们以一个例题来分析一下库存现金盘盈的情况。

【例 7-3】某企业 6 月 2 日库存现金清查，出纳发现现金溢余 150 元，6 月 5 日，根据调查认定，现金溢余无法查明原因，列作营业外收入。发生的资金运动和会计处理如图 7-13 所示。

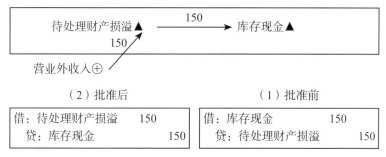

图 7-13 库存现金盘盈的资金运动

第四节 银行存款的清查

银行存款的清查是将开户银行定期送来的对账单与本单位的银行存款日记账核对,以查明银行存款收、付及余额是否正确相符的一种行为。其清查方法和步骤如图 7-14 所示。

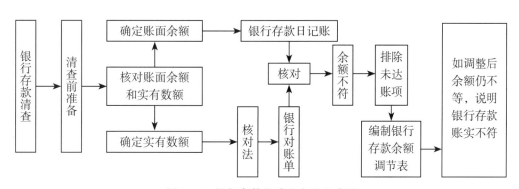

图 7-14 银行存款的清查方法和步骤

一、银行存款日记账与银行对账单

银行存款日记账是企业开设,由出纳人员逐日逐笔登记银行存款增减变动及其结余情况的特种日记账。银行存款日记账应按单位在银行开立的账户设置,每个银行账户设置一本日记账。

银行对账单是指银行客观记录企业资金流转情况的记录单,反映银行存款存入和使用情况。一般情况下,银行每月会向企业提供所有所开账户的对账单,以便双方核对银行存款账目。其格式如图 7-15 所示。

银行对账单

账号：13098765　　　　　　　　　　　　　开户单位：××××公司

2017年		摘要	结算凭证		借方	贷方	结余
月	日		种类	号数			
9	1	结余					700 000
	3	存入	支票	00439		280 000	980 000
	11	支取	支票	00127	50 000		480 000
	17	存入	支票	00649		120 000	600 000
	26	支取	支票	00193	20 000		580 000
	27	存入	支票	00187		60 000	640 000
	30	支取	支票	00198	90 000		550 000

打印时间：2017年9月30日

借方登记银行存款的支取　　贷方登记银行存款的存入

图 7-15　银行对账单格式

二、未达账项

未达账项是指由于企业与银行取得凭证的实际时间不同，导致记账时间不一致，而发生的一方已取得结算凭证且已登记入账，而另一方未取得结算凭证尚未入账的款项。比如，企业委托银行向外地某单位收款，银行收到对方支付款项的结算凭证后，就记账增加企业的银行存款；而将结算凭证传递给企业，会有一个时间差，只有企业在收到结算凭证后才增加自己账上的银行存款。在银行收到结算凭证至企业收到结算凭证期间，就形成了未达账项。

未达账项有以下 4 种情况：

一是银行已经收款入账，而企业尚未收到银行的收款通知因而未收款入账的款项，即银行已收而企业未收，比如委托银行收款等。

二是银行已经付款记了账，而企业尚未收到银行的付款通知因而未记付款的账，即银行已付而企业未付，比如借款利息的扣付、托收无承付等。

三是企业已经收款入账，而银行尚未办理完转账手续因而未收款入账的款项，即企业已收而银行未收，比如收到外单位的转账支票等。

四是企业已经付款入账，而银行尚未办理完转账手续因而未付款入账的款项，即企业已付而银行未付，比如企业已开出支票而持票人尚未向银行提现或转账等。

出现第一种和第四种情况时，会使开户单位银行存款账面余额小于银行对账单的存款余额；出现第二种和第三种情况时，会使开户单位银行存款账面余额大于银行对账单的存款余额。无论出现哪种情况，都会使开户单位存款余额与银行对账单存款余额不一致，可以通过编制银行存款余额调节表进行调节。银行存款余额调节表是提示未达账项对银行存款和银行对账单影响情况的工具表，格式如图7-16所示。一般情况下，调节后的余额应该相等，如果不等，证明银行存款账实不符。

银行存款余额调节表

账号：　　　　　　　　　　年　月　日　　　　　　　　　　单位：元

项目	金额	项目	金额
银行存款日记账余额		银行对账单余额	
加：银行已收、公司未收 减：银行已付、公司未付		加：公司已收、银行未收 减：公司已付、银行未付	
调节后的存款余额		调节后的存款余额	

图7-16　银行存款余额调节表

三、银行对账

银行存款的清查采用的是核对法，即将开户银行定期送来的对账单与本单位的银行存款日记账逐笔进行核对，其清查的流程如图7-14所示。核对的过程，也叫"银行对账"，通过对账，查找未达账项；通过编制银行存款余额调节表，排除未达账项；如调整后余额不相符，则说明银行存款账实不符，再与库存现金清查一样，寻找原因，做相应的会计处理。

【例7-4】某企业2017年9月的银行存款日记账与对账单的资料如图7-17所示。

银行存款日记账

2017年		凭证	摘要	借方	贷方	余额
月	日					
9	1	略	略			10 000
	3			20 000		
	5			52 000①		
	11				10 000	
	20				30 000	
	23				2 000②	
	31					40 000

银行对账单

2017年		凭证	摘要	借方	贷方	余额
月	日					
9	1	略	略			10 000
	3			20 000		
	6			50 000③		
	11				10 000	
	20				30 000	
	25				5 000④	
	31					35 000

图7-17　某企业9月银行存款日记账与银行对账单

银行对账的步骤：

1. 核对两者借方贷方，查找未达账项

核对的方法是将银行存款日记账借方发生额与银行对账单的贷方发生额相核对，银行存款日记账贷方发生额与银行对账单的借方发生额相核对，找出下列未达账项。图中的①②③④标号均为未达账项，其中：①表明企业记增加，银行未记增加52 000；②表明企业记减少，银行未记减少2 000；③表明银行记增加，企业未记增加50 000；④表明银行记减少，企业未记减少5 000。

2. 编制银行存款调节表

银行存款日记账余额、银行对账单余额和未达账项之间的关系用公式表示为

银行存款日记账余额＋银行已收企业未入账的款项－银行已付企业未入账的款项＝银行对账单余额＋企业已收银行未入账的款项－企业已付银行未入账的款项

根据上面查找的未达账项，编制银行存款余额调节表如图7-18所示。

银行存款余额调节表

项目	金额	项目	金额
银行存款日记账余额	40 000	银行对账单余额	35 000
加：银行已收、公司未收	50 000	加：公司已收、银行未收	52 000
减：银行已付、公司未付	5 000	减：公司已付、银行未付	2 000
调节后的存款余额	85 000	调节后的存款余额	85 000

图7-18　银行存款余额调节表

银行存款余额调节表是核对银行存款的工具，应由出纳以外的会计人员来编制，它不是原始凭证，不可以作为企业银行存款核算的依据。银行存款余额调节表调整后余额反映了企业可以动用的银行存款数额。

问题与讨论

如何防范出纳挪用公款的行为

深圳某证券营业部财务部设财务经理、会计及出纳3个岗位，按照内部牵制制度的要求对出纳的工作进行如下安排：出纳负责保管现金、登记现金及银行存款日记账，每月月初到开户银行取回银行对账单。财务经理将银行对账单与银行存款日记账核对后编制银行存款余额调节表。

2015年8月，由于该营业部总经理调离，新总经理对营业部情况不熟悉，很多事务需要财务经理协助，财务经理因工作繁忙便没有核对8～11月的银行对账单，也

未编制银行存款余额调节表。营业部出纳朱某见财务经理 8 月未核对银行对账单,便从 9 月份开始挪用营业部资金(以客户提取保证金为名,填写现金支票,自己提现使用)。仅 3 个月,朱某共累计挪用人民币 90 万元,港币 10 万元。请同学们讨论一下,通过什么途径可以防范这些风险?

四、银行存款账实不符的会计处理

如果通过银行存款余额调节表,调整后的余额仍然不等,说明账实不符,肯定有一方记账有错误,应进一步查明原因,予以更正。

🎓 职业道德和公司管理

交接之前的账实不符

小张在工作交接时,发现公司以前会计的账,从 5 年前就开始银行存款账实不符,银行存款调节后仍然不符,很多单据都没有入账,现在也找不到了,也没有未达账项和对账单,账面余额比实际金额多出 40 多万元,因为以前的会计是老板的朋友,老板:"说别查了,直接调账吧"。请问:如果你是小张,遇到这样的问题,该怎么办?

第五节　往来款项的清查

往来款项的清查是指对有关应收账款、应付账款、预收账款以及预付账款等进行的清查。通过往来款项的清查,企业可以掌握债权、债务的真实情况,及时催收债权,加快资金流动,提高企业资金利用率,如期偿还债务,维护企业信用。其清查方法和步骤如图 7-19 所示。

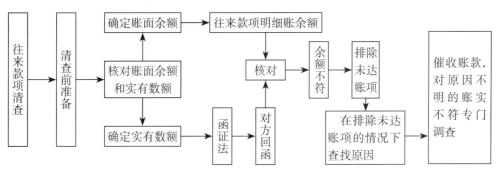

图 7-19　往来款项的清查方法和步骤

一、往来款项清查的方法和程序

往来款项的清查一般采用发函询证的方法进行核对，主要分以下3个步骤：

（1）将本单位的往来账款核对清楚，确认总分类账与明细分类账的余额相等。

（2）根据账簿记录，按照每一个款项往来单位填制往来款项询证函，寄往各往来单位。

发向往来单位的询证函，也称往来款项对账单，是企业自制单据，格式既可以如图7-20所示，也可以如图7-21所示。一般分为上下两联，上联为与往来单位进行核对的函，注明需核对公司名称、结账日期、应收应付金额等，并加盖单位财务专用章后送达往来单位；下联为回函，为往来单位核对后的复函。

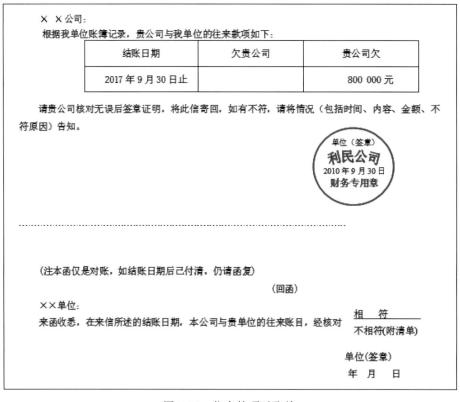

图 7-20　往来款项对账单

核对时，如果发现未达账项，双方都应该采用调节账面余额的方法，核对调整后的余额是否相等。

（3）收到对方单位的回函后，根据回函内容编制往来款项清查表或往来款项清查报告。

对往来款项清查结束后，财务人员应根据清查中发现的问题，及时编制往来款项清查表。通过该表，列明核对相符和不符的金额，并对本单位和对方单位有争议的款项、没有希望收回的款项以及无法支付的款项详细地予以说明，以便及时采取措施，避免相互之间的长期拖欠，减少坏账损失。结算往来款项清查表格式如图 7-22 所示。

往来款项对账单

为保证企业间的友好互利合作关系，及时清理相互间的债权债务，现将本公司与贵司的往来账项做如下对账说明，如与贵司相符，请在本对账单下端"数据准确无误"处签章确认，如有不符，请在"数据不符"处列明正确金额。如不回传，本公司视为账款金额无误。

联系地址：

联系人：　　　电话：　　　传真：

本公司与贵公司的累计往来账项列示：　　　　　　　　单位（元）

日期	我司上期应收款余额	本月销售额	本月已收账款	期末应收款

××××公司

2014年××月××日

贵公司结论：

1. 数据准确无误	2. 数据不符，请列示正确金额
企业签章 2014年　月　日	企业签章 2014年　月　日

图 7-21　往来款项对账单

结算往来款项清查表

年　月　日

总分类账户		明细分类账户		清查结果		核对不符单位及原因				近日到期的票据	
名称	金额	名称	金额	核对相符金额	核对不符金额	核对不符单位	未达账项金额	争执款项金额	无法收回	无法支付	应收票据	应付票据

清查人员签章：　　　　　　　　　　记账员签章：

图 7-22　结算往来款项清查表

二、对无法支付和收回的往来款项的处理

（一）对无法支付的往来款项的处理

经过往来对账，如果属于确实无法支付的，按照企业会计准则规定，是由于非日常活动产生的经济利益的流入，应作为"利得"处理，经批准转作营业外收入。其会计处理为

借：应付账款
　　贷：营业外收入

在业务处理上，要能充分证明其"确实无法偿付"，并做核销处理。在税务处理上，企业因债权人原因确实无法支付的应付款项，应并入当期应纳税所得额缴纳企业所得税。

（二）对无法收回款项的往来款项的处理

1. 坏账损失的确认

对于确实无法收回的应收款项，应作为坏账损失处理。坏账损失是已经确认应收而又不能收回的应收账款所产生的损失。按照有关会计准则，具有以下特征之一的应收账项，应确认为坏账损失：

（1）因债务人单位撤销，依照企业法进行清算后，确实无法追回的应收账款。

（2）因债务人死亡，已经无遗产可供清偿，又无义务承担人，确认无法收回的应收账款。

（3）因债务人逾期未履行偿债义务已超过3年，经多次催讨，确实不能收回的应收账款。

2. 坏账损失账户设置

企业对坏账损失的核算，一般采用备抵法，即在坏账损失实际发生前，就依据权责发生制原则估计损失（作为当期费用），并同时形成坏账准备，待坏账损失实际发生时再冲减坏账准备，同时转销相应的应收账款余额。

坏账准备账户是应收账款的备抵账户，一般来说，坏账准备科目贷方一般在计提时使用；借方则是当坏账确认发生时，冲销坏账使用。坏账准备科目期末贷方余额，反映企业已提取的坏账准备。坏账准备的账户结构如图7-23所示。

坏账准备计提和发生与收回时的资金运动如图7-24所示。坏账准备账户在会计沙盘中，以"⊕"形式描述。计提坏账准备时，发生A段运动，将有可能存在的损失计入相关费用"资产减值损失"中。每一个会计期末，首先要确定是否存在减值，如果存在，还要确认减值了多少，然后将应收账款减值的金额与坏账准备账户已经有的

余额进行比较，若减值金额大于已提，则应该补提，发生 A 段运动。如果小于已经提取的金额，则说明企业应收账款价值有所恢复，则要冲销已提取的部分金额，发生 B 段运动。企业发生坏账时，发生 C 段运动，冲销应收账款和坏账准备；坏账收回时，可以先更正原来确认的坏账发生，再按正常的应收账款收回，发生图中的 D_{11} 和 D_{12} 段运动；也可以简化处理，不通过恢复应收账款，直接收回银行存款，发生图中的 D_2 段运动。

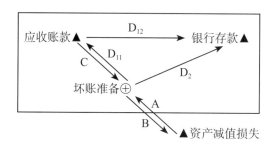

图 7-23 坏账准备的账户结构

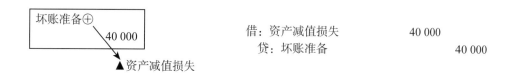

图 7-24 坏账计提和发生的资金运动

注：A——减值准备的提取　　B——多余的减值准备的退回
　　C——坏账的实际发生　　D——坏账的重新收回
　　D_1——通过应收账款进行　　D_2——不通过应收账款进行

坏账准备的提取方法有应收款项余额百分比法、销货净额百分比法、应收款项账龄分析法等。我们以应收账款余额百分比法为例进行介绍，这是按照年末应收款项余额乘以估计的坏账率，来计算当期应估计的坏账损失的一种方法。

【例 7-5】（1）某企业 2016 年 12 月 31 日，企业应收账款余额为 400 万元，估计坏账损失率为 1%，"坏账准备"期初余额为零。

坏账准备⊕
　　40 000
▲资产减值损失

借：资产减值损失　　　　40 000
　　贷：坏账准备　　　　　　　　40 000

（2）2017年10月30日，一笔价值为3万元的应收账款经确认无法收回，作为坏账冲销坏账准备。

借：坏账准备　　　　　　　　　30 000
　　贷：应收账款——X　　　　　　　　　30 000

（3）2017年12月31日，应收账款余额为500万元，估计坏账率为1%。此时，坏账准备保留数（余额数）为5万元，原来有余额1万元，所以坏账准备应提取数应为4万元。

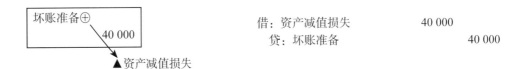

借：资产减值损失　　　　　　　40 000
　　贷：坏账准备　　　　　　　　　　　40 000

（4）2018年2月5日，原已确认为坏账的3万元货款重新收回，款已存入银行（全年仅此一笔相关业务）。

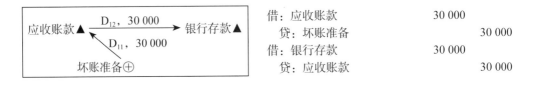

借：应收账款　　　　　　　　　30 000
　　贷：坏账准备　　　　　　　　　　　30 000
借：银行存款　　　　　　　　　30 000
　　贷：应收账款　　　　　　　　　　　30 000

拓展阅读

内部控制和内部会计控制

内部控制是指单位内部的管理控制系统，它是为了保证生产经营和业务活动的有效进行，保护资产的安全和完整，防止、发现、纠正错误与舞弊，保证会计资料的真实、合法、完整而制定和实施的一系列必要的方法、措施与程序。

企业内部控制一般分为内部管理控制和内部会计控制。

内部管理控制是指企业根据一定的生产经营与业务方针，合理、有效地进行生产经营与业务活动而设定的各种管理。其目的是保证组织目标的实现、管理政策的实施、生产经营与业务活动效率的提高，以及为内部会计控制提供基础。内部管理控制的内容主要包括预算控制、信息管理与报告控制、员工组织与培训控制、工程项目控制、采购付款控制、销售与收款控制、担保控制、对外投资控制等。

内部会计控制是指单位为了提高会计信息质量，保护资产的安全、完整，确保有关法律法规和规章制度的贯彻执行和实施的一系列控制方法、措施和程序。财产清查是内部会计控制的一种手段。2001年6月财政部发布的《内部会计控制规范——基本规范（试行）》，对内部会计控制的内容是按照以内部会计控制为主，同时兼顾与会计相关的控制来设计的，主要包括货币资金、实物资产、对外投资、工程项目、采购与付款、筹资、销售与收款、成本费用、担保和预算等经济业务的会计控制。

内部会计控制规范从结构上看可以分为两个层次：第一个层次是内部会计控制基本规范。它主要是就涉及内部会计控制的目标、原则、内容、方法、检查、督导和实施等问题予以规范。第二个层次是内部会计控制具体规范。它主要是对单位内部的各种具体会计工作进行规范。从内容上看，它可以从以下几个不同角度来进行规范设计：第一，是对具体经济业务的内部会计控制规范，如工程项目、采购与付款、销售与收款、对外投资、筹资、担保、成本费用的发生与支付等；第二，是对具体会计要素项目变动的内部会计控制规范，如货币资金、实物资产、证券资产、无形资产等；第三，是对具体会计业务处理岗位的内部会计控制规范，如出纳、记账、报表、保管、经销、采购、收款等；第四，是对具体会计管理岗位和管理环节的内部会计控制规范，如授权、执行、质检、验收、审核、付款等；第五，是对会计业务处理手段的内部会计控制规范，如手工会计处理系统和电子数据处理会计系统等。企业通过制定不同的内部会计控制规范，形成一个相对完善的体系，才能对规范单位内部的会计控制工作起到重要的促进作用。

内部会计控制应当达到以下基本要求：

（1）规范单位会计行为，保证会计资料的真实和完整。

（2）堵塞漏洞，消除隐患，防止并及时发现、纠正错误及舞弊行为，保护单位资产的安全和完整。

（3）确保国家有关法律法规和单位内部规章制度的贯彻执行。

资料来源：程淮中.会计职业基础[M].2版.北京：高等教育出版社，2014.

能力提升

以下为利民工贸2018年7月的银行存款日记账和银行对账单，请完成银行对账并编制银行存款余额调节表。

银行存款日记账

开户行：工行北京市欣立路支行
账号：74239401686988

2018年		记账凭证字号		对方科目	摘要	结算凭证 种类 号码		借方	贷方	√	余额
月	日	字	号								
7	1				期初余额						2,355,800.00
7	1	记	1		购买办公用品				55,000.00		2,300,800.00
7	7	记	3		购入原材料				100,000.00		2,200,800.00
7	8	记	5		存入现金			10,000.00			2,210,800.00
7	13	记	13		支付手续费				500.00		2,210,300.00
7	17	记	15		收到赔偿款			100,000.00			2,310,300.00
7	19	记	32		支付业务招待费				3,000.00		2,307,300.00
7	21	记	40		银行利息存入			352.19			2,307,652.19
7	24	记	42		收到前期货款			75,000.00			2,382,652.19
7	25	记	47		销售商品			200,000.00			2,582,652.19
7	26	记	53		提取现金				10,000.00		2,572,652.19
7	28	记	58		支付水电费				20,000.00		2,570,652.19
7	30	记	61		收回员工借款			500.00			2,571,152.19

中国工商银行 对账单

第 1 页

户名：工行北京市欣立路支行
账号：74239401686988
利率：　　%

日期	摘要	结算凭证 种类 号数		借方	贷方	余额
2018年6月30日						¥2,355,800.00
2018年7月1日	转账				¥110,000.00	¥2,465,800.00
2018年7月1日	转账			¥55,000.00		¥2,410,800.00
2018年7月7日	转账			¥100,000.00		¥2,310,800.00
2018年7月7日	转账				¥10,000.00	¥2,320,800.00
2018年7月9日	转账			¥3,000.00		¥2,317,800.00
2018年7月10日	转账			¥500.00		¥2,317,300.00
2018年7月10日	转账				¥100,000.00	¥2,417,300.00
2018年7月12日	转账				¥352.19	¥2,417,652.19
2018年7月14日	转账				¥75,000.00	¥2,492,652.19
2018年7月16日	转账			¥10,000.00		¥2,482,652.19
2018年7月17日	转账			¥3,000.00		¥2,479,652.19
2018年7月25日	转账			¥2,000.00		¥2,477,652.19
2018年7月25日	转账				¥50,000.00	¥2,527,652.19
2018年7月26日	转账				¥110,000.00	¥2,637,652.19
2018年7月28日	转账				¥200,000.00	¥2,837,652.19
2018年7月30日	转账			¥200.00		¥2,837,452.19

Chapter 8 第八章

财务报表

本章概览

财务报表是反映企业财务状况和经营成果的重要载体,企业要定期向公众公示披露或向主管部门上报。财务报表的编制,要遵守一定的格式和编制要求。对财务报表进行分析,可以评价企业的经营风险和盈利性,便于信息使用者做出决策。

学习目标

1. 了解我国会计报告体系的构成要素。
2. 熟悉资产负债表的格式和编制原理。
3. 熟悉利润表的格式和编制原理。
4. 熟悉现金流量表的格式和编制原理。
5. 能够借助 Excel 编制财务报表。

引导案例

新能源汽车巨头比亚迪利润暴跌的原因

国家为培育战略性新兴产业,加强节能减排工作,在 2015 年 4 月由财政部、科技部、工业和信息化部、发展改革委员会四部委联合新发布了《关于 2016—2020 年新能源汽车推广应用财政支持政策的通知》,明确在"十三五"期间由中央财政对购买新能源汽车给予补助,新能源汽车生产企业在销售新能源汽车产品时按照扣减补助后的价格与消费者进行结算,中央财政将企业垫付的补助资金再拨付给生产企业。补助标准依据节能减排效果、生产成本、规模效应和技术进步等因素,每年各不相同、逐步退坡并于 2020 年全面取消。2018 年,受退坡政策和市场竞争的影响,汽车行业出现大面积业务滑坡。4 月 27 日,新能源汽车巨头比亚迪发布了 2018 年第一季度财报,报告期内,比亚迪实现净利润 1.02 亿元,同比下降 83.09%,扣除非经常性损益后的净利润则亏损 3.29 亿元,同比大跌超过 173%。政府补贴是企业净利润的来源之一,在企业利润表中计入"营业外收入"项目列示。但行业和企业的良性成长和发展，不能仅仅靠政策刺激，还需要从研发成本、技术提高、市场拉动等方面下功夫。

第一节 财务报表的编报基础

一、财务报表与财务报告

财务报表，就是我们通常说的"会计报表"，是以会计准则为规范编制的，向所有者、债权人、政府等会计信息使用者提供的关于企业财务状况、经营业绩和现金流量信息的文字与表格文件，我国的财务报表包括资产负债表、利润表、现金流量表、所有者权益变动表和报表附注。

财务报告是指企业对外揭示并传递经济信息的手段，也称为"财务会计报告"。财务会计报告包括财务报表、财务报表附注和财务情况说明书，根据披露的时间不同，分为年度财务报告、半年度财务的报告、季度财务报告和月度财务报告。

财务报表是财务会计报告的组成部分，财务会计报告更多的内容是文字说明性内容。我国现行企业财务报告体系及其结构如表8-1所示。

表8-1 我国现行企业财务报告体系

财务报告	财务报表	基本报表	资产负债表
			利润表
			现金流量表
		附表	利润分配表、资产减值准备明细表、股东权益增减变动表等
	财务报表附注		会计政策与会计估计及其变动与影响、关联方及关联交易、或有事项与承诺事项、重要资产转让与出售、重要项目的注释与说明等
	财务情况说明书		生产经营与利润等情况说明、影响财务状况的重要事项说明、资产负债表日后事项说明等

二、财务报表的编制与披露

财务报表的编制是在企业真实交易事项和完整会计记录的基础上，依据会计准则、会计制度规定的方法，将企业账簿上记载的数据，通过直接填列或分析填列的方式，按需要汇集到各种会计报表上。

财务报表披露是将财务报表上汇集的数据定期公布出去。上市公司因为是"公众公司"，其财务报表要定期"昭告天下"，其报表使用者非常广泛，所有关心这家上市公司的个人和单位，都需要这些会计信息。我国《公司法》《证券法》等法律规范规定，上市公司财务信息披露要真实、准确、完整、及时和公平。

对于非上市公司来说，其财务报表多以报送为主，比如定期报送给主管单位、投资人、银行或税务机关等，报送相当于小范围的信息披露。

会计报表编制的依据是《企业会计准则第 30 号——财务报表列报》。

三、财务报表的解读

对于会计信息使用者而言，想要了解一家企业的财务状况及其动态，阅读和分析财务报表是一种便捷的方式。财务报表分析没有固定格式，但分析的方法大致相同。比如，经常使用的方法有结构分析法、趋势分析法和比率分析法，分析结果可以以文字、数值、图形等多种形式输出。

（一）结构分析法

结构分析法是指对各组成部分及其对比关系变动规律的分析，财务报表的结构分析是指在同一财务报表同类项目之间，通过计算同类项目在整体中的权重或份额，以及同类项目之间的比例，来提示它们之间的结构关系，反映财务报表各项目的纵向关系。比如在资产负债表的结构分析中，可以计算各项资产占总资产的比重，各项负债占总负债的比重；在利润表中，可以计算成本、费用和利润占总收入的比重。

（二）趋势分析法

趋势分析法是通过对财务报表中各类相关数字资料，将两期或多期连续的相同指标或比率进行定基对比和环比对比，得出它们的增减变动方向、数额和幅度，以揭示企业财务状况、经营情况和现金流量变化趋势的一种分析方法。采用趋势分析法通常要编制比较财务报表。

（三）比率分析法

比率分析法是以同一期财务报表上若干重要项目的相关数据相互比较，求出比率，用以分析和评价公司的经营活动以及公司目前和历史状况的一种方法，是财务分析最基本的工具。由于进行财务分析的目的不同，各种分析者包括债权人、管理当局、政府机构等所关注的侧重点也不同。作为股票投资者，主要是掌握和运用 4 类财务比率，即反映公司的获利能力比率、偿债能力比率、成长能力比率、资金周转能力比率。

以上只是简单的报表分析方法，审视和评价企业的管理问题，还应将企业放在大的社会环境中，通过企业战略、企业经营管理的竞争力、企业效益和质量等各种因素来评判企业的财务状况质量，仅凭几个财务指标或趋势和结构就得出结论，是不客观的，也是无益的。本课程只给出简单的分析方法，让同学们有个直观的了解，我们将在后续课程中学习更多的财务报表分析方法。

第二节　资产负债表

一、资产负债表及其编制原理

资产负债表，又称财务状况表，反映企业某一特定日期（如月末、季末、年末等）的资产、负债、所有者权益的会计报表。它根据资产、负债、所有者权益3个会计要素的相互关系，依据一定的分类标准和顺序填列，表明企业在特定日期所拥有或控制的经济资源，以及所承担的现有债务和所有者对企业净资产的所有权。

资产负债表的编制原理是"资产＝负债＋所有者权益"会计恒等式。它既是一张平衡报表，反映资产总计（左方）与负债及所有者权益总计（右方）相等；又是一张静态报表，反映企业在某一时点的财务状况，如月末或年末。通过在资产负债表上设立"期初数"和"期末数"栏，也能反映出企业财务状况的变动情况。

二、资产负债表的格式

所有资产负债表项目都列有"期初数"和"期末数"两栏，相当于两期的比较资产负债表。该表"期初数"栏内各项数字，应根据上年末资产负债表"期末数"栏内所列数字填列。表中的"期末数"，指月末、季末或年末数字，它们是根据各项目有关总账科目或明细科目的期末余额直接填列或计算分析填列。

资产负债表的表头应列明报表名称、编制单位、编制日期、报表编号、金额计量单位等；表身是资产负债表的主体，列示了用以说明企业财务状况的资产、负债及所有者权益的各个项目；表尾为补充说明。其中，表身（也称正表）部分是资产负债表的主体和核心。

资产负债表的结构一般有两种：报告式资产负债表和账户式资产负债表。

报告式资产负债表是上下结构，上半部列示资产，下半部列示负债和所有者权益，如表8-2所示。

表8-2　资产负债表（报告式）

编制单位：　　　　　　　　　　年　月　日　　　　　　　　　　单位：元

资产	金额
流动资产	
非流动资产	
资产合计	
负债	
流动负债	
非流动负债	
负债合计	

（续）

所有者权益	金额
实收资本	
资本公积	
盈余公积	
未分配利润	
所有者权益合计	
负债和所有者权益合计	

账户式资产负债表是左右结构，左边列示资产，右边列示负债和所有者权益。如表 8-3 所示。

表 8-3　资产负债表（账户式）

编制单位：　　　　　　　　　　　　年　月　日　　　　　　　　　　　　单位：元

资产	行次	期初数	期末数	负债和所有者权益	行次	期初数	期末数
流动资产				流动负债			
非流动资产				非流动负债			
				负债合计			
				所有者权益			
资产总计				负债和所有者权益合计			

不管采取什么格式，资产各项目的合计等于负债和所有者权益各项目的合计这一等式不变。在我国，资产负债表采用账户式。

三、资产负债表的填列

表 8-4 为我国一般企业（以利民工贸为例）2018 年资产负债表的格式，报表中各项的期末数，通过以下几种方式填列。

表 8-4　某公司资产负债表

编制单位：北京利民工贸有限公司　　　　2018 年 1 月 31 日　　　　　　单位：元

资产	期末余额	年初余额	负债和所有者权益（或股东权益）	期末余额	年初余额
流动资产：			流动负债：		
货币资金	6 689 292.55	6 580 597.01	短期借款		
交易性金融资产			交易性金融负债		
衍生金融资产			衍生金融负债		
应收票据及应收账款	7 511 174.46	863 044.00	应收票据及应付账款	4 571 470.00	862 570.00
预付款项			预收款项	3 391 249.68	

（续）

资产	期末余额	年初余额	负债和所有者权益（或股东权益）	期末余额	年初余额
其他应收款	500.00		合同负债		
存货	6 331 280.67	4 623 976.71	应付职工薪酬	941 104.50	941 104.50
合同资产			应交税费	1 501 991.39	360 121.64
持有待售资产			其他应付款		
一年内到期的非流动资产			持有待售负债		
其他流动资产			一年内到期的非流动负债		
流动资产合计	20 532 247.68	12 067 617.72	其他流动负债		
非流动资产：			流动负债合计	10 405 815.57	2 163 796.14
债权投资			非流动负债：		
其他债权投资			长期借款	2 000 000.00	2 000 000.00
长期应收款			应付债券		
长期股权投资			其中：优先股		
其他权益工具投资			永续债		
投资性房地产			长期应付款		
固定资产	13 038 363.88	13 115 444.44	预计负债		
在建工程			递延收益		
生产性生物资产			递延所得税负债		
油气资产			其他非流动负债		
无形资产	792 833.34	804 666.67	非流动负债合计	2 000 000.00	2 000 000.00
			负债合计	12 405 815.57	4 163 796.14
开发支出			所有者权益（或股东权益）		
商誉			实收资本（或股本）	10 000 000.00	10 000 000.00
长期待摊费用			其他权益工具		
递延所得税资产			其中：优先股		
其他非流动资产			永续债		
非流动资产合计	13 831 197.22	13 920 111.11	资本公积		
			减：库存股		
			其他综合收益		
			盈余公积		
			未分配利润	11 957 629.33	11 823 932.69
			所有者权益（或股东权益）合计	21 957 629.33	21 823 932.69

（续）

资产	期末余额	年初余额	负债和所有者权益（或股东权益）	期末余额	年初余额
资产总计	34 363 444.90	25 987 728.83	负债和所有者权益（或股东权益）总计	34 363 444.90	25 987 728.83

注：财政部〔2018〕15号文件将执行企业会计准则的非金融企业的报表格式，按是否执行新金融准则和新收入准则分为两类，本书以执行新准则的企业为例。表6-2的利润表也是执行新准则的报表格式。

（一）资产负债表期末数的几种填列方法

1. 根据总账账户的期末余额直接填列

资产负债表中的大多数项目的数据来源，主要是根据总账账户期末余额填列。例如，"应收股利""应收利息""应付票据""应付职工薪酬""应交税费""其他应交款""其他应付款""实收资本""资本公积""盈余公积"等项目。

2. 根据多个总账账户期末余额计算填列

资产负债表中有些项目需要根据若干个总账账户期末余额的合计数填列。例如，"货币资金""存货"等项目。

3. 根据若干明细账账户期末余额计算填列

资产负债表中有些项目需要根据若干个明细账账户期末余额的合计数填列。例如，"应收账款""预付账款""应付账款""预收账款"等项目。

4. 根据总账账户和明细账账户期末余额分析计算填列

资产负债表中某些项目不能根据有关总账账户的期末余额直接或计算填列，也不能根据有关账户所属的明细账账户的期末余额计算填列，而需要根据总账账户和明细账账户余额分析填列。例如，"长期借款"要根据"长期借款"总账账户期末余额扣除该账户明细账账户中有一年内到期的长期借款部分填列。

5. 根据账户余额减去其备抵项目后的净额填列

由于公允价值的引入，企业的一些实物资产和非实物的长期资产在报告日要根据资产的公允价值计提减值准备，其账户余额应减去备抵项目后的净额填列。例如，"应收账款""长期股权投资""固定资产""无形资产"及存货类的项目。

6. 根据资产负债表中相关项目金额计算填列

例如，"流动资产合计""非流动资产合计""资产总计""流动负债合计""非流动负债合计""负债合计""所有者权益（或股东权益）合计""负债及所有者权益总计"等项目。

拓展阅读

为什么会有应收账款贷方、有预收账款的借方余额

应收账款反映企业因销售商品、产品和提供劳务等而应向购买单位收取的各种款项，代表企业未来收款的一种权利。正常情况下，"应收账款"账户发生额或余额应该在借方，但也有特殊情况，如果是预收客户的款项，则表明了企业未来要为客户提供商品或劳务的一种义务，在没有为此客户开设"预收账款"账户时，就要将其发生额记入"应收账款"的贷方。所以，我们可以理解为"应收账款"的贷方相当于预收账款的贷方。

当发生了预收客户的款项时，为什么不直接记入"预收账款"账户呢？这是因为手工记账时，为了防止一个客户挂在不同的明细账中，才使用"应收账款"的贷方表示"预收"；同样的道理，手工记账时用"应付账款"的借方表示预付；用"预付账款"的贷方表示应付。

在会计软件中就不同了，会计软件是按供应商和客户进行明细核算的，不存在一个供应商或客户挂在不同的科目下，所以在会计软件中，就是预付、应付、应收、应付共存的状态，这4个科目，也表明了它应有的面貌。所以，会计软件中的报表填列，"应收账款"等4个项目，就是按该科目的期末余额填列。

（二）资产负债表中常用项目的具体填列方法

（1）"货币资金"项目，反映企业库存现金、银行结算户存款、外埠存款、银行汇票存款、银行本票存款、信用卡存款、信用证保证金存款等的合计数。本项目应根据"库存现金""银行存款""其他货币资金"等科目的期末余额合计填列。

（2）"应收款项"项目，反映企业应收未收的各种款项，包括"应收账款""应收票据""其他应收款"和"预付账款"。这4个账户分别反映的信息如图8-1所示。

"应收账款" "应收票据"	"预付账款"	"其他应收款"
• 由销售商品、提供劳务形成，如货已发出但款未收取的	• 由采购商品、接受劳务形成，如预付的定金	• 由其他生产经营活动形成，如职工未报销的差旅费

图8-1 资产负债表中的应收款项目

其中，"应收账款"项目应根据"应收账款"和"预收账款"科目所属各明细科目的期末借方余额合计数，减去"坏账准备"科目中有关应收账款计提的坏账准备期末余额后的金额填列;"应收票据"项目应根据"应收票据"科目的期末余额填列,已向银行贴现和已背书转让的应收票据不包括在本项目内;"预付款项"项目,应根据"预付账款"和"应付账款"科目所属各明细科目的期末借方余额合计数。

企业与同一客户在购销商品结算过程中形成的债权债务关系,应当单独列示,不应相互抵销,即应收账款不能与预收账款相互抵销、预付账款不能与应付账款相互抵销、应付账款不能与应收账款相互抵销、预收账款不能与预付账款相互抵销。

例如:某公司期末应收账户的账面余额如表 8-5 所示,则资产负债表中的"应收账款"应填列 5 000 + 2 000 − 2 000 = 5 000(元)。

表 8-5 某公司期末应收账户的账面余额

总账	明细账	期末借方余额	期末贷方余额
应收账款		40 000	
	华南公司	50 000	
	新乐公司		10 000
坏账准备			2 000
预收账款			3 000
	甲公司		5 000
	乙公司	2 000	

资产负债表"预收账款"项目应填列 5 000 + 10 000 = 15 000(元)。

(3)"存货"项目。制造企业的存货包括期末在库、在途和在加工中的各项存货的实际成本,包括原材料、周转材料等。本项目应根据"材料采购""在途物资""原材料""库存商品""发出商品""委托加工物资""周转材料""消耗性生物资产""生产成本"等科目的期末余额合计,减去"存货跌价准备"科目期末余额后的金额填列。

服务业的存货,指的是未完的劳务;工程施工企业的存货,指的是未完的工程。

(4)"一年内到期的非流动资产"项目,指的是一年内到期的"债权投资"+一年内摊销的"长期待摊费用"+一年内可收回的"长期应收款",需要根据总账和明细账科目的余额进行分析、计算后填列。比如,某公司的"债权投资""长期待摊费用""长期应收款"总账和明细账余额如表 8-6 所示。则资产负债表中"一年内到期的非流动资产"应为:10 000 + 10 000 + 10 000 = 30 000(元)。

"一年内到期的非流动负债"包含一年内到期的"长期借款"、一年内到期"长期应付款"、一年内到期"应付债券"和一年内到期"预计负债",计算方法与此相似。

表 8-6　某公司期末长期投资等账户的账面余额

账户名称	明细账	借方余额
债权投资		40 000
	一年内到期	10 000
	到期日超过一年	30 000
长期待摊费用		50 000
	一年内摊销	10 000
	摊销日超过一年	40 000
长期应收款		35 000
	一年内收回	10 000
	收回期超过一年	25 000

（5）"固定资产"项目，反映企业的各种固定资产期末的实际价值。本项目应根据"固定资产"科目的期末余额，减去"累计折旧""固定资产减值准备"科目期末余额后的金额分析计算填列。

（6）"无形资产"项目，反映企业各项无形资产的期末可收回金额，包括商标权、专利权、土地使用权、特许权等。本项目应根据"无形资产"科目的期末余额，减去"累计摊销""无形资产减值准备"科目期末余额后的金额填列。

（7）负债项目的填列。负债项目包括如图 8-2 所示的几种类型。

```
┌──────────────────┐  ┌──────────────────┐  ┌──────────────────┐
│ 筹资活动引起的负债 │  │生产销售活动产生的负债│  │   对职工的负债    │
│ • 长期借款        │  │ • 应付账款/票据    │  │ • 应付职工薪酬    │
│ • 短期借款        │  │ • 预收账款         │  │ • 其他应付款      │
│ • 应付利息/股利   │  │ • 应交税费         │  │                  │
└──────────────────┘  └──────────────────┘  └──────────────────┘
```

图 8-2　资产负债表中的负债项目

其中应付账款项目按"应付账款"明细账户贷方余额 + "预付账款"明细账户贷方余额填列。例如，某公司应付账款、预付账款总账、明细账余额如表 8-7 所示，则"应付账款"项目应为 50 000 + 4 000 = 54 000（元）；"预付账款"项目应为 6 000 + 5 000 = 11 000（元）。

表 8-7　某公司期末应付账户的账面余额

总账	明细账	借方余额	贷方余额
应付账款			45 000
	东风工厂		50 000
	红星公司	5 000	
预付账款		2 000	
	A 公司	6 000	
	B 公司		4 000

（8）"未分配利润"项目，反映企业尚未分配的利润。本项目应根据"本年利润"科目和"利润分配"科目的余额计算填列。未弥补的亏损，在本项目内以"—"号填列。

> **拓展阅读**
>
> **会计软件中的报表编制**
>
> 会计软件中的报表填制，确切地说应该称为"报表生成"，因为会计软件已经按不同的行业性质，预先设置好了报表模板，会计人员只需要选择需要生成报表的日期，软件就会自动将当月甚至当天的报表自动计算出来。但值得注意的是，会计软件中预先设置的公式，是按会计准则规定中的会计科目定义的，如果企业自行设置了准则以外的会计科目，尤其是总账科目，则一定记得要修改报表中的公式，否则有可能带来取数错误。

四、资产负债表的分析

资产负债表向人们揭示了企业某一日期或时点，拥有或控制的能用货币表现的经济资源，即资产的总规模及具体的分布形态。左边资产，反映企业所拥有或控制的各项经济来源（资产）的数额及其分布情况，右边反映企业所负担的债务（短期和长期负债）以及企业所有者在企业中持有的权益及权益的构成情况。

资产负债表的分析，主要是对风险的分析。比如，观察表内左右、上下有关项目的关系，可以了解企业长期和短期的偿债能力，企业的短期偿债能力可以用"流动资产合计÷流动负债合计"（流动比率）体现；长期偿债能力可以通过"负债总额÷企业资产总额"（资产负债率）表示。运营能力需要结合利润表一起分析，可以使用的指标有总资产周转率、流动资产周转率、存货周转率和应收账款周转率等。

财务报表分析人员可以财务报表中的某个总体指标为基础，计算出其各组成项目占该总体指标的百分比，来揭示各个项目的相对低位和总体结构关系，判断有关财务活动的变化趋势。比如，某酒厂连续3年应收账款占总资产的比例（见表8-8）以及同行业领先企业应收账款占总资产的比例（见表8-9），通过结构占比分析以及与同行领先企业的对比分析，可以发现该企业应收账款余额逐年上升，企业资金压力比较大，财务风险提高；坏账发生的可能性也比较大。

趋势分析可以说明企业财务状况和经营成果的变动趋势，比如某公司2017年资产变动情况如表8-10所示。从表中我们可以看出，该企业的货币资金呈现增长趋势，这种趋势对经营有利，但过大的资金存量会造成资金闲置；应收账款和存货呈下降趋势，对经营有利；长期投资的投资回报率超过企业主营业务或者企业资金闲置较多时，呈增长趋势，对经营有利；固定资产在满足企业日常经营管理的前提下，呈逐步下降的趋势，也对经营有利。

表8-8　某酒厂应收账款占总资产的比例

项目	2015年	2016年	2017年
应收账款（亿元）	0.31	0.47	0.6
资产总额（亿元）	59.83	80.26	124.77
应收账款占比	0.52%	0.59%	0.48%

表8-9　行业标杆企业2017年（上半年）主要财务比率

贵州茅台	应收账款（亿元）	资产总额（亿元）	应收账款占比
	0	1 203.82	0
洋河	应收账款（亿元）	资产总额（亿元）	应收账款占比
	0.95	360.67	0.03%

表8-10　某公司2017年资产变动情况

资产项目	期初数（亿元）	期末期（亿元）	变动额（亿元）	变动幅度
货币资金	10.79	31.49	20.7	191.84%
应收账款	0.47	0.6	0.13	27.66%
存货	14.86	21.33	6.47	43.54%
长期股权性投资	19.84	19.97	0.13	0.66%
固定资产	8.55	10.12	1.57	18.36%
资产总额	80.26	124.77	44.51	55.46%

第三节　利　润　表

一、利润表及其编制原理

利润表又称收益表、损益表，是反映企业在一定会计期间（如月度、季度或年度）经营业绩（或经营成果）的财务报表。利润表的核心是要列示各种收入与各种费用、成本配比的结果，即计算出利润。如果企业在一定期间内的收入大于费用，即为利润；反之则为亏损。

它全面揭示了企业在某一特定时期实现的各种收入、发生的各种费用、成本或支出，以及企业实现的利润或发生的亏损情况。

利润表的编制依据"收入－费用＝利润"，其具体内容取决于收入、费用、利润等会计要素及其内容，利润表项目就是收入、费用和利润要素内容的具体体现。从反映企业经营资金运动的角度来看，它是一种反映企业经营资金动态表现的报表，主要提供有关企业经营成果方面的信息，属于动态会计报表。

二、利润表的格式

利润表一般有表首、正表两部分。其中表首说明报表名称编制单位、编制日期、报表编号、货币名称、计量单位等；正表是利润表的主体，反映形成经营成果的各个项目和计算过程。利润表正表的格式一般有两种：单步式利润表和多步式利润表。

单步式利润表是将当期所有收入列在一起，然后将所有费用列在一起两者相减得出当期净损益。多步式利润表是通过对当期的收入、费用、支出项目按性质加以归类，按利润形成的主要环节列示一些中间性利润指标，如营业利润、利润总额、净利润，分步计算当期净损益。

在我国，利润表采用多步式，2018 年我国一般企业使用的利润表格式如本书第六章中的表 6-2 所示。

三、利润表的填列

（一）利润表的填列步骤

企业可以分以下 3 个步骤编制利润表，先计算营业利润，再计算利润总额，然后计算净利润。多步式利润表通过以上步骤可以反映营业利润、利润总额、净利润的各项要素的情况，有助于报表的使用者从不同利润类别中了解企业经营成果的不同来源。这部分内容已经在第六章中详细介绍过，此处不再赘述。

月度利润表通常分为"本期金额"和"本年累计数"两栏，"本期金额"栏反映各项目的本月实际发生数；"本年累计数"栏反映截止到当前月各项目的累计数。年度利润表的两栏为"本期金额"和"上期金额"，反映的是与上一年同期的比较数。

（二）利润表常规项目的填列

利润表中各项目的数据来源主要是根据各损益类科目的发生额分析填列。

（1）"营业收入"项目，反映企业经营主要业务和其他业务所确认的收入总额，根据"主营业务收入"和"其他业务收入"科目的发生额分析填列。

（2）"营业成本"项目，反映企业经营主要业务和其他业务所发生的成本总额，根据"主营业务成本"和"其他业务成本"科目的发生额分析填列。

（3）"税金及附加""销售费用""管理费用""财务费用""资产减值损失"项目，根据相应科目的发生额填列。

（4）"公允价值变动收益""投资收益"项目，对应科目的发生额分析填列，如为净损失，本项目以负号填列。

（5）"营业利润"项目，反映企业实现的营业利润，如为亏损，本项目以负号填列。

（6）"营业外收入"项目，反映企业发生的与经营业务无直接关系的各项收入，本项目应根据"营业外收入"科目的发生额分析填列。

（7）"营业外支出"项目，反映企业发生的与经营业务无直接关系的各项支出，本项目应根据"营业外支出"科目的发生额分析填列。

（8）"利润总额"项目，反映企业实现的利润，如为亏损，本项目以负号填列。

（9）"所得税费用"项目，反映企业应从当期利润总额中扣除的所得税费用，本项目应根据"所得税费用"科目的发生额分析填列。

（10）"净利润"项目反映企业实现的净利润，如为亏损，本项目以负号填列。

其他项目的填制，将在中级财务会计相关课程中学习，此处不多做介绍。

四、利润表的分析

利润表是反映企业盈利或亏损的报表，利润表分析的主要内容包括：指标分析，收入、成本和费用的构成，趋势分析，以及企业的收益项目的占比分析等。

销售毛利率和销售净利率是利润表分析中常用的两个指标。表 8-11 为 2017 年前三季度部分行业销售毛利率情况，行业销售毛利率有助于企业选择投资方向，是投资活动决策参考的主要指标。

表 8-11　2017 年前三季度部分行业销售毛利率

行业名称	销售毛利率（%）	行业名称	销售毛利率（%）
食品、饮料（含白酒）	46.17	建筑材料	26.29
休闲服务	40.27	通信	25.22
医药、生物制品	32.65	石油、化学、塑胶、塑料	19.03
纺织服装	29.72	交通运输、仓储业	13.49
房地产业	28.15	钢铁	11.91
传媒与文化产业	27.14		

销售净利率在企业中运用广泛，表明企业每百元销售收入净额可实现的净利润，该比率越高，说明企业的获利能力越强，但它受行业特点影响较大，在分析时应该结合不同行业的具体情况进行分析。

问题与讨论

巨人集团的转型

1997年，盛极一时的巨人大厦陷入财务危机，导致史玉柱破产。那次破产，使史玉柱从中吸取了很多经验。在经营集团公司时，史玉柱学会了边做加法和边做减法。一边不断地挑项目，而且专挑那些毛利率高的项目；另一边同时转让掉一些不赚钱的项目，收回资金，而且是趁项目还好的时候快速转让。例如，发现黄金搭档的毛利率高于脑白金，便转让脑白金项目；发现黄金酒的毛利率高于黄金搭档，就开始转做黄金酒；发现游戏的毛利率高于保健品的毛利率，又转让保健品项目，转而开发游戏、软件等。请同学们上网查一查，巨人集团（巨人网络）所涉足的行业及行业毛利率，讨论企业转型到新兴行业或毛利率高的行业的利弊。

反映企业运营能力的指标，是通过资产负债表与利润表的两个报表共同实现的，比如总资产周转率和净资产收益率。总资产周转率是指销售收入与总资产的比值，反映企业的营运能力。

将利润表中各项目的实际数与计划（预算）数进行比较，说明企业完成经营计划（经营预算）的程度；将利润表的本期数与上期数进行比较，说明企业各损益项目增减变动情况；将本企业利润表各项目的实际数与同行业的平均水平进行比较，说明企业收益在同行业中的水平。以连续数年同一指标的绝对金额或增加额为依据进行分析，观察其变化。比如某公司连续几年的销售收入与净利润，如表8-12所示。

表8-12　某公司连续几年的销售收入与净利润变动情况　　（单位：万元）

年份	2013年	2014年	2015年	2016年	2017年
销售收入	10 042	13 833	18 248	23 803	38 041
比上年增加		3 791	4 415	5 555	14 238
净利润	337	421	510	628	1 287
比上年增加		84	89	118	659

第四节　现金流量表

一、现金流量表及其编制原理

现金流量表是反映企业在一定会计期间现金和现金等价物流入和流出的报表。现金是指企业库存现金以及可以随时用于支付的存款，现金等价物是指企业持有的期限短、流动性强、易于转换为已知金额现金、价值变动风险很小的投资。

资产负债表提供企业某一日期资产或负债的总额及其结构,但没有说明一家企业的净资产、负债和所有者权益为什么发生了变化;利润表反映一定会计期间收入实现情况和费用耗费情况,一定程度上说明了财务状况变动的原因,但由于利润表是按照权责发生制的原则来确认和计量收入与费用的,没有提供经营活动引起的现金流入和流出的信息。比如,企业销售额 100 万元,但企业有没有收到 100 万元的现金,是信息使用者需要关注的。为了全面反映一家企业经营活动和财务活动对财务状况的影响,以及财务状况变动的原因,还需要编制现金流量表,来提供经营活动、投资活动和筹资活动引起的现金流量的变化情况。

现金流量表的编制原则是收付实现制,即将权责发生制下的盈利信息调为收付实现制下的现金流量信息。按照收付实现制,收入和费用的归属期间将与现金收支行为的发生与否紧密地联系在一起。

二、现金流量表的格式

现金流量表分为正表和补充资料两部分,各部分又分为各具体项目,这些项目从不同的角度反映企业业务活动的现金流入与流出,弥补了资产负债表和利润表提供信息的不足。

现金流量表正表采用报告式的结构,分类反映经营活动产生的现金流量、投资活动产生的现金流量和筹资活动产生的现金流量,最后汇总反映企业现金及现金等价物净增加额。我国一般企业使用的现金流量表的格式,如表 8-13 所示。

表 8-13 我国一般企业现金流量表格式

现金流量表

编制单位: 年 月 单位:元

项目	本年累计数	本期数
一、经营活动产生的现金流量:		
销售商品、提供劳务收到的现金		
收到的税费返还		
收到的其他与经营活动有关的现金		
经营活动现金流入小计		
购买商品、接受劳务支付的现金		
支付给职工以及为职工支付的现金		
支付的各项税费		
支付其他与经营活动有关的现金		
经营活动现金流出小计		
经营活动产生的现金流量净额		

（续）

项目	本年累计数	本期数
二、投资活动产生的现金流量：		
收回投资收到的现金		
取得投资收益收到的现金		
处置固定资产、无形资产和其他长期资产收回的现金净额		
处置子公司及其他营业单位收到的现金净额		
收到的其他与投资活动有关的现金		
投资活动现金流入小计		
购建固定资产、无形资产和其他长期资产支付的现金		
投资支付的现金		
取得子公司及其他营业单位支付的现金净额		
支付其他与投资活动有关的现金		
投资活动现金流出小计		
投资活动产生的现金流量净额		
三、筹资活动产生的现金流量：		
吸收投资收到的现金		
取得借款收到的现金		
收到的其他与筹资活动有关的现金		
筹资活动现金流入小计		
偿还债务支付的现金		
分配股利、利润或偿付利息支付的现金		
支付其他与筹资活动有关的现金		
筹资活动现金流出小计		
筹资活动产生的现金流量净额		
四、汇率变动对现金及现金等价物的影响		
五、现金及现金等价物净增加额		
加：期初现金及现金等价物余额		
六、期末现金及现金等价物余额		

三、现金流量表的填列

现金流量表正表主要分经营活动、投资活动和筹资活动三部分进行填列，如图 8-3 所示。

（一）经营活动产生的现金流量

经营活动产生的现金流量是企业最重要的现金流量，它本质上代表了企业自身产生现金的能力。编制经营活动的现金流量时，一般以利润表中的营业收入为起点，调整与经营活动有关项目的增减变动，然后计算出经营活动产生的现金流量。

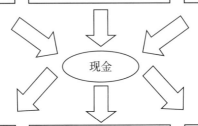

图 8-3　现金流量表的填列内容

（1）"销售商品、提供劳务收到的现金"项目，反映企业销售商品、提供劳务实际收到的现金（含销售收入和应向购买者收取的增值税额），根据"现金""银行存款""应收账款""应收票据""主营业务收入""其他业务收入"等账户的记录分析填列。

（2）"收到的其他与经营活动有关的现金"项目，反映企业除了销售商品、提供劳务收到的现金以外的其他与经营活动有关的现金流入，如罚款收入、流动资产损失中由个人赔偿的现金收入等，根据"现金""银行存款""营业外收入"等账户的记录分析填列。

（3）"购买商品、接受劳务支付的现金"项目，反映企业购买材料、商品，接受劳务实际支付的现金，根据"现金""银行存款""应付账款""应付票据""主营业务成本"等账户的记录分析填列。

（4）"支付给职工以及为职工支付的现金"项目，反映企业实际支付给职工，以及为职工支付的现金，根据"应付职工薪酬""现金""银行存款"等账户的记录分析填列。

（5）"支付的各项税费"项目，反映企业按规定支付的各种税费，根据"应交税费""现金""银行存款"等账户的记录分析填列。

（6）"支付的其他与经营活动有关的现金"项目，主要包括罚款支出、支付的差旅费、业务招待费现金支出、支付的保险费等，可以根据有关账户的记录分析填列。

（二）投资活动产生的现金流量

（1）"收回投资收到的现金"项目，反映企业出售、转让或到期收回除现金等价物以外的交易性金融资产、长期股权投资而收到的现金，以及收回长期债权投资本金而收到的现金，根据"交易性金融资产""长期股权投资""现金""银行存款"等账户的记录分析填列。

（2）"取得投资收益收到的现金"项目，反映企业因股权性投资和债权性投资而取得的现金股利、利息，不包括股票股利，根据"现金""银行存款""投资收益"等账户的记录分析填列。

（3）"处置固定资产、无形资产和其他长期资产收回的现金净额"项目，反映企业处置固定资产、无形资产和其他长期资产所取得的现金，减去为处置这些资产而支付的有关费用后的净额，根据"固定资产清理""现金""银行存款"等账户的记录分析填列。

（4）"收到的其他与投资活动有关的现金"项目，反映企业除了上述各项以外，收到的其他与投资活动有关的现金流入，根据有关账户的记录分析填列。

（5）"购建固定资产、无形资产和其他长期资产支付的现金"项目，反映企业购买、建造固定资产，取得无形资产和其他长期资产所支付的现金，根据"固定资产""在建工程""无形资产""现金""银行存款"等账户的记录分析填列。

（6）"投资支付的现金"项目，反映企业进行权益性投资和债权性投资支付的现金，包括企业取得的除现金等价物以外的短期股票投资、短期债券投资、长期股权投资、长期债权投资支付的现金以及支付的佣金、手续费等附加费用，根据"长期股权投资""交易性金融资产""现金""银行存款"等账户的记录分析填列。

（7）"支付的其他与投资活动有关的现金"项目，反映企业除了上述各项以外，支付的其他与投资活动有关的现金流出，根据有关账户的记录分析填列。

（三）筹资活动产生的现金流量

（1）"吸收投资收到的现金"项目，反映企业收到的投资者投入的现金，根据"实收资本""现金""银行存款"等账户的记录分析填列。

（2）"取得借款收到的现金"项目，反映企业举借各种短期、长期借款所收到的现金，根据"短期借款""长期借款""现金""银行存款"等账户的记录分析填列。

（3）"收到的其他与筹资活动有关的现金"项目，反映企业除上述各项目外，收到的其他与筹资活动有关的现金流入，如接受现金捐赠等，根据有关账户的记录分析填列。

（4）"偿还债务支付的现金"项目，反映企业以现金偿还债务的本金，根据"短期借款""长期借款""现金""银行存款"等账户的记录分析填列。

（5）"分配股利、利润或偿付利息支付的现金"项目，反映企业实际支付的现金股利，支付给其他投资单位的利润以及支付的借款利息等，根据"应付利润""财务费用""长期借款""现金""银行存款"等账户的记录分析填列。

（6）"支付的其他与筹资活动有关的现金"项目，反映企业除了上述各项外，支付的其他与筹资活动有关的现金流出，如捐赠现金支出、融资租入固定资产支付的租赁费等，根据有关账户的记录分析填列。

表中"本期数"栏反映各项目自年初起至报告期末止的累计实际发生数或本年实际发生数。在编制年度财务报表时，会计人员还应在"上年数"填列上年全年累计实际发生数。

拓展阅读

大数据时代的"第四张报表"

传统财务报表虽然满足了社会各界要求企业披露会计信息的需求，但在目前瞬息万变的经济市场环境下，现行的公司财务报告系统日益显露出弊端，所披露的会计信息正在失去相关性。比如，现行财务报告只关注过去不重视未来；主要提供货币信息，非货币信息无法在表内反映等。信息使用者越来越需要与决策相关的甚至具备前瞻性的会计信息，信息技术的发展为这种需求提供了可能。

2017年7月，德勤中国（以下简称"德勤"）正式对外发布"第四张报表"官方地址，用户可以通过该地址申请产品试用。自2016年10月，"第四张报表"的概念被提出以来，在业界引起了热烈的反响。在之后9个多月的时间里，德勤中国，携手合作伙伴易观和上海国家会计学院，以大量翔实的数据和模型测算成果证明了非财务数据展示企业价值的切实可行性。

"第四张报表"是一张关注业务数据的"数字资产表"，通过揭示用户数据与财务之间的关系，帮助企业实现数据变现，实现事前决策。其功能主要体现在：

（1）管理分析。"第四张报表"前移管理切入点，结合用户数据、渠道数据和产品数据，为渠道管理、精准营销、用户体验、产品绩效等提供有效的分析工具。

（2）价值评估。基于大数据的"第四张报表"，为管理层提供更为直观的定量分析结果，对企业的估值、业务转型、全渠道战略、兼收并购、海外投资等提供有力的决策支持。

（3）风险识别。业务数据表现特征和财务表现特征不一致时，"第四张报表"可及时提示风险，无论对业务真实性、服务安全性还是对服务连续性等，都可以为企业的审计部门、风险部门及合规部门确定风险范围并及时处理风险。

第五节　借助 Excel 编制财务报表

如本章前四节所述，手工编制财务报表的工作复杂、烦琐，而且容易出错。我们可以借助 Excel 电子表格软件编制报表，提前在 Excel 格式的文件中设置好公式或函数关系，后期业务发生，填制记账凭证后，可以联动产生各报表内容。本节介绍通过 Excel 编制三张财务报表。

一、Excel 财务报表格式设计

Excel 编制财务报表，需要设计以下表格。

期初余额表：描述每个会计科目的年初余额，记录每一个科目的科目编码、科目名称和期初的借贷方余额。其结构如图 8-4 所示。

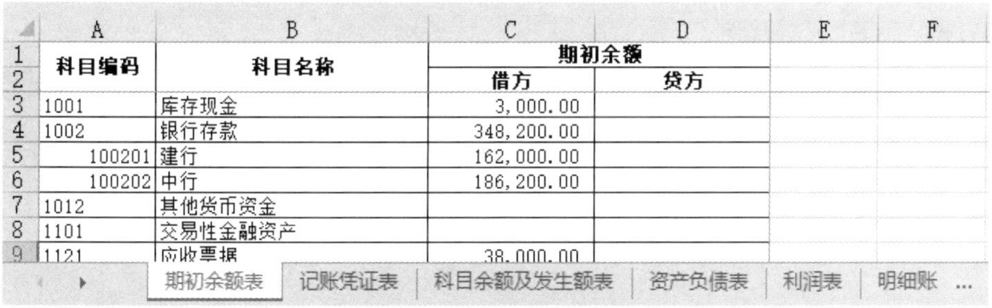

图 8-4　期初余额表结构

记账凭证表：描述本期发生的所有记账凭证，记录每一张凭证的日期、凭证号、摘要、科目编码、总账科目、明细科目、借方金额、贷方金额和现金流量项目等内容。其结构如图 8-5 所示。

科目余额及发生额表：记录所有总账科目的期初余额和本期发生额，并在本表中经过计算，得出每个总账科目的期末余额。其结构如图 8-6 所示。

资产负债表、利润表和现金流量表，按企业通用格式设置。其结构如图 8-7 ～图 8-9 所示。

	A	B	C	D	E	F	G	H	I
1	日期	凭证号	摘要	科目编码	总账科目	明细科目	借方金额	贷方金额	现金流量项目
2	2017/09/01	转1	购原材料	140301	原材料	粉剂原料	163,000.00		
3	2017/09/01		购原材料	222101	应交税费	应交增值税	27,710.00		
4	2017/09/01		购原材料	220201	应付账款	美月公司		190,710.00	
5	2017/09/02	付1	职工借款	122101	其他应收款	王敏	2,000.00		
6	2017/09/02		职工借款	1001	库存现金			2,000.00	支付给职工以及为职工支
7	2017/09/12	付2	王敏报销差旅	660201	管理费用	差旅及交通费	500.00		

图 8-5 记账凭证表结构

	A	B	C	D	E	F	G	H
1	科目编码	科目名称	期初余额		本期发生额		期末余额	
2			借方	贷方	借方	贷方	借方	贷方
3	1001	库存现金	3,000.00		49,127.00	5,750.00	46,377.00	
4	1002	银行存款	348,200.00		1,015,666.60	579,836.00	784,030.60	
5	1012	其他货币资金						
6	1101	交易性金融资产						
7	1121	应收票据	38,000.00			38,000.00		
8	1122	应收账款	63,200.00		206,879.40	161,714.00	108,365.40	

图 8-6 科目余额及发生额表结构

	A	B	C	D	E	F	G	H
1					资产负债表			
2								会企01表
3	编制单位：利民工贸有限公司				2017年9月30日			单位：元（角分）
4	行次		期末数	年初数	行次	负债及所有者权益	期末数	年初数
5	001	流动资产：			001	流动负债：		
6	002	货币资金	830,407.60	351,200.00	002	短期借款	520,000.00	320,000.00
7	003	交易性金融			003	交易性金融负债		

图 8-7 资产负债表结构

	A	B	C	D
1			利润表	
2			会企02表	
3	编制单位：利民工贸有限公司		单位：元（角分）	
4	行次	科目	本期金额	上期金额
5	001	一、营业收入	702,600.00	
6	002	减：营业成本	383,806.60	
7	003	税金及附加	5,807.20	

图 8-8 利润表结构

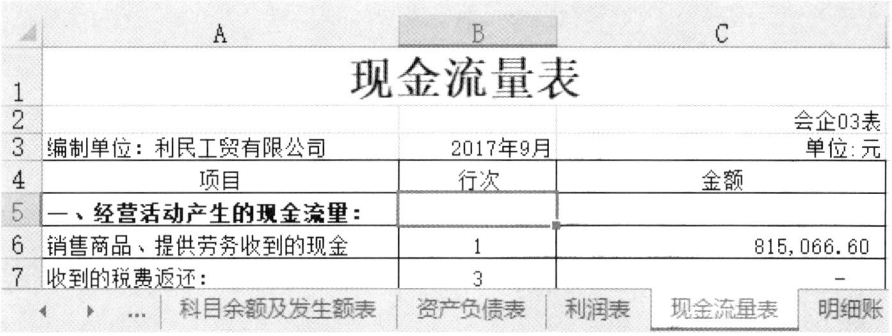

	A	B	C
1	现金流量表		
2			会企03表
3	编制单位：利民工贸有限公司	2017年9月	单位:元
4	项目	行次	金额
5	一、经营活动产生的现金流量：		
6	销售商品、提供劳务收到的现金	1	815,066.60
7	收到的税费返还：	3	-

科目余额及发生额表　资产负债表　利润表　现金流量表　明细账

图 8-9　现金流量表结构

二、Excel 财务报表数据逻辑

（一）“科目余额及发生额表”的数据来源

“科目余额及发生额表”的数据来自“期初余额表”“记账凭证表”，其关系如下。

（1）“科目余额及发生额表”中的期初数，直接取自期初余额表，取数函数为

C3=VLOOKUP（A3，期初余额表 !$A$3:$D$133，3，0）

D3=VLOOKUP（A3，期初余额表 !$A$3:$D$133，4，0）

在 C3 单元和 D3 单元分别录入以上函数，向下填充即可取出所有科目对应的期初余额。

值得注意的是：为保证取数的对应关系，期初余额表和科目余额及发生额表中的科目编码，要按会计准则规定的一级科目顺序排列。

（2）“科目余额及发生额表”中的本期借贷汇总数，由记账凭证表汇总而来。

在 E3 单元和 F3 单元分别输入以下函数，向下填充即可汇总出所有科目对应的本期发生额：

E3=SUMIF（记账凭证表 !E:E，B3，记账凭证表 !G:G）;

F3==SUMIF（记账凭证表 !E:E，B3，记账凭证表 !H:H）

（3）期末数是由本表计算而来，计算公式为

G3=IF（（C3−D3）+（E3−F3）>=0，（C3−D3）+（E3−F3），0）

H3=IF（（D3−E3）+（F3−G3）>=0，（D3−E3）+（F3−G3），0）

拓展阅读

Excel 中单元格的引用有两种形式：一是“相对引用”，引用格式形如“A1”，这种对单元格的引用是完全相对的，当引用单元格的公式被复制时，新公式引用的单元

格的位置将会发生改变；二是“绝对引用”，引用格式形如“$A$1”。这种对单元格引用的方式是完全绝对的，即一旦成为绝对引用，无论公式如何被复制，对采用绝对引用的单元格的引用位置是不会改变的，也可将两种引用混合在一起使用。

在 Excel 表中，使用哪一种引用，取决于是否希望公式或函数随复制后的位置而改变。所以，在 C3 单元我们使用了函数“VLOOKUP（A3，期初余额表!$A$3:$D$133，3，0）”，其中“$A$3:$D$133”代表的是从 A3 到 D133 之间的绝对地址引用，此处也可以写为“A：D”，那么 C3 单元的公式就成了：“=VLOOKUP（A3，期初余额表!A:D，3，0）”，D3 可以写为：“=VLOOKUP（A3，期初余额表!A:D，4，0）”。

VLOOKUP 函数为用于表格数组的首列查找值，并由此返回表格数组当前行的对应列的值。VLOOKUP（A3，期初余额表!A:D，3，0）意为：在期初余额表中的 A 至 D 单元查找，当前 A3 的内容，找到后返回其对应的第 3 列的值，即期初借方的值。

SUMIF 函数含义是在记账凭证表中，找出当前表即科目汇总表的 B3 单元，并把其 E 列（借方发生额）相加。

（二）资产负债表数据来源

“资产负债表”中的数据主要取自“科目余额及发生额表”，有些是根据总账科目余额直接填列，有的是需要分析填列的，其公式没有可复制性，需要一个个录入，但将公式设置好后，以后每个月经济业务发生，填制完凭证后，只需要更新“记账凭证表”，“科目余额及发生额表”“资产负债表”“利润表”和“现金流量表”均可自动生成。

“资产负债表”中的各项公式，可参照本章第二节的形式填写，其部分公式如图 8-10 所示。

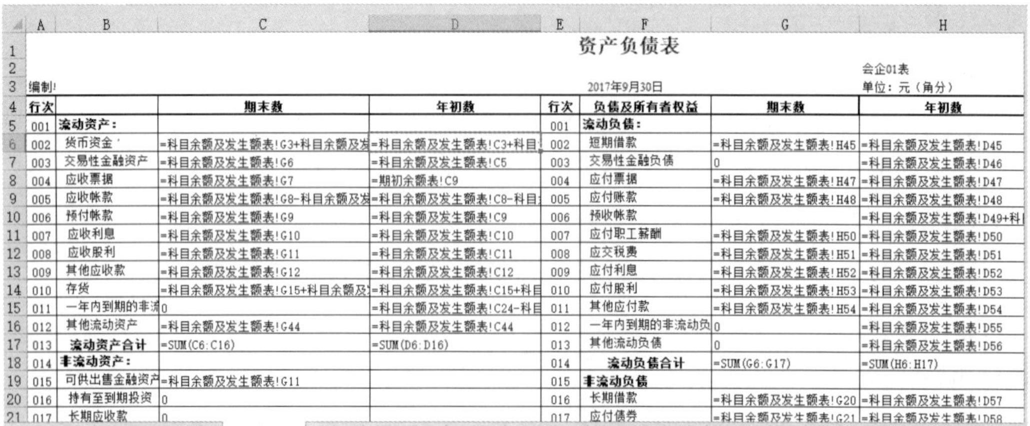
资产负债表

会企01表

编制!　　2017年9月30日　　单位：元（角分）

行次		期末数	年初数	行次	负债及所有者权益	期末数	年初数
001	流动资产：			001	流动负债：		
002	货币资金	=科目余额及发生额表!G3+科目余额及发	=科目余额及发生额表!C3+科目	002	短期借款	=科目余额及发生额表!H45	=科目余额及发生额表!D45
003	交易性金融资产	=科目余额及发生额表!G6	=科目余额及发生额表!C5	003	交易性金融负债	0	=科目余额及发生额表!D46
004	应收票据	=科目余额及发生额表!G7	=期初余额表!C9	004	应付票据	=科目余额及发生额表!H47	=科目余额及发生额表!D47
005	应收帐款	=科目余额及发生额表!G8-科目余额及发	=科目余额及发生额表!C8-科目	005	应付账款	=科目余额及发生额表!H48	=科目余额及发生额表!D48
006	预付帐款	=科目余额及发生额表!G9	=科目余额及发生额表!C9	006	预收帐款		=科目余额及发生额表!D49+科
007	应收利息	=科目余额及发生额表!G10	=科目余额及发生额表!C10	007	应付职工薪酬	=科目余额及发生额表!H50	=科目余额及发生额表!D50
008	应收股利	=科目余额及发生额表!G11	=科目余额及发生额表!C11	008	应交税费	=科目余额及发生额表!H51	=科目余额及发生额表!D51
009	其他应收款	=科目余额及发生额表!G12	=科目余额及发生额表!C12	009	应付利息	=科目余额及发生额表!H52	=科目余额及发生额表!D52
010	存货	=科目余额及发生额表!G15+科目余额及	=科目余额及发生额表!C15+科目	010	应付股利	=科目余额及发生额表!H53	=科目余额及发生额表!D53
011	一年内到期的非流	0	=科目余额及发生额表!C24-科目	011	其他应付款	=科目余额及发生额表!H54	=科目余额及发生额表!D54
012	其他流动资产	=科目余额及发生额表!G44	=科目余额及发生额表!C44	012	一年内到期的非流动负	0	=科目余额及发生额表!D55
013	流动资产合计	=SUM(C6:C16)	=SUM(D6:D16)	013	其他流动负债	0	=科目余额及发生额表!D56
014	非流动资产：			014	流动负债合计	=SUM(G6:G17)	=SUM(H6:H17)
015	可供出售金融资产	=科目余额及发生额表!G11		015	非流动负债		
016	持有至到期投资	0		016	长期借款	=科目余额及发生额表!G20	=科目余额及发生额表!D57
017	长期应收款	0		017	应付债券	=科目余额及发生额表!G21	=科目余额及发生额表!D58

图 8-10　资产负债表公式

（三）利润表数据来源

"利润表"中的数据主要取自"科目余额及发生额表"中的损益类科目的发生额，其部分公式如图 8-11 所示。

	A	B	C	D
1			利润表	
2				会企02表
3	编制单位：利民工贸有限公司			单位：元（角分）
4	行次	科目	本期金额	上期金额
5	001	一、营业收入	=VLOOKUP("6001",科目余额及发生额表!A:H,6,0)+VLOOKU	
6	002	减：营业成本	=VLOOKUP("6401",科目余额及发生额表!A:H,6,0)+VLOOKU	
7	003	税金及附加	=VLOOKUP("6405",科目余额及发生额表!A:H,6,0)	
8	004	销售费用	=VLOOKUP("6601",科目余额及发生额表!A:H,6,0)	
9	005	管理费用	=VLOOKUP("6602",科目余额及发生额表!A:H,6,0)	
10	006	财务费用	=VLOOKUP("6603",科目余额及发生额表!A:H,6,0)	
11	007	资产减值损失	=VLOOKUP("6701",科目余额及发生额表!A:H,6,0)	
12	008	加：公允价值变动损益	=VLOOKUP("6101",科目余额及发生额表!A:H,6,0)	
13	009	投资收益	=VLOOKUP("6111",科目余额及发生额表!A:H,6,0)	
14	010	其中：对联营企业和合营企业的投资收益	=VLOOKUP("6111",科目余额及发生额表!A:H,6,0)	
15	011	二、营业利润	=C5-C6-C7-C8-C9-C10-C11+C12+C13	
16	012	加：营业外收入	=VLOOKUP("6301",科目余额及发生额表!A:H,5,0)	
17	013	减：营业外支出	=VLOOKUP("6711",科目余额及发生额表!A:H,6,0)	
18	014	其中：非流动资产处置损失		
19	015	三、利润总额	=C15+C16-C17	
20	016	减：所得税费用	=VLOOKUP("6801",科目余额及发生额表!A:H,5,0)	
21	017	四、净利润	=C19-C20	

图 8-11 利润表公式

利润表从"科目余额及发生额"中取数，可以使用 VLOOKUP 函数，也可以直接使用公式，比如，在"营业收入"C5 单元，可直接录入"=科目余额及发生额表!F77+科目余额及发生额表!F78"，F77 单元是"主营业务收入"的本期发生额合计，F78 单元为"其他业务收入"的本期发生额合计。

（四）现金流量表数据来源

为了能够自动生成现金流量表，会计人员在填制记账凭证时，如果是有与现金相关的业务，直接在"记账凭证表"中的"现金流量项目"列，选择其所属的现金流量项目，如图 8-12 所示。

现金流量表公式，主要使用了 SUMIF 函数，比如 C5 单元，函数"SUMIF（记账凭证表!I:I，TRIM（A5），记账凭证表!G:G）"，代表在记账凭证表的 I 列查找当前 A5 即"销售商品、提供劳务收到的现金"，找到后将其 G 列内容相加。现金流量表中的数据来源如图 8-13 所示。

为了提高"记账凭证表"中现金流量项目的录入速度，可提前将各现金流量项目设置成"数据验证"，即可从序列中选择输入。此处不详细介绍，同学们可以自行尝试。

	A	B	C	D	E	F	G	H	I
1	日期	凭证号	摘要	科目编码	总账科目	明细科目	借方金额	贷方金额	现金流量项目
6	2017/09/02		职工借款	1001	库存现金		2,000.00		支付的其他与经营活动有关的现金
10	2017/09/12		王敏报销差旅费	1001	库存现金			100.00	支付的其他与经营活动有关的现金
11	2017/09/03	收1	现销产品	100201	银行存款	建行	222,300.00		销售商品、提供劳务收到的现金
15	2017/09/10		支付增值税费	100201	银行存款	建行		65,000.00	支付的各项税费
18	2017/09/11		支付城建税和教育费附	100201	银行存款	建行		6,500.00	支付的各项税费
19	2017/09/11	收2	商业汇票到期收款	100202	银行存款	中行	38,190.00		销售商品、提供劳务收到的现金
22	2017/09/11	收3	变卖废旧物收入	1001	库存现金		52.00		收到的其他与经营活动有关的现金
25	2017/09/12		支付美月公司材料款	100202	银行存款	中行		31,500.00	购买商品接受劳务支付的现金
28	2017/09/12	收4	向建行短期贷款	100201	银行存款	建行	200,000.00		取得借款所收到的现金
31	2017/09/12		支付科汉公司货款	100201	银行存款	建行		32,300.00	购买商品接受劳务支付的现金
34	2017/09/13		购原材料一批	100201	银行存款	建行		66,690.00	购买商品接受劳务支付的现金
36	2017/09/13		提取备发工资	100201	银行存款	建行		48,320.00	支付给职工以及为职工支付的现金
44	2017/09/13		缴纳社保和公积金	100201	银行存款	建行		24,486.00	支付给职工以及为职工支付的现金
47	2017/09/13		购原液化材料一批	100202	银行存款	中行		94,770.00	购买商品接受劳务支付的现金
50	2017/09/14		分配及支付水电费	100202	银行存款	中行		3,800.00	支付的其他与经营活动有关的现金
54	2017/09/21	收4	收到多芬公司货款	100202	银行存款	中行	161,714.00		销售商品、提供劳务收到的现金
61	2017/09/23		支付车间维修费用	100202	银行存款	中行		3,500.00	支付的其他与经营活动有关的现金
67	2017/09/26		刘伟琨报销费用	1001	库存现金			850.00	支付的其他与经营活动有关的现金

图 8-12 记账凭证表

	A	B	C
1		现金流量表	
2	编制单位：利民工贸有限公司		单位：元
3	项目	行次	金额
4	一、经营活动产生的现金流量：		
5	销售商品、提供劳务收到的现金	1	=SUMIF(记账凭证表!I:I,现金流量表!A5,记账凭证表!G:G)
6	收到的税费返还	3	=SUMIF(现金流量记账凭证!I:I,TRIM(A6),现金流量记账凭证!G:G)
7	收到的其他与经营活动有关的现金	8	=SUMIF(记账凭证表!I:I,TRIM(A7),记账凭证表!G:G)
8	现金流入小计	9	=SUM(C5:C7)
9	购买商品接受劳务支付的现金	10	=SUMIF(记账凭证表!I:I,TRIM(A9),记账凭证表!H:H)
10	支付给职工以及为职工支付的现金	12	=SUMIF(记账凭证表!I:I,现金流量表!A10,记账凭证表!H:H)
11	支付的各项税费	13	=SUMIF(记账凭证表!I:I,TRIM(A11),记账凭证表!H:H)
12	支付的其他与经营活动有关的现金	18	=SUMIF(记账凭证表!I:I,现金流量表!A12,记账凭证表!H:H)
13	现金流出小计	20	=SUM(C9:C12)
14	经营活动产生的现金流量净额	21	=C8-C13
15	二、投资活动产生的现金流量：		
16	收回投资所收到的现金	22	=SUMIF(现金流量记账凭证!I:I,TRIM(A16),现金流量记账凭证!G:G)
17	取得投资收益所收到的现金	23	=SUMIF(现金流量记账凭证!I:I,TRIM(A17),现金流量记账凭证!G:G)
18	处置固定资产、无形资产和其他长期资产所收回的现金净额	25	=SUMIF(记账凭证表!I:I,TRIM(A18),记账凭证表!G:G)
19	收到的其他与投资活动有关的现金	28	=SUMIF(现金流量记账凭证!I:I,TRIM(A19),现金流量记账凭证!G:G)
20	现金流入小计	29	=SUM(C16:C19)

图 8-13 现金流量表公式

（五）Excel 财务报表各表之间的关系

汇总前面所介绍的，我们可以发现，在使用 Excel 进行报表编制时，只需要将期初余额和记账凭证录入，"科目余额及发生额"以及 3 张财务报表均可自动生成，如图 8-14 所示，这也是会计软件的内部逻辑关系。

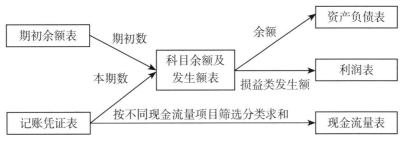

图 8-14　记账凭证与财务报表之间的逻辑关系

能力提升

根据第五章和第六章中【能力提升】利民工贸的经济业务，借助 Excel 编制公司 2018 年 7 月的资产负债表、利润表和现金流量表。

第九章 Chapter 9

会 计 规 范

本章概览

会计规范是人们在从事与会计有关的活动时，所应遵循的约束性或指导性的行为准则，是确保会计信息公允性的重要手段。我国的会计规范包括会计法律、行政法规、部门规章、地方性会计法规和企业内部会计管理制度。

学习目标

1. 了解我国会计规范体系。
2. 了解我国会计法的主要内容。
3. 了解我国会计准则的改革历程及主要内容。
4. 了解我国企业会计基础工作规范的主要内容。

引导案例

五花八门的会计实务

"没有规矩不成方圆"，如果会计基础工作薄弱，不仅影响会计职能的有效发挥，一定程度上也干扰了社会经济秩序，所以必须将会计工作置于法律、法规的约束和规范之下。但是会计实务中，依然存在弄虚作假、篡改账目等多种违法违规的操作，这跟会计人员法律意识淡薄有密切关系。比如，在财务单据使用方面，有的企业为了节约成本，或对会计凭证的重要性认识不足，出现乱用凭证、混用凭证，甚至不用凭证；在会计账簿设置方面，有的企业账目不全导致无法账账牵制，有的企业以票代账或不入账，甚至有的企业建两套账；在账务处理方面更是五花八门，比如提前或推迟收入的确认，会计方法选择不当或频繁变更等。这些行为，是违反企业会计准则甚至《会计法》的，必将受到限期整改、罚款、行政处分甚至追究刑事责任的处罚。

第一节　会计规范体系

一、会计规范的概念

会计规范体系是指关于经济组织（或单位）会计行为的标准或范式。

会计规范从形成上，可以分为两大类：一类是在实践中自发形成的；另一类是人们通过一定程序方式制定的。

自发形成的规范，是人们在会计活动中逐步形成的习惯、规则和惯例，它是非强制性的；通过一定的程序制定的规范，则是由权威人士或专业机构在自发形成的惯例基础上，经过归纳、提炼、抽象及引申后形成的。一般而言，自发形成的会计规范，多具有原始、初级和缺乏条理的特征，在会计发展的早期，这种规范一直处于主导地位。随着经济的发展，会计地位的提升，自觉的会计规范占据了统治地位，它比前者无论在形式上，还是内容上都前进了一大步，表现出更强的可操作性。

设立会计规范的目的，是对经济组织及其会计人员的会计行为进行约束和引导，使之符合社会经济制度合理安排的需要。所以，会计规范具有以下特征。

1. 普遍性

会计规范作为指导会计工作的行为准则，得到了多数人的认可。无论这种承认是约定俗成的，还是惯例性的，普遍性是会计规范赖以存在的基础，否则，规范就无从谈起。

2. 约束性

会计规范提出了评价会计行为的明确标准，对于违反规范的行为，根据情节施以相应的法律、行政制裁或道德谴责。

3. 地域性

会计学作为管理学科，属于社会科学的范畴。因此，会计规范不可避免地带有民族特色或国家特征，会计规范中的法律规范表现尤为突出。

4. 发展性

会计首先表现为一种信息，反映系统服务于经济活动，在不断地随着经济的发展而发展和完善，因此，会计规范也必须随着所处的环境和时代的发展变化做出相应的调整。

二、我国会计规范体系

我国会计规范体系按权威和法律效力区分，可分为 5 个层次，如图 9-1 所示。

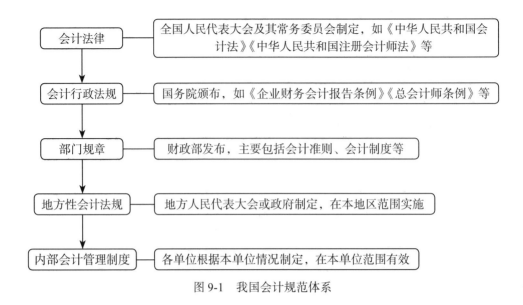

图 9-1 我国会计规范体系

（一）会计法律

会计法律是指由全国人民代表大会及其常务委员会经过一定立法程序制定的、调整我国经济生活中会计行为关系的法律规范的总称。现行的《中华人民共和国会计法》是唯一的一部会计法律，它是会计法律规范体系中层次最高、最具有法律效力的法律规范，是会计工作的根本大法，是制定其他会计法律法规、会计规章制度的依据，也是指导我国会计工作的最高准则，其他任何会计法律法规都不得与之相违背。

（二）会计行政法规

会计行政法规是指由国务院制定并发布，或者国务院有关部门拟订并经国务院批准发布，调整经济生活中某些方面会计关系的法律规范。它是根据《会计法》制定的，是对会计法律的具体化或某个方面的补充，如《企业财务会计报告条例》《总会计师条例》等。

（三）部门规章

部门规章是指由主管全国会计工作的行政部门——财政部就会计工作中某些方面内容所制定的规范性文件，如《企业会计准则》《事业单位会计准则》《公开发行证券的公司信息披露内容与格式准则》《会计基础工作规范》《会计信息化工作规范》等。

（四）地方性会计法规

地方性会计法规是由各省、自治区、直辖市人民代表大会及其常务委员会在同宪法和会计法律、行政法规不相抵触的前提下，根据本地区情况制定发布的关于会计核算、会计监督、会计机构和会计人员以及会计工作管理的规范性文件。

(五)内部会计管理制度

内部会计管理制度是指企业等经济组织内部制定的会计管理制度,由各单位根据本单位情况制定,只在本单位范围有效。

第二节 会 计 法

一、我国《会计法》的制定与完善

我国的《会计法》是指导和规范会计工作的纲领性文件,它的发布是我国会计发展的重要里程碑。

1980年第五届全国人民代表大会第三次会议提出制定《会计法》的建议,1985年1月,第六届全国人民代表大会常务委员会(以下简称"全国人大常委会")第九次会议审议通过《中华人民共和国会计法》,自1985年5月1日起施行。这是中国第一部《会计法》。《会计法》的制定实施,使我国会计工作步入法制化的轨道,对规范会计行为维护财经纪律、改善经营管理和提高经济效益,发挥了积极作用。

随着我国社会主义市场经济体制的建立和逐步完善,会计工作出现了新的情况变化,为适应改革开放和市场经济发展的要求,对会计行为进一步规范和加强约束,第八届全国人大常委会第五次会议于1993年12月29日通过了第一次修改的《会计法》。这次修订,将《会计法》的适用范围由原来规定只适用于国有企业、事业单位,扩大到适用于包括集体、私营和外商投资企业在内的所有企业事业单位,把各类市场主体都纳入了《会计法》的适用范围,并对会计核算、会计监督以及会计机构和会计人员的规定,也做了相应的修改。

随着我国社会主义市场经济的不断发展和改革开放的全面推进,我国社会经济环境发生了很多新的变化,会计工作中出现了许多新情况、新问题。比如,会计工作秩序混乱,假账、假数字严重;单位内部控制制度薄弱,内部会计监督不得力;外部监督弱化,对违法行为处理不严等。为了解决会计工作中的这些突出问题,1999年10月31日,第九届全国人大常委会第十二次会议表决通过了新修订的《会计法》,修订后的《会计法》在一些重大问题上实现了突破:明确了单位负责人是本单位会计行为责任主体,进一步细化了会计法律责任,加大了会计违法犯罪行为的打击力度等。

2017年11月4日,第十二届全国人大常委会议表决通过了《关于修改〈会计法〉的决定》,修改了"从事会计工作的人员,必须取得会计从业资格证书"等规定,并从11月5日起实施。

我国《会计法》的制定和完善过程如图 9-2 所示。

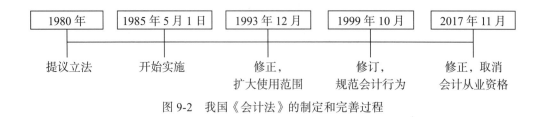

图 9-2　我国《会计法》的制定和完善过程

二、我国《会计法》的主要内容

我国《会计法》的宗旨，在于规范会计行为，保证会计资料的真实、完整，加强经济管理和财务管理，提高经济效益，维护社会主义市场经济秩序。其主要内容包括：

第一章"总则"，主要对立法宗旨、适用范围、会计工作管理体制等做出规定。其中明确规定"单位负责人对本单位的会计工作和会计资料的真实性、完整性负责"。

第二章"会计核算"，主要对会计核算的内容、会计年度、记账本位币、会计凭证的填制、会计账簿的等级与核对、财务会计报告的编制、会计档案的管理等做出原则性规定。

第三章"公司、企业会计核算的其他事项"。在第二章的基础上，第三章对公司、企业的会计核算，特别是各会计要素的确认、计量、记录等问题做出原则性规定，同时还规定了不得存在的不法行为。

第四章"会计监督"，主要对单位内部会计监督制度做出了明确规定。

第五章"会计机构和会计人员"，主要对会计机构的设置、会计人员的配备及其从业资格与任职条件、稽核制度、会计工作交接等问题做出规定。

第六章"法律责任"，具体界定了会计违法行为的类别，并对其应承担的行政和刑事责任做出了详细规定，同时明确了相关行政监管部门的法律责任。

第七章"附则"，主要对《会计法》中使用的相关用语进行界定，并规定了《会计法》的施行日期。

🔍 拓展阅读

《中华人民共和国会计法》

（1985 年 1 月 21 日第六届全国人民代表大会常务委员会第九次会议通过，1993 年 12 月 29 日第八届全国人民代表大会常务委员会第五次会议修正，1999 年 10 月 31 日第九届全国人民代表大会常务委员会第十二次会议修订，2017 年 11 月 4 日第十二届全国人民代表大会常务委员会第三十次会议修正。）

第一章　总则

第一条　为了规范会计行为，保证会计资料真实、完整，加强经济管理和财务管理，提高经济效益，维护社会主义市场经济秩序，制定本法。

第二条　国家机关、社会团体、公司、企业、事业单位和其他组织（以下统称单位）必须依照本法办理会计事务。

第三条　各单位必须依法设置会计账簿，并保证其真实、完整。

第四条　单位负责人对本单位的会计工作和会计资料的真实性、完整性负责。

第五条　会计机构、会计人员依照本法规定进行会计核算，实行会计监督。

任何单位或者个人不得以任何方式授意、指使、强令会计机构、会计人员伪造、变造会计凭证、会计账簿和其他会计资料，提供虚假财务会计报告。

任何单位或者个人不得对依法履行职责、抵制违反本法规定行为的会计人员实行打击报复。

第六条　对认真执行本法，忠于职守，坚持原则，做出显著成绩的会计人员，给予精神的或者物质的奖励。

第七条　国务院财政部门主管全国的会计工作。

县级以上地方各级人民政府财政部门管理本行政区域内的会计工作。

第八条　国家实行统一的会计制度。国家统一的会计制度由国务院财政部门根据本法制定并公布。

国务院有关部门可以依照本法和国家统一的会计制度制定对会计核算和会计监督有特殊要求的行业实施国家统一的会计制度的具体办法或者补充规定，报国务院财政部门审核批准。

中国人民解放军总后勤部可以依照本法和国家统一的会计制度制定军队实施国家统一的会计制度的具体办法，报国务院财政部门备案。

第二章　会计核算

第九条　各单位必须根据实际发生的经济业务事项进行会计核算，填制会计凭证，登记会计账簿，编制财务会计报告。

任何单位不得以虚假的经济业务事项或者资料进行会计核算。

第十条　下列经济业务事项，应当办理会计手续，进行会计核算：

（一）款项和有价证券的收付；

（二）财物的收发、增减和使用；

（三）债权债务的发生和结算；

（四）资本、基金的增减；

（五）收入、支出、费用、成本的计算；

（六）财务成果的计算和处理；

（七）需要办理会计手续、进行会计核算的其他事项。

第十一条　会计年度自公历1月1日起至12月31日止。

第十二条　会计核算以人民币为记账本位币。

业务收支以人民币以外的货币为主的单位，可以选定其中一种货币作为记账本位币，但是编报的财务会计报告应当折算为人民币。

第十三条　会计凭证、会计账簿、财务会计报告和其他会计资料，必须符合国家统一的会计制度的规定。

使用电子计算机进行会计核算的，其软件及其生成的会计凭证、会计账簿、财务会计报告和其他会计资料，也必须符合国家统一的会计制度的规定。

任何单位和个人不得伪造、变造会计凭证、会计账簿及其他会计资料，不得提供虚假的财务会计报告。

第十四条　会计凭证包括原始凭证和记账凭证。

办理本法第十条所列的经济业务事项，必须填制或者取得原始凭证并及时送交会计机构。

会计机构、会计人员必须按照国家统一的会计制度的规定对原始凭证进行审核，对不真实、不合法的原始凭证有权不予接受，并向单位负责人报告；对记载不准确、不完整的原始凭证予以退回，并要求按照国家统一的会计制度的规定更正、补充。

原始凭证记载的各项内容均不得涂改；原始凭证有错误的，应当由出具单位重开或者更正，更正处应当加盖出具单位印章。原始凭证金额有错误的，应当由出具单位重开，不得在原始凭证上更正。

记账凭证应当根据经过审核的原始凭证及有关资料编制。

第十五条　会计账簿登记，必须以经过审核的会计凭证为依据，并符合有关法律、行政法规和国家统一的会计制度的规定。会计账簿包括总账、明细账、日记账和其他辅助性账簿。

会计账簿应当按照连续编号的页码顺序登记。会计账簿记录发生错误或者隔页、缺号、跳行的，应当按照国家统一的会计制度规定的方法更正，并由会计人员和会计机构负责人（会计主管人员）在更正处盖章。

使用电子计算机进行会计核算的，其会计账簿的登记、更正，应当符合国家统一的会计制度的规定。

第十六条　各单位发生的各项经济业务事项应当在依法设置的会计账簿上统一登记、核算，不得违反本法和国家统一的会计制度的规定私设会计账簿登记、核算。

第十七条　各单位应当定期将会计账簿记录与实物、款项及有关资料相互核对，保证会计账簿记录与实物及款项的实有数额相符、会计账簿记录与会计凭证的有关内容相符、会计账簿之间相对应的记录相符、会计账簿记录与会计报表的有关内容相符。

第十八条　各单位采用的会计处理方法，前后各期应当一致，不得随意变更；确有必要变更的，应当按照国家统一的会计制度的规定变更，并将变更的原因、情况及影响在财务会计报告中说明。

第十九条　单位提供的担保、未决诉讼等或有事项，应当按照国家统一的会计制度的规定，在财务会计报告中予以说明。

第二十条　财务会计报告应当根据经过审核的会计账簿记录和有关资料编制，并符合本法和国家统一的会计制度关于财务会计报告的编制要求、提供对象和提供期限的规定；其他法律、行政法规另有规定的，从其规定。

财务会计报告由会计报表、会计报表附注和财务情况说明书组成。向不同的会计资料使用者提供的财务会计报告，其编制依据应当一致。有关法律、行政法规规定会计报表、会计报表附注和财务情况说明书须经注册会计师审计的，注册会计师及其所在的会计师事务所出具的审计报告应当随同财务会计报告一并提供。

第二十一条　财务会计报告应当由单位负责人和主管会计工作的负责人、会计机构负责人（会计主管人员）签名并盖章；设置总会计师的单位，还须由总会计师签名并盖章。

单位负责人应当保证财务会计报告真实、完整。

第二十二条　会计记录的文字应当使用中文。在民族自治地方，会计记录可以同时使用当地通用的一种民族文字。在中华人民共和国境内的外商投资企业、外国企业和其他外国组织的会计记录可以同时使用一种外国文字。

第二十三条　各单位对会计凭证、会计账簿、财务会计报告和其他会计资料应当建立档案，妥善保管。会计档案的保管期限和销毁办法，由国务院财政部会同有关部门制定。

第三章　公司、企业会计核算的特别规定

第二十四条　公司、企业进行会计核算，除应当遵守本法第二章的规定外，还应当遵守本章规定。

第二十五条　公司、企业必须根据实际发生的经济业务事项，按照国家统一的会计制度的规定确认、计量和记录资产、负债、所有者权益、收入、费用、成本和利润。

第二十六条　公司、企业进行会计核算不得有下列行为：

（一）随意改变资产、负债、所有者权益的确认标准或者计量方法，虚列、多列、不列或者少列资产、负债、所有者权益；

（二）虚列或者隐瞒收入，推迟或者提前确认收入；

（三）随意改变费用、成本的确认标准或者计量方法，虚列、多列、不列或者少列费用、成本；

（四）随意调整利润的计算、分配方法，编造虚假利润或者隐瞒利润；

（五）违反国家统一的会计制度规定的其他行为。

第四章　会计监督

第二十七条　各单位应当建立、健全本单位内部会计监督制度。单位内部会计监督制度应当符合下列要求：

（一）记账人员与经济业务事项和会计事项的审批人员、经办人员、财物保管人员的职责权限应当明确，并相互分离、相互制约；

（二）重大对外投资、资产处置、资金调度和其他重要经济业务事项的决策和执行的相互监督、相互制约程序应当明确；

（三）财产清查的范围、期限和组织程序应当明确；

（四）对会计资料定期进行内部审计的办法和程序应当明确。

第二十八条　单位负责人应当保证会计机构、会计人员依法履行职责，不得授意、指使、强令会计机构、会计人员违法办理会计事项。

会计机构、会计人员对违反本法和国家统一的会计制度规定的会计事项，有权拒绝办理或者按照职权予以纠正。

第二十九条　会计机构、会计人员发现会计账簿记录与实物、款项及有关资料不相符的，按照国家统一的会计制度的规定有权自行处理的，应当及时处理；无权处理的，应当立即向单位负责人报告，请求查明原因，做出处理。

第三十条　任何单位和个人对违反本法和国家统一的会计制度规定的行为，有权检举。收到检举的部门有权处理的，应当依法按照职责分工及时处理；无权处理的，应当及时移送有权处理的部门处理。收到检举的部门、负责处理的部门应当为检举人保密，不得将检举人姓名和检举材料转给被检举单位和被检举人个人。

第三十一条　有关法律、行政法规规定，须经注册会计师进行审计的单位，应当向受委托的会计师事务所如实提供会计凭证、会计账簿、财务会计报告和他会计资料以及有关情况。

任何单位或者个人不得以任何方式要求或者示意注册会计师及其所在的会计师事务所出具不实或者不当的审计报告。

财政部门有权对会计师事务所出具审计报告的程序和内容进行监督。

第三十二条　财政部门对各单位的下列情况实施监督：

（一）是否依法设置会计账簿；

（二）会计凭证、会计账簿、财务会计报告和其他会计资料是否真实、完整；

（三）会计核算是否符合本法和国家统一的会计制度的规定；

（四）从事会计工作的人员是否具备专业能力、遵守职业道德。

在对前款第（二）项所列事项实施监督，发现重大违法嫌疑时，国务院财政部门及其派出机构可以向与被监督单位有经济业务往来的单位和被监督单位开立账户的金融机构查询有关情况，有关单位和金融机构应当给予支持。

第三十三条　财政、审计、税务、人民银行、证券监管、保险监管等部门应当依照有关法律、行政法规规定的职责，对有关单位的会计资料实施监督检查。

前款所列监督检查部门对有关单位的会计资料依法实施监督检查后，应当出具检查结论。有关监督检查部门已经做出的检查结论能够满足其他监督检查部门履行本部门职责需要的，其他监督检查部门应当加以利用，避免重复查账。

第三十四条　依法对有关单位的会计资料实施监督检查的部门及其工作人员对在监督检查中知悉的国家秘密和商业秘密负有保密义务。

第三十五条　各单位必须依照有关法律、行政法规的规定，接受有关监督检查部门依法实施的监督检查，如实提供会计凭证、会计账簿、财务会计报告和他会计资料以及有关情况，不得拒绝、隐匿、谎报。

第五章　会计机构和会计人员

第三十六条　各单位应当根据会计业务的需要，设置会计机构，或者在有关机构中设置会计人员并指定会计主管人员；不具备设置条件的，应当委托经批准设立从事会计代理记账业务的中介机构代理记账。

国有的和国有资产占控股地位或者主导地位的大、中型企业必须设置总会计师。总会计师的任职资格、任免程序、职责权限由国务院规定。

第三十七条　会计机构内部应当建立稽核制度。

出纳人员不得兼任稽核、会计档案保管和收入、支出、费用、债权债务账目的登记工作。

第三十八条　会计人员应当具备从事会计工作所需要的专业能力。

担任单位会计机构负责人（会计主管人员）的，应当具备会计师以上专业技术职务资格或者从事会计工作三年以上经历。

本法所称会计人员的范围由国务院财政部门规定。

第三十九条　会计人员应当遵守职业道德，提高业务素质。对会计人员的教育和培训工作应当加强。

第四十条　因有提供虚假财务会计报告，做假账，隐匿或者故意销毁会计凭证、会计账簿、财务会计报告，贪污，挪用公款，职务侵占等与会计职务的有关违法行为被依法追究刑事责任的人员，不得再从事会计工作。

第四十一条　会计人员调动工作或者离职，必须与接管人员办清交接手续。

一般会计人员办理交接手续，由会计机构负责人（会计主管人员）监交；会计机构负责人（会计主管人员）办理交接手续，由单位负责人监交，必要时主管单位可以派人会同监交。

第六章　法律责任

第四十二条　违反本法规定，有下列行为之一的，由县级以上人民政府财政部门责令限期改正，可以对单位并处三千元以上五万元以下的罚款；对其直接负责的主管人员和其他直接责任人员，可以处二千元以上二万元以下的罚款；属于国家工作人员的，还应当由其所在单位或者有关单位依法给予行政处分：

（一）不依法设置会计账簿的；

（二）私设会计账簿的；

（三）未按照规定填制、取得原始凭证或者填制、取得的原始凭证不符合规定的；

（四）以未经审核的会计凭证为依据登记会计账簿或者登记会计账簿不符合规定的；

（五）随意变更会计处理方法的；

（六）向不同的会计资料使用者提供的财务会计报告编制依据不一致的；

（七）未按照规定使用会计记录文字或者记账本位币的；

（八）未按照规定保管会计资料，致使会计资料毁损、灭失的；

（九）未按照规定建立并实施单位内部会计监督制度或者拒绝依法实施的监督或者不如实提供有关会计资料及有关情况的；

（十）任用会计人员不符合本法规定的。

有前款所列行为之一，构成犯罪的，依法追究刑事责任。

会计人员有第一款所列行为之一，情节严重的，五年内不得从事会计工作。

有关法律对第一款所列行为的处罚另有规定的，依照有关法律的规定办理。

第四十三条　伪造、变造会计凭证、会计账簿，编制虚假财务会计报告，构成犯罪的，依法追究刑事责任。

有前款行为，尚不构成犯罪的，由县级以上人民政府财政部门予以通报，可以对单位并处五千元以上十万元以下的罚款；对其直接负责的主管人员和其他直接责任人员，可以处三千元以上五万元以下的罚款；属于国家工作人员的，还应当由其所在单位或者有关单位依法给予撤职直至开除的行政处分；其中的会计人员，五年内不得从事会计工作。

第四十四条　隐匿或者故意销毁依法应当保存的会计凭证、会计账簿、财务会计报告，构成犯罪的，依法追究刑事责任。

有前款行为，尚不构成犯罪的，由县级以上人民政府财政部门予以通报，可以对单位并处五千元以上十万元以下的罚款；对其直接负责的主管人员和其他直接责任人员，可以处三千元以上五万元以下的罚款；属于国家工作人员的，还应当由其所在单位或者有关单位依法给予撤职直至开除的行政处分；其中的会计人员，五年内不得从事会计工作。

第四十五条　授意、指使、强令会计机构、会计人员及其他人员伪造、变造会计凭证、会计账簿，编制虚假财务会计报告或者隐匿、故意销毁依法应当保的会计凭证、会计账簿、财务会计报告，构成犯罪的，依法追究刑事责任；尚不构成犯罪的，可以处五千元以上五万元以下的罚款；属于国家工作人员的，还应当由其所在单位或者有关单位依法给予降级、撤职、开除的行政处分。

第四十六条　单位负责人对依法履行职责、抵制违反本法规定行为的会计人员以降级、撤职、调离工作岗位、解聘或者开除等方式实行打击报复，构成犯罪的，依法追究刑事责任；尚不构成犯罪的，由其所在单位或者有关单位依法给予行政处分。对受打击报复的会计人员，应当恢复其名誉和原有职务、级别。

第四十七条　财政部门及有关行政部门的工作人员在实施监督管理中滥用职权、玩忽职守、徇私舞弊或者泄露国家秘密、商业秘密，构成犯罪的，依法追刑事责任；尚不构成犯罪的，依法给予行政处分。

第四十八条　违反本法第三十条规定，将检举人姓名和检举材料转给被检举单位和被检举人个人的，由所在单位或者有关单位依法给予行政处分。

第四十九条　违反本法规定，同时违反其他法律规定的，由有关部门在各自职权范围内依法进行处罚。

第七章　附则

第五十条　本法下列用语的含义：单位负责人，是指单位法定代表人或者法律、行政法规规定代表单位行使职权的主要负责人。

国家统一的会计制度,是指国务院财政部门根据本法制定的关于会计核算、会计监督、会计机构和会计人员以及会计工作管理的制度。

第五十一条 个体工商户会计管理的具体办法,由国务院财政部门根据本法的原则另行规定。

第五十二条 本法自 2000 年 7 月 1 日起施行。

第三节 企业财务会计报告条例

一、《企业财务会计报告条例》的目的和特征

我国《企业财务会计报告条例》以国务院令的形式颁布,2001 年 1 月 1 日正式实施。该条例是为了规范企业财务会计报告,保证财务会计报告的真实、完整,根据《中华人民共和国会计法》制定的。

从法律效力来看,《企业财务会计报告条例》属于国务院颁布的最高层次的政府行政法规,具有权威性和强制性。从规范的内容来看,条例主要对企业财务会计报告的内容、编制与对外提供等进行规定,以确保财务会计信息的质量,为满足外部信息使用者的要求奠定了基础。

二、《企业财务会计报告条例》的主要内容

《企业财务会计报告条例》共分六章四十六条,分别是总则、财务会计报告的构成、财务会计报告的编制、财务会计报告的对外提供、法律责任和附则。

第一章总则主要界定了财务报告的概念、条例的适用范围及责任人。

第二章财务会计报告的构成,规定了财务报告体系及其基本内容,并对报表、附注和情况说明书进行了详细规定。

第三章财务报告的编制,主要对财务会计报告编制的准编制要求进行规定。

第四章财务会计报告的对外提供,规定了企业财务会计报告对外报送的对象、时间及其相关要求。

第五章规定了法律责任,对违反条例规定的,做出相应的惩罚。

第六章附则部分,主要说明条例的实施时间和其他注意事项。

《企业财务会计报告条例》建立健全了财务会计报告体系,规范了报表结构和内容;实现了概念上的重大突破,对会计要素进行了重新定义,明确了财务会计报告的使用范围,全方位地保证了财务报告的真实性。

第四节 会计准则与会计制度

会计准则是会计人员从事会计工作必须遵循的基本原则，是会计核算工作的规范，是企业确认和计量经济交易与事项、编报财务报表以提供会计信息所应当遵循的标准和规则。它的目的在于把会计处理建立在公允、合理的基础之上，并使不同时期、不同主体之间的会计结果的比较成为可能。

一、美国的一般公认会计原则

在公认会计准则制定和应用方面，美国是世界上制定较早且发展比较完善的国家之一，其第一部公认会计准则制定和颁布于1937年，发展到今天，已经过多次的修订和完善，发展水平较高，且在实践中得到了很好的验证和发展。

在美国公认会计准则颁布之前的那段时间里，美国会计没有统一的准则，各行各业都用着自己或各移民国家惯用的方法去记录所发生的交易，也不需要向别的企业或者公众披露自己的会计信息，财务报表一般是由投资人编制的，债权人一般得不到真实有效的会计信息。1929年，美国爆发了严重的经济危机，投资者损失惨重，多家商业丑闻和诈骗案不断被曝光，使得大家开始怀疑会计师的职业能力和职业道德操守，因而，美国十分迫切地需要统一规范的会计准则。

为了实现美国金融市场平稳并且有秩序地发展，美国政府于1933年和1934年分别颁布了《证券法》和《证券交易法》，设立了"证券交易委员会"（SEC）。在国会要求SEC制定会计准则的情况下，SEC又将这一重任委托给了当时的美国会计师协会（AIA），由此揭开了制定会计准则的序幕，并开创了由民间机构制定会计准则的先河。

目前，美国有3个组织在建立和完善会计准则过程中尤为重要：一个是与证券交易委员会（SEC）；一个是财务会计准则委员会（FASB）；另一个是国际会计准则理事会（IASB）。证券交易委员会（SEC）是一个政府机构，拥有为公众持股公司制定会计准则和财务报告要求的法定权力。过去SEC通常采纳FASB的建议，而不是开发一套自己的会计准则。为确保新会计准则被广泛接受，FASB需要SEC的支持，因此这两个组织紧密合作制定新会计准则。

美国会计准则的发展先后经历了"会计程序委员会"（CAP）、"会计原则委员会"（APB）和"财务会计准则委员会"（FASB）3个阶段，由CAP发布的51份"会计研究公报"、APB发布的31份"会计原则委员会意见书"，FASB发布的150多份"财务会计准则"及其解释公告等，共同形成了适用于美国非政府主体的会计准则的主要内容。

二、国际会计准则与国际财务报告准则

当企业在本国以外经营时，不同国家财务报告惯例方面的差异可能造成大的问题。例如，当公司在另一个国家购买或销售产品时，会计信息如果缺乏可比性就会产生不确定性。国际会计准则理事会（IASB）起着协调不同国家会计准则的作用。IASB 总部设在伦敦，由精通主要资本市场所采用会计方法的职业精英组成。

20 世纪五六十年代，跨国公司等国际经济联合体的大量涌现，许多企业到他国资本市场寻求资金。为了适应国际经济一体化、促进资本的国际流动，须制定一套国际通用的会计标准，以最大限度地消除世界各国利益相关者理解会计信息并以此做出相关决策的障碍。

1973 年 6 月，国际会计准则委员会（IASC）成立。以"制定和公布编制财务报表应当遵守的会计准则并推动这些准则在世界范围内被接收和遵循"作为其工作目标。截至 2000 年，国际会计准则委员会共发布了 41 份"国际会计准则（IASC）"和 33 项"解释公告"。

2001 年年初，国际会计准则委员会完成改组，国际会计准则理事会（IASB）取代了国际会计准则委员会。新的国际会计准则理事会（IASB）对部分国际会计准则做出了修订，并负责发布"国际财务报告准则（IFRS）"。

国际会计准则理事会（IASB）目前正试图建立可在全世界范围内统一的会计准则，从而便于跨国商业活动。

三、我国会计准则和会计制度

（一）我国企业会计准则和会计制度的发展历程

中国经济建设历程曲折前进，从最开始的计划经济，再到计划商品经济，最后是中国特色社会主义的市场经济。随着中国经济的不断发展与变化，会计作为国民经济核算的主要工具也随之不断发展与变革。

中华人民共和国成立初期，各行各业的会计制度非常不统一，不仅缺乏规范的会计规则，甚至连各行各业之间都没有固定的会计做账准则，造成无法系统地规范各个单位的会计工作。后来，虽然财政部先后颁布了一些会计制度和规范，但没有系统地发展。我国会计准则的建设，主要是从开改革开放以后，可以将其发展分为以下 3 个阶段。

第一阶段是从 20 世纪 80 年代到 1996 年，这一阶段主要是对国外的学习、借鉴，以及国内关于制定我国的企业会计准则的讨论阶段和尝试阶段。1992 年颁布了《企

业财务通则》《企业会计准则》以及分行业财务制度和会计制度（简称"两则两制"），于 1993 年 7 月 1 日起开始实施。

1992 年颁布的《企业会计准则》是中华人民共和国成立以来我国发布的第一份会计准则，它是借鉴西方会计准则、研究和制定我国会计准则的标志性成果。从内容上看，该准则就企业进行会计确认、计量和报告的基本要求和基本内容做出原则性的规定，属于基本准则。此时颁布的 13 个分行业的会计制度，起到规范各单位的会计行为、指导企业会计实务工作的目的。"两则两制"的发布和实施，标志着我国会计核算模式由原来适应计划经济体制的财务会计核算模式开始转化为适应社会主义市场经济体制的会计模式。

第二阶段是从 1997 年到 2000 年，我国证券市场得到充分发展，越来越多的企业上市。为促进深化改革，我国又制定和发布了一系列旨在提高会计信息质量且在内容上与国际会计惯例保持一致的具体准则和会计制度。自 1997 年发布第一项具体准则——《关联方关系及其交易的披露》，随后相继又发布了 13 项具体的会计准则，突出特点就是针对当时我国经济运行中最需要解决的突出问题而制定的，主要是借鉴了国际会计准则。1998 年 5 月我国正式加入国际会计准则委员会，10 月，财政部会计准则委员会成立。2000 年发布国家统一的、打破行业和所有制界限的《企业会计制度》，适用于除金融保险和小企业以外的其他企业，自 2001 年起在股份有限公司范围实施，逐步推广至其他企业。

第三阶段是从 2001 年到 2007 年，这一阶段发布的一系列准则，突出特点就是面对 1997 年准则导致的粉饰财务报表的行为，制定了更为严格的标准；2003 年会计准则委员会改组后，2004 年发布《金融企业会计制度》《非盈利组织会计制度》和《小企业会计制度》（2013 年被《小企业会计准则》取代）；2006 年 2 月 15 日正式发布《企业会计准则》和 38 项具体会计准则，标志着我国的企业会计准则体系正式建立起来，可以说是我国会计发展史上具有里程碑意义的事件。

2014 年和 2017 年财政部新增、修订了企业会计准则的部分项目，这些新准则与国际会计准则相关部分保持了持续趋同。到目前为止，我国的会计准则体系就形成了，包括 1 个基本准则、42 个具体准则和应有指南 3 个层次。基本准则又根据企业性质分为《企业会计准则》《小企业会计准则》和《事业单位会计准则》。这些准则，成为我国会计人员从事会计工作的规则和指南。

我国会计准则和会计制度产生及发展的重要阶段如图 9-3 所示。

我国目前的 42 个具体准则如表 9-1 所示。其中，前 38 个为 2006 年发布，2007 年实施；第 39 号、40 号准则、41 号准则，为 2014 年印发并实施；第 42 号准则为

2017年5月印发并实施。

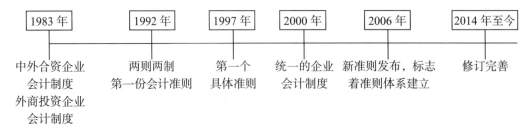

图 9-3 我国会计准则和会计制度产生及发展的重要阶段

表 9-1 我国的具体会计准则

编号	名称	编号	名称	编号	名称
1	存货	15	建造合同	29	资产负债表日后事项
2	长期股权投资	16	政府补助	30	财务报表列报
3	投资性房地产	17	借款费用	31	现金流量表
4	固定资产	18	所得税	32	中期财务报告
5	生物资产	19	外币折算	33	合并财务报表
6	无形资产	20	企业合并	34	每股收益
7	非货币性资产交换	21	租赁	35	分部报告
8	资产减值	22	金融工具确认和计量	36	关联方披露
9	职工薪酬	23	金融资产转移	37	金融工具列报
10	企业年金基金	24	套期保值	38	首次执行企业会计准则
11	股份支付	25	原保险合同	39	公允价值计量
12	债务重组	26	再保险合同	40	合营安排
13	或有事项	27	石油天然气开采	41	在其他主体中权益的披露
14	收入	28	会计政策、会计估计变更和差错更正	42	持有待售的非流动资产、处置组和终止经营

2006年新的《企业会计准则》发布后，要求上市公司必须执行，非上市大中型企业，自2012年1月1日起全面执行新准则。除此以外的企业，可以执行新准则，也可以执行原会计制度，但一经选择不能改变。

（二）我国小企业会计制度和小企业会计准则

为了规范小企业的会计核算，提高会计信息质量，根据《中华人民共和国会计法》《企业财务会计报告条例》及其他有关法律和法规，我国财政部制定了《小企业会计制度》。该制度于2013年1月1日被《小企业会计准则》取代。

我国《小企业会计准则》的实施范围是在中华人民共和国境内设立的、同时满足下列3个条件的企业：

（1）不承担社会公众责任。本准则所称承担社会公众责任，主要包括两种情形：一是企业的股票或债券在市场上公开交易，如上市公司和发行企业债的非上市企业、准备上市的公司和准备发行企业债的非上市企业；二是受托持有和管理财务资源的金融机构或其他企业，如非上市金融机构、具有金融性质的基金等其他企业（或主体）。

（2）经营规模较小。本准则所称经营规模较小，是指符合国务院发布的中小企业划型标准所规定的小企业标准或微型企业标准。

（3）既不是企业集团内的母公司也不是子公司的。企业集团内的母公司和子公司均应当执行《企业会计准则》。

我国目前有中小企业 7 000 多万家，在国民经济中占据重要位置，近些年国家出台了很多扶持中小企业发展的政策。那么哪些企业属于中小企业呢？工业和信息化部发布的《中小企业划型标准》，将中小企业划分为中型、小型、微型 3 种类型，具体标准根据企业从业人员、营业收入、资产总额等指标，结合行业特点制定。比如，对于工业企业划型标准如表 9-2 所示。

表 9-2 我国工业企业中小企业划型标准

从业人员 1 000 人以下或营业收入 40 000 万元以下的为中小微型企业，其中：			
	中型	小型	微型
从业人数	300 以上	20 以上	20 以下
营业收入（年）	2 000 万以上	300 万以上	300 万以下

从表 9-2 中可以看出，不在股票或债券在市场上公开交易的，也不是金融机构或其他具有金融性质的，还不是企业集团内的母公司和子公司的企业，且从业人数小于 300 人、年销售收入在 2 000 万元以下的，均属于"小企业"，可采用《小企业会计准则》进行核算。

《小企业会计准则》与《企业会计准则》一样，都是依据《中华人民共和国会计法》和其他有关法律法规制定的，会计核算的基本要求、核算方法、核算的前提条件及会计核算应遵循的基本原则都相同。但是《小企业会计准则》在账务处理上比较简单，比如《小企业会计准则》中不设置"待处理财产损溢"科目，小企业在财产清查中发生资产的盘盈或盘亏时直接进行处理；不计提长期资产减值准备；简化了长期投资的核算等。

本课程及后续学习的课程，大多是基于《会计准则》来讲解的，实务中如果使用《小企业会计准则》，请同学们灵活转换。

> **拓展阅读**
>
> **小企业与小规模纳税人**
>
> 小企业和小规模纳税人是两个容易混淆的概念，小型企业是从会计角度而言，适用《小企业会计准则》核算；而小规模纳税人和一般纳税人是相对于增值税这一税种而言的，划分标准是按会计核算水平和经营规模。2018年5月1日起，我国小规模纳税人的划分实行新的标准，即工业企业和商业企业年销售额在500万元以下的，按小规模纳税人，享受按较低征收率计税的优惠。从销售额标准来看，小规模纳税人企业都是小型企业，在符合《小企业会计准则》适用范围内的，可选择《小企业会计准则》进行核算；增值税一般纳税人企业，可以选择《企业会计准则》，也可以选择《小企业会计准则》进行核算。

第五节　会计工作规范

一、会计基础工作规范

会计基础工作是会计工作的基本环节，也是经济管理工作的重要基础。我国十分重视会计基础工作，相应制定了一系列规章、制度，规范会计基础工作。同时，通过加强在职会计人员培训等措施，不断提高广大会计人员的基本业务技能，促进了会计基础工作水平的改善和提高。

1996年6月17日财政部颁布了《会计基础工作规范》（以下简称《规范》），对会计基础工作的管理、会计机构和会计人员、会计人员职业道德、会计核算、会计监督、单位内部会计管理制度建设等问题做出了全面规范，一方面为各基层单位和广大会计人员开展会计基础工作提出要求和示范，使加强和改进会计基础有明确的目标和具体努力的方向，以此推动各单位的会计基础工作逐步规范化、科学化、现代化；另一方面，为各级管理部门管理会计基础工作、检查会计基础工作情况提供政策依据和考核标准，督促各单位不断改进和加强会计基础工作。

《规范》共6章101条，第一章总则，第二章会计机构和会计人员，第三章会计核算，第四章会计监督，第五章内部会计管理制度，第六章附则。

《规范》是在遵循《会计法》规定的基本原则和各项要求的基础上，对会计基础工作方面的内容进行的具体规范，是《会计法》重要配套规章之一。《规范》针对会计基础工作中比较薄弱的环节，如填制会计凭证、登记会计账簿、编制会计报表等，做出了详细而具体的规定，这些环节是会计最基础的工作，也是最容易出现不规范甚至混乱的地方，对这些问题进行具体规定，有助于会计人员正确掌握会计方法。而对会计基础工作中的其他问题，如会计人员职业道德、单位内部会计管理制度建设等，尽管这些也是当前会计工作中迫切需要强化的问题，但由于对这些工作的管理正在起步之中，需要在实践中探索，以积累经验、逐步推开。

2017年11月，《会计基础工作规范》修订，将原来的"未取得会计证的人员，不得从事会计工作"修改为"（企业）配备会计人员，并确保其具备从事会计工作所需要的专业能力"；取消了"总账和明细账应当定期打印"的规定。

《会计基础工作规范》制定于1996年，很多规定是针对手工会计或传统的会计电算化环境制定的，随着社会经济环境变化及信息化的快速发展，《规范》已经很难适应会计信息处理自动化的要求了。

二、企业会计信息化工作规范

为推动企业会计信息化，节约社会资源，提高会计软件和相关服务质量，规范信息化环境下的会计工作，根据《中华人民共和国会计法》《财政部关于全面推进我国会计信息化工作的指导意见》，制定了《企业会计信息化工作规范》，于2014年1月6日开始施行。

《企业会计信息化工作规范》界定了会计软件、会计信息化和会计信息系统的概念，在会计软件、数据接口、基础数据的采集、企业会计信息实施等方面提供了标准，是我国现行的指导企业信息化工作的纲领性文件。

《企业会计信息化工作规范》共分5章49条内容，其中总则界定规范中所使用的名词，第二章会计软件和服务，规范了会计软件产品和供应商的行为，第三章是企业会计信息化工作的规范和标准；第四章是财政部门对会计软件及供应商的监督和检查，第五章附则，规定了实施的时间和范围。

《企业会计信息化工作规范》顺应了信息化时代的要求，摆脱了"模拟手工"的电算化思维，在很多方面突破了过去的规定和现行的做法。同时，工作规范把会计信息化放在企业整体经营管理环境中，重视会计与其他业务活动的有机联系，强调会计信息化带来的工作流程和模式的革新，以及信息化与制度环境的互动，这对于信息化时代企业的转型，有着非凡的意义。

职业道德和公司管理

在私企做会计

我国存在大量的私营小微企业，企业的管理是家庭式的，部门划分不正规，工作职责不清晰，业务老板统统抓住，管理的问题交给自己的亲戚。有的私企老板法律观念淡薄、纳税意识较低，不懂财务工作却经常指导财务人员做账，经常质问会计："怎么让我交了这么多税？"，或者武断地命令会计"不这么做，直接走人"，从而导致目前很多私企账目混乱。如果在私企做会计，会计人员应该注意什么呢？会计人员接手后，首先应该把接手时的账目结清，盘点实物资产，与前任办理交接手续，由前任会计和老板共同签字认可，这是以后分清权利、义务和责任的基础；企业日常经营的会计处理，应当及时提醒老板凡事要出具书面的手续，作为记账凭证的原始附件；应收应付债权债务类一定要搞清楚，并与你的老板逐项核实确认；要积极地与老板沟通，提醒老板建立健全内部控制制度，将企业经济活动规范在法律和制度之下。

能力提升

1. 上网下载《企业会计准则——基本准则》《小企业会计准则》《企业基础工作规范》《企业信息化工作规范》等规章和规范性文件，让其成为指导自己会计实务工作的准绳。

2. 将会计主体利民工贸改为小规模纳税人身份，完成第五章、第六章和第八章课后【能力提升】中的经济业务，从而比较一般纳税人和小规模纳税人在会计处理上的不同。

参考文献

[1] 简 R 威廉姆斯. 会计学：企业决策的基础（财务会计分册）（原书第 17 版）[M]. 赵银德，等译. 北京：机械工业出版社，2017.

[2] 约翰 J 怀尔德. 会计学原理（原书第 21 版）[M]. 崔学刚，译. 北京：中国人民大学出版社，2016.

[3] 程淮中. 会计职业基础 [M]. 北京：高等教育出版社，2013.

[4] 张新民. 从报表看企业 [M]. 3 版. 北京：中国人民大学出版社，2017.

[5] 葛长银. 企业财税会计 [M]. 北京：高等教育出版社，2015.

普通高等教育"十三五"应用型教改系列规划教材
财会系列

即将出版			
会计学基础：基于企业全局视角（李爱红）	财务会计	高级财务会计	成本核算与管理
管理会计基础与实务	税法基础	纳税实务：计算、申报、筹划	财务管理基础
中级财务管理	会计信息系统	生产运作管理	审计基础与实务
行业会计比较	VBSE跨专业综合实训教程	财务报告分析	Excel会计数据处理